MÍSTICOS, BEATAS
Y ALUMBRADOS

ESTUDIOS UNIVERSITARIOS
49

FRANCISCO PONS FUSTER

MÍSTICOS, BEATAS Y ALUMBRADOS

RIBERA Y LA ESPIRITUALIDAD
VALENCIANA DEL S. XVII

EDICIONS ALFONS EL MAGNÀNIM
INSTITUCIÓ VALENCIANA D'ESTUDIS I INVESTIGACIÓ
1991

Primera edición: 1991
© Francisco Pons Fuster
© IVEI
  Pl. Alfons el Magnànim, 1
  46003 València
Diseño cubierta: Aula Gráfica, C.B.

Ilustración : Juan Sariñena, "El Patriarca Arzobispo San Juan de Ribera",
Valencia, Colegio del Corpus Christi.

IMPRESO EN ESPAÑA
PRINTED IN SPAIN
I.S.B.N. 84-7822-042-9
DEPÓSITO LEGAL: V-3551-1991
GRÁFICAS HURTADO, S.L. - MAESTRO LOPE, 59 Y 65 - 46100 BURJASSOT (VALENCIA) - 1991

A Antonio Mestre y
Montserrat Hueso.

PRESENTACIÓN

El impulso dado por la investigación histórica a los temas del Renacimiento y de la Ilustración ha relegado a un segundo plano el interés por los aspectos culturales del siglo XVII, si exceptuamos la creación literaria del Barroco.

Las manifestaciones espirituales forman parte de la Cultura. Por eso, al escoger como tema de estudio la espiritualidad valenciana del siglo XVII, pretendo dar a conocer un aspecto cultural cuya importancia se reconoce hoy como indudable.

"Místicos, beatas y alumbrados" no es una visión global, sino panorámica de la espiritualidad valenciana del siglo XVII. De una espiritualidad fronteriza y desarraigada -iluminista bajo la dual acepción de recogida y alumbrada sería su acepción más exacta- que ocasionó problemas a una jerarquía eclesiástica poco dispuesta a permitir su generalización.

Con "Místicos, beatas y alumbrados" se quiere reivindicar de alguna manera a un grupo amplio de personajes valencianos, bastante ignorados por la historiografía y denostados a veces de forma injusta por pretender vivir su espiritualidad al margen de los excesivos formalismos eclesiásticos.

"Místicos, beatas y alumbrados" pretende ser, también, un intento de sistematizar la evolución histórica seguida por la espiritualidad valenciana desde la segunda mitad del siglo XVI, a partir de las siguientes pautas generales.

El Patriarca Juan de Ribera es el personaje fundamental para entender porqué no se aplicó en Valencia la misma política intolerante en materia espiritual que había triunfado en Castilla, y que en la publicación en 1559 del Índice de Valdés tuvo, quizás, su hito fundamental.

Sin restar validez al hecho de la presencia en Valencia de

una amplia minoría morisca inasimilada culturalmente, y que convertiría por sí sola a esta cuestión en el principal problema religioso valenciano, lo cierto es que el apoyo personal de Ribera e incluso su propio compromiso fueron determinantes para que los espirituales valencianos no sufrieran los mismos contratiempos que sus homónimos en Castilla.

Ribera, que fue nombrado arzobispo de Valencia en 1568, venía de ocupar la sede de Badajoz, desde donde no tardó en ser acusado de favorecer a los "alumbrados" de Extremadura. Si él hubiera aplicado aquí la misma política religiosa intolerante que se respiraba en Castilla, la espiritualidad iluminista valenciana no hubiera podido desarrollarse con entera libertad. Pero a Ribera, que no acaba de cuadrarle el calificativo de contrarreformista intolerante que se le aplica, y que nada tuvo que ver en la extirpación del erasmismo valenciano, le unían demasiados vínculos con espirituales iluministas, hasta el punto de poder plantearse el hecho hipotético de su iluminismo. Y aunque todavía no hay pruebas suficientes para verificar esto de forma concluyente, de lo que no parece haber dudas es de que su apoyo resultó decisivo para que esta espiritualidad se desarrollara en Valencia en un clima de relativa tolerancia.

En 1611, a la muerte de Ribera, este clima de relativa tolerancia se quebró. Las fuerzas contrarreformistas valencianas -el arzobispo Aliaga y los dominicos serían los ejemplos más representativos- iniciaron la ofensiva por el control espiritual e ideológico. Así puede apreciarse en el intento frustrado de beatificación del clérigo Francisco Jerónimo Simón y en la persecución de que fue objeto la persona y la obra del místico franciscano Antonio Sobrino.

El estudio detallado del caso Francisco Jerónimo Simón servirá para desvelar que, en contra de estudios recientes, en la pugna que se libró para conseguir la beatificación de este clérigo confluyeron multitud de aspectos entre los que sobresalen: el enfrentamiento de dos modelos de espiritualidad, la lucha por la primacía espiritual y limosnera, la violencia de que hacen uso los dos bandos enfrentados, la progresiva pérdida de influencia en la Corte de las autoridades valencianas, la vinculación con el quietismo de Miguel Molinos, etc.

El intento de beatificación de Simón resulta ininteligible sin tener en cuenta estos aspectos de pugna social y religiosa. El que el caso se prolongara por espacio de casi un siglo vendrá a demostrar la complejidad que revistió y, algo en lo que no se incide demasiado, el éxito social que el presunto santo tuvo.

Antonio Sobrino fue el místico valenciano más cualificado. El que mejor representó dentro del iluminismo la vía del recogimiento en Valencia. Su obra, "Vida Espiritual y Perfección Christiana" (Valencia 1612), permite incluirlo entre los grandes tratadistas místicos hispanos. Sin embargo, su compromiso personal con la beatificación de Simón y la pugna ideológica que por esta causa libró contra los dominicos valencianos le obligaron, primero, a exiliarse de Valencia y, después, a soportar diferentes ataques contra su libro y contemplar su prohibición inquisitorial definitiva con el argumento de no estar permitidas las controversias con herejes en lengua vulgar.

La espiritualidad iluminista valenciana encontró una favorable acogida entre las mujeres beatas. En este mundo enigmático, mitad laico y mitad religioso, que encontró en la religión la posibilidad de proyección social y de acceso a determinadas experiencias espirituales, tuvieron sentido pleno algunas ideas claves del iluminismo como la democratización de la vida religiosa y la universalidad de las experiencias místicas.

Tras el fracaso de la beatificación de Simón y la prohibición del libro de Sobrino, habiéndose impuesto lo que podría denominarse la uniformidad ideológica de la contrarreforma, se produjo un nuevo auge de la espiritualidad iluminista en la segunda mitad del siglo XVII. Auge perceptible en toda Europa y del que no fue ajena Valencia. En este sentido, los casos distintos de alumbradismo tardío de la beata Juana Asensi, de Fray Pablo Cenedo y del "conventículo" de Gertrudis Tosca evidenciarán la reiterada presencia de estas tendencias heterodoxas en los momentos de dicho auge.

Un último aspecto, la vinculación a Valencia de Miguel Molinos, servirá para constatar que su formación espiritual tuvo plena explicación en el ambiente valenciano con el que se relacionó, sin necesidad de recurrir a personajes y lugares extraños.

Miguel Molinos fue un sacerdote ejemplar en Valencia. Su formación espiritual tuvo lugar aquí coincidiendo con el gran momento de vitalidad que el iluminismo valenciano vivió a partir de la segunda mitad del siglo XVII. Sus relaciones con la Escuela de Cristo, con miembros del oratorio de San Felipe Neri, con los franciscanos descalzos del convento de San Juan de la Ribera y con otros espirituales valencianos probarán de modo fehaciente su filiación iluminista. El que después Molinos y el quietismo fueran condenados en 1687 en Roma, será otra historia que, si bien puso punto final a la espiritualidad iluminista valenciana, poca o ninguna repercusión tuvo para los amigos valencianos de Miguel Molinos.

Una vez señaladas las pautas generales por las que discurre la evolución histórica de la espiritualidad valenciana, al presentar ahora "Místicos, beatas y alumbrados", quisiera dejar constancia de mi gratitud para con las personas de las que recibí comprensión y apoyo.

Del profesor Antonio Mestre Sanchis partió la idea de trabajar sobre el tema de la espiritualidad valenciana del siglo XVII. Su estímulo continuado, sus sugerencias y sus críticas fueron decisivos para culminar felizmente esta investigación.

El personal del Archivo de la Universidad de Valencia me ayudó con su probada diligencia y trató siempre de facilitar mi tarea de investigación durante el tiempo que pasé con ellos. Con igual diligencia atendieron mis peticiones el Archivo General de Simancas y la Biblioteca Nacional.

A José Ignacio Tellechea, Albert Hauf, Ricardo García Cárcel, Pilar Pedraza y Mario Martínez les agradeceré siempre haber juzgado con benevolencia este trabajo cuando se presentó como Tesis Doctoral.

Víctor Latorre tuvo la amabilidad de intentar mejorar mi estilo literario. Los errores que todavía persisten son de mi exclusiva incumbencia.

Finalmente, Monserrat Hueso y Roberto Pons hicieron lo indecible para que pudiera disponer de horas para el estudio y la investigación. A ellos les hurté mucho de nuestro tiempo familiar, y quisiera ahora reconocérselo de algún modo.

Alcossebre
Febrero de 1991

I

EL PATRIARCA RIBERA Y LA ESPIRITUALIDAD VALENCIANA DEL S.XVII

1.- Ribera y los problemas de su tiempo

La personalidad del Patriarca Ribera se levanta llena de claroscuros dentro del panorama histórico valenciano de la segunda mitad del Quinientos. Pocas figuras históricas suscitan tantas críticas y elogios como la suya[1]. Los tiempos difíciles en que le tocó vivir, y su larguísimo pontificado explican, en parte, las divergentes opiniones.

Muchas dificultades conllevaba solventar a gusto de todos temas espinosos y graves como la reforma de la Iglesia valentina, el traumático problema morisco, las luchas intestinas de la

---

[1] Los estudios sobre Ribera son numerosos. Para un correcto encuadre de esta compleja personalidad histórica es necesario tener en cuenta los siguientes: R. Robres Lluch: *San Juan de Ribera*, Barcelona, 1960; Id.: "San Juan de Ribera. Expresión teológica y oratoria sagrada en el Siglo de Oro de la lengua de Castilla (1532-1611)", en *Instituto Español de Historia Eclesiástica*, Roma (1984); Id.: "San Carlos Borromeo y sus relaciones con el episcopado ibérico postridentino, especialmente a través de Fr. Luis de Granada y San Juan de Ribera", en *Anthologica Annua*, vol. 8, Roma (1960), pp. 83-141; Id.: "Biblia y ascética en San Juan de Ribera, escriturista postridentino", en *Teología Espiritual*, vol. 5, núm. 13, Valencia (1961); Id.: "Primera transcripción de los originales autógrafos, notas y estudio preliminar", en *Sermones*, de SAN JUAN DE RIBERA, vol. I, Valencia, 1987, pp. 4-111; Id.: "Biblismo en San Juan de Ribera. Dos comentarios inéditos al Cantar de los Cantares", en *Anthologica Annua*, vol. 22, Roma (1975), pp. 105-203; Id.-J.R. Ortolá: "La Monja de Lisboa. Sus fingidos estigmas. Fray Luis de Granada y el Patriarca Ribera", en *Boletín de la Sociedad Castellonense de Cultura*, núm. 23 (1947), pp. 182-214 y 249-278; V. Cárcel Ortí, "Obras impresas del siglo XVI en la biblioteca de S. Juan de Ribera", en *Anales del Seminario de Valencia*, núm. 11 (1966), pp. 111-383; Id.: "El inventario de la biblioteca de San Juan de Ribera", en *Analecta Sacra Tarraconense*, XXXIX (1968); J. Fuster: *Heretgies, revoltes i Sermons*, Barcelona, 1968; S. García Martínez: "El Patriarca Ribera y la extirpación del erasmismo valenciano", en *Estudis*, 4, Valencia (1975), pp. 69-114; R. García Cárcel: *Herejía y Sociedad en el siglo XVI. La Inquisición en Valencia 1530-*

Universidad, los roces entre las órdenes religiosas, el cumplimiento de los decretos del tridentino, etc.

El calibre de los temas abordados y las soluciones dadas por Ribera han ido forjando en la historiografía una imagen dual suya. Un santo sin discusión para algunos, y una especie de reformador intolerante para otros, son los polos opuestos en los que cabe encuadrarlo. Pero, en el fondo, ni uno ni otro semblante sirven bien a Ribera. Resulta mejor considerarlo una figura ecléctica, dentro de un contexto histórico lleno de dificultades. Y la calificación de ecléctico no debe entenderse de forma peyorativa, pues este calificativo define bien cual fue su proceder en el complicado momento histórico que le tocó vivir.

Ribera fue Arzobispo de Valencia desde 1568 hasta su muerte en 1611. Antes de su nombramiento como prelado valentino, si excluimos el breve período de tiempo que gobernó la diócesis de Valencia Fray Tomás de Villanueva, ningún otro prelado había conseguido calar hondo en el ánimo de los valencianos. La mitra de Valencia estuvo durante demasiado tiempo en manos de prelados cuyo único afán, salvo honrosas excepciones, consistió en percibir sus cuantiosas rentas[2].

Los intentos de la Monarquía por poner fin a esta situación no dieron resultado. Por eso, frente a toda esta tradición, Ribera constituye una excelente excepción. Permaneció más de cuarenta años como Arzobispo de Valencia, y ejerció su cargo sin poder ser acusado de venalidad.

Ribera fue nombrado Arzobispo de Valencia en 1568. Su nombramiento tuvo lugar en unos momentos especialmente gra-

---

1609, Barcelona, 1979; J.M. Garganta: "San Juan de Ribera y San Luis Bertrán", en *Teología Espiritual*, vol. 5, (1961), pp. 63-104; A. Huerga: "San Juan de Ribera y Fray Luis de Granada. Dos cuerpos y una misma alma", en *Teología Espiritual*, vol. 5 (1961), pp. 103-132; A. Mestre: "Un documento desconocido del Patriarca Ribera escrito en los momentos decisivos sobre la expulsión de los moriscos", en *Estudios dedicados a Juan Peset Aleixandre*, Universidad de Valencia (1982), pp. 733-739; Id.: "Jerarquía católica y oligarquía municipal ante el control de la Universidad de Valencia (El Obispo Esteve y la cuestión de los pasquines contra el Patriarca Ribera)", en *Anales de la Universidad de Alicante*, núm. 1, (1981), pp. 9-35; J.I. Tellechea Idígoras: "Declaración inédita del santo Patriarca Ribera sobre las 'Consideraciones' de Juan de Valdés", en *Hispania Sacra*, 12, (1959), pp. 455-464.
[2] Ejemplos de esto fueron: Calixto III (1429-1458), Alejandro VI (1458-1492), César Borja (1492-1498), Juan Borja (1499-1500), Pedro Luis Borja (1500-1511), Alonso de Aragón (1512-1520) y Erardo de Marca (1520-1538).

ves para la Monarquía hispana. En 1568 estallaba la rebelión morisca de las Alpujarras, el peligro turco se cernía sobre las costas mediterráneas de la Península y la conexión entre turcos y moriscos era una realidad más que posible. El concienzudo y escrupuloso Felipe II no debió pensar a la ligera el nombramiento de Ribera como Arzobispo de Valencia.

A los problemas aludidos, de signo coyuntural, se sumaban otros más profundos. Valencia era tierra de moriscos, y su asimilación cultural y religiosa estaba pendiente. La sede valenciana necesitaba un pastor con ánimo suficiente para emprender las reformas necesarias. Trento hacía poco tiempo que había finalizado, y los decretos conciliares debían ponerse en ejecución. El clero y las órdenes religiosas demandaban una reforma. El problema del luteranismo no se daba por zanjado. Muchos más asuntos quedaban por perfilar. Demasiados cabos sueltos, como para que Felipe II nombrara a Ribera por simple antojo personal. Sin lugar a dudas, él significaba para Felipe II la posibilidad de llevar a término una determinada política, un trabajo que no había podido culminarse con anteriores nombramientos. Cosa distinta es si Ribera cumplió a gusto del monarca su trabajo.

El tema de los moriscos es el de mayor relevancia en la Historia valenciana del siglo XVI. Ribera se adentró en la temática morisca en época muy temprana, y siguió la misma hasta su solución final. Se enfrentó a la cuestión desde un puesto de privilegio, adoptando decisiones de gran importancia[3]. Esas decisiones y el enfoque dado por él al problema morisco servirán para mostrar si la imagen dual y ambigua del Patriarca es cierta o no.

Para unos historiadores, el Patriarca encarnó una posición

---

[3] Para el tema de Ribera y los moriscos, Vid: P. BORONAT: *Los Moriscos españoles y su expulsión. Estudio histórico-crítico*, Valencia, 1901, 2 vols.; M. DANVILA Y COLLADO: *La expulsión de los moriscos españoles*, Madrid, 1889; J. REGLÁ: *Estudios sobre los moriscos*, Valencia, 1967; A. DOMÍNGUEZ ORTIZ-B. VINCENT: *Historia de los moriscos. Vida y tragedia de una minoría*, Madrid, 1978; J. FUSTER: *Poetes, Moriscos i capellans*, Valencia, 1962; R. BENÍTEZ-E. CISCAR: "La Iglesia ante la conversión y expulsión de los moriscos", en *Historia de la Iglesia en España*, IV, pp. 253-307. Asimismo, resulta imprescindible en este tema, la biografía del Patriarca obra de R. Robres.

intransigente y oscurantista en el tema de los moriscos, manifestándose como firme partidario de su expulsión desde los primeros momentos en que entró en contacto con el tema[4].

En términos parecidos se pronuncian otros historiadores. "Prefería la cura radical de la expulsión...", "venía a proponer así fríamente quemar a cientos de miles de hombres y mujeres"[5]. Pero, no siempre es tan categórico el juicio que merece la posición del Patriarca. Ch. Lea constata que prefería "la cura radical de la expulsión, pero reconocía que en tanto permanecieran los moriscos en el país era una obligación trabajar por su conversión"[6].

Otros autores, sin remarcar sus responsabilidades directas en la expulsión de los moriscos, aluden a él como uno de los que desde el principio se mostraban partidarios de adoptar decisiones radicales[7]. No faltan, por último, quienes refugiándose en expresiones de gran candidez o ironía como "era todo un santo", "en un santo", se extrañan de su posición personal. Y ello, a pesar de hacer notar la dual posición del Patriarca respecto a los moriscos: conversión y evangelización en una primera época, solución única de la expulsión más tardíamente[8].

Múltiples problemas convergen en la cuestión morisca: actitudes simplemente espirituales de conversión y evangelización, peligro político interno, problemática socio-económica de compleja solución al agrado de todos, etc. No resulta pues extraño que las actitudes personales de los principales actores de este drama social no fueran siempre todo lo claras y precisas que hubieran sido de desear. Las posiciones titubeantes de la Monarquía hispana son evidentes[9]. Entre la nobleza regnícola no faltaron voces discrepantes. La propia Inquisición varió sus posiciones de continuo. El clero regular enfocó también el tema morisco ambiguamente: al lado de quienes a toda costa

---

[4] Batllori, *La santedad agençada...*, p. 271.
[5] Ch. Lea: *Historia de la Inquisición española*, vol. III, Madrid, 1983, pp. 159 y 181.
[6] Ibid., PP. 159-160.
[7] Fuster, *Poetes...*, p. 89.
[8] A. Alcalá: "Prólogo", en *Historia de la Inquisición española*, vol. III, Madrid, 1983, pp. XXVII-XXVIII.
[9] Fuster, *Poetes...*, p. 89: "La política de la cort oscil.là contínuament entre les influències oposades".

querían la expulsión, como el dominico Bleda, no faltaron los que miraban a los moriscos con simpatía, es el caso de Fray Juan de los Angeles y Fray Antonio Sobrino.

Así pues, si permanentemente hubo enfoques personales imprecisos respecto a los moriscos, porqué extrañarse o cargar peyorativamente las culpas sobre la actitud adoptada por el Patriarca. El no era un "implacable" como lo quiere presentar Lea, ni tampoco un firme partidario de la expulsión desde su llegada a Valencia. Ribera, como otros, no tenía las ideas claras en este problema, y varió de actitud de acuerdo con el rumbo que iban tomando los acontecimientos.

No se puede adoptar como único punto de referencia histórico el análisis hagiográfico que Robres hace de Ribera. Pero incluso Robres, que alaba su trabajo de evangelización, de dotación de las nuevas rectorías, de catequesis, de fundación de colegios para los niños moriscos hijos de conversos, de dotación de las parroquias moriscas con frailes mendicantes, etc., no duda en señalar: "Ahora bien, no es menos cierto que fue uno de los principales en insistir ante Felipe III para que se realizara la expulsión de la raza enemiga (sic)"[10].

No es éste el lugar para insistir en si el Patriarca fue utilizado, desdeñosamente cuanto menos, por la Monarquía cuando ya ésta tenía decidida la solución final de la expulsión de los moriscos[11]. Es mejor resumir su posición personal en este asunto: "Los mejores representantes de los prelados que habían trabajado en tierras moriscas eran quizás Guerrero en Granada y Ribera en Valencia. El primero acabó siendo partidario de expulsarlos del reino de Granada o convertirlos en esclavos... El segundo fue favorable a la expulsión definitiva. Pero uno y otro adoptaron esta solución vencidos por el desencanto; fue después de comprobar la inutilidad de sus esfuerzos por convertirlos cuando se unieron al bando de los radicales, y es muy probable que su actitud fuera la de la mayoría de los Obispos"[12].

---
[10] ROBRES, *San Juan de Ribera*, p. 415. Además de Robres, otros autores también ponen de manifiesto esta dual posición de Ribera frente al tema de los moriscos. Vid.: R.BENÍTEZ-E. CISCAR, *La Iglesia ante la conversión*..., pp. 276-283.
[11] MESTRE, *Un documento desconocido*..., pp. 733-739.
[12] DOMINGUEZ-VINCENT, *Historia de los moriscos*..., p. 140.

La ambivalente valoración que la figura de Ribera tiene en la cuestión de los moriscos, se agudiza al analizar su papel en la persecución del erasmismo en Valencia. De ser el culpable de la extirpación del erasmismo, a no haber tenido intervención alguna en esta cuestión, estas son las dos posiciones abiertamente contradictorias que tienen como protagonista a Ribera.

La acumulación de poder de todo signo sobre las "ascéticas espaldas" del Patriarca hizo que se le considerara como el mentor de la persecución iniciada en Valencia contra los erasmistas[13]. Esta interpretación no puede sostenerse después de los trabajos de García Martínez y García Cárcel.

Siendo pues evidente la acumulación de poder de Ribera en determinados momentos de su vida (1602-1603), ello no permite concluir que fuera el más encarnizado perseguidor de los erasmistas valencianos. Pero, no sólo eso, sino que no fue tan siquiera coetáneo de ninguno de los erasmistas de la primera época como Juan Luis Vives, Pedro Juan Oliver, Juan Gélida, Juan Martín Población, Pedro Antonio Beuter, Francisco Decio, Miguel Jerónimo Ledesma, Bernardo Pérez de Chinchón, Juan Molina, Francisco Escobar y Gaspar de Centelles. Respecto al resto de los erasmistas, Fadrique Furió Ceriol, Jerónimo Conqués, Francisco Juan Mas, Juan Martín Cordero y Pedro Juan Nuñez, aunque coetáneos suyos, no sufrieron problemas ideológicos por su causa. En el caso de Martín Cordero, a pesar de ser conocida su filiación erasmista, el Patriarca lo situó al frente de una de las más importantes parroquias de Valencia, favoreciéndole cuando el erasmista le pidió retirarse a una parroquia alejada de la ciudad de Valencia[14].

Aceptado que Ribera no participó en el desmantelamiento del erasmismo, queda por averiguar la cuestión del supuesto erasmismo del Patriarca. De nuevo, su imagen histórica se hace ambigua.

Joan Fuster, para quien Ribera parece uno de los culpables históricos de los males que a los valencianos nos aquejan,

---

[13] Fuster, *Heretgies...*, pp. 22-23.
[14] García Martínez, *El Patriarca Ribera...*, pp. 69-72. A las tesis de S. García Martínez se han sumado otros, entre los que cabe reseñar: García Cárcel, *Herejía y Sociedad...*, p. 63; L. Gil Fernández: *Panorama social del humanismo español (1500-1800)*, Madrid, 1981, p. 448.

reconoce que era una persona cultivada que poseía en su biblioteca abundantes libros de "material erasmista y de polémica erasmista..."[15].

Por tanto, si a pesar de las persecuciones de que son objeto los erasmistas hispanos, a pesar de los diferentes Indices de libros prohibidos, y a pesar de otros obstáculos ideológicos, Ribera continuó conservando libros de Erasmo, de vinculación erasmiana y de controversia erasmista, no se puede concluir por ello que fuera erasmista, pero sí que su actitud "ante el polivalente fenómeno erasmiano no fue, por otra parte, de rechazo granítico y absoluto"[16].

Está demostrado que Ribera no fue el culpable de la caída del erasmismo valenciano, pero sigue siendo un dilema su erasmismo. La razón de esto es múltiple y de difícil solución mientras persistan determinados estereotipos históricos. Sin embargo, cuando sea posible determinar con mayor precisión y menor apasionamiento conceptos como los de Reforma, Contrarreforma, Humanismo, Erasmismo, etc.; cuando se terminen de revisar tesis de tan amplia repercusión sobre la historiografía hispana como las sustentadas por Bataillon; cuando no se pretenda ver "sub specie" Erasmo a muchos personajes y obras del siglo XVI; cuando salgan definitivamente a la luz los escritos personales del Patriarca; etc., se podrá despejar el dilema del erasmismo de Ribera. Aunque aún entonces, habrá que tener en cuenta otros factores como si esta filiación erasmista fue evidente en sus años de formación universitaria y abandonada en su años de madurez. O si, realmente, no era un erasmista seguidor de Erasmo, y por contra, participa de esa corriente que siendo en origen erasmiana acaba entroncándose sutilmente en el sentir hispano, impregnando, como afirma L.Febvre, subterráneamente, la vida y las obras de unos hombres, hasta edificar "un nuevo catolicismo, menos optimista que el erasmista frente a las Escrituras vulgarizadas, más respetuoso con tradiciones tan arraigadas como el culto de los santos, más conservador en materia de exégesis, que hace algo más que reconocer in petto los servicios prestados por Erasmo a la

---
[15] FUSTER, *Rebeldes y heterodoxos*, Barcelona, 1972, p. 118.
[16] GARCÍA MARTÍNEZ, *El Patriarca Ribera...*, p. 110.

reforma de la Iglesia y a la renovación de la eseñanza cristiana: la perpetúa"[17].

Si algo debe quedar claro de la personalidad de Ribera es que no fue un contrarreformista en el sentido peyorativo con que se ha pretendido cargar este concepto. Pudiendo entroncarlo en la Contrarreforma, fue un reformista en el mejor sentido del término. Así hay que enjuiciar a quien, como él, buscó levantar la categoría moral e intelectual del clero, se obligó a residir continuadamente entre sus feligreses visitándolos con asiduidad, erigió un Colegio como el del "Patriarca" cuyas constituciones son dignas de elogio aún hoy en día, impulsó la labor de aquellas órdenes religiosas capaces de irradiar una piedad más viva en el pueblo y, de nuevo está presente el carácter contradictorio de la personalidad de Ribera, fomentó una religiosidad milagrosista coleccionando reliquias de todos los santos de la Iglesia.

Más conflictiva, por menos estudiada, es la actitud de Ribera frente a algunos temas polémicos de su tiempo, como la desgraciada peripecia personal del Arzobispo Carranza y la reprobación de personajes tan significativos como el Licenciado Manso y los Doctores Egidio y Constantino.

Una vez más surge una imagen histórica del Patriarca moviéndose dentro de la ambigüedad. En el caso de Carranza, si testificó en su contra como consecuencia de un cuadernillo que en sus años de estudiante de Salamanca había llegado a sus manos y que, atribuyéndosele a Carranza, guardaba similitudes con el capítulo 65 de las "Consideraciones" de Juan Valdés, cuando el proceso contra el Arzobispo de Toledo entró en una dinámica de difícil solución, no dudó en reclamar la pronta resolución de este caso espectacular, "como negocio concerniente a todo el estado eclesiástico"[18].

Respecto al Licenciado Manso y a los Doctores Egidio y Constantino, habría que delimitar con mayor precisión el rechazo espontáneo de Ribera a estas personas y, sobre todo, sus palabras contra ellas, víctima quizás, como reconoce García

---

[17] FEBVRE, *Erasmo, la Contrarreforma...*, pp. 127-128.
[18] ROBRES, *San Juan de Ribera*, p. 60. Sobre el asunto de Ribera-Carranza en Salamanca, Vid.: TELLECHEA, *Tiempos recios...*, p. 170.

Cárcel, del "coyunturalismo hagiográfico"[19].

Tampoco resulta posible hacer una exacta ubicación ideológica del Patriarca analizando la temática de los libros que fue adquiriendo a lo largo de su vida[20]. El simple hecho de formar una voluminosa biblioteca denota dos cosas: su amor por los libros, y su actitud predispuesta a estar al día en las últimas novedades librescas.

El amor por los libros de Ribera es un signo de su Humanismo y de su erudición. Nadie, en aquellos tiempos, se dedicaba a comprar libros para adornar estancias, y, menos aún, teniendo en cuenta el valor pecuniario que ello significaba. Pero, si está fuera de dudas el interés por los libros de Ribera, mayores problemas conlleva acercarse a su pensamiento analizando el contenido y los autores de los libros que fue adquiriendo.

La biblioteca del Patriarca no permite encasillarlo en una determinada corriente ideológica, al contrario, la multiplicidad de materias y de autores confirman la dificultad que esto entraña, más allá de generalidades que nada sustancial indican.

Obras de patrística, de teología, de derecho, de medicina, de astronomía, de música, etc., se amontonaban en las bien surtidas estanterías de la biblioteca del Patriarca. En ellas figuraban autores tan dispares como clásicos greco-latinos (Aristóteles, Cicerón, Herodoto, Platón, Plinio, Plutarco, Ptolomeo...), humanistas (Petrarca, Valla, Nebrija, Martir de Anglería...), teólogos (San Anselmo, Cano, los dos Soto, Vitoria, Vega, Castro, Salmerón...), erasmistas (Erasmo, Carranza, Vives...), autores espirituales (Osuna, Tauler, Granada, los Vitorinos, Avila...), etc. En definitiva, materias y autores que denotan la curiosidad de Ribera, y que hacen inviable costreñir su figura en una dirección unívoca.

Tampoco los autores de los libros de la biblioteca de Ribera permiten entrever una filiación clara de éste respecto a cierta orden religiosa. El supuesto filojesuitismo que detecta García Cárcel no es tal, a pesar del favor de que gozaron los jesuitas

---

[19] GARCÍA CÁRCEL, *Herejía y Sociedad...*, p. 63.
[20] Para una completa relación de los fondos existentes en la biblioteca de Ribera, Vid.: CÁRCEL ORTÍ, *Obras impresas del siglo XVI...*, pp. 111-383 y ROBRES, *San Juan de Ribera. Expresión teológica...*, pp. 152-206.

en el ánimo de Ribera, al menos hasta 1580. Si es evidente su apoyo a los jesuitas en el enojoso asunto del Colegio de San Pablo y la Universidad valentina, en el cariño mostrado a Francisco de Borja, e incluso, en el apoyo prestado a esta orden, similares conclusiones se podrían extraer en el caso de los capuchinos, de los franciscanos, de los dominicos y del resto de las órdenes religiosas establecidas en Valencia.

El filojesuitismo que García Cárcel quiere entrever en el gran número de autores jesuitas presentes en la biblioteca del Patriarca, sólo es admisible teniendo en cuenta la juventud de la orden fundada por Ignacio de Loyola[21]. Porque al lado de autores jesuitas, coexisten igual o mayor número de autores dominicos y franciscanos, por no citar otros ejemplos de autores agustinos, benedictinos, etc.

En otros temas menores es también fácil detectar la posición ambigua de Ribera. Respecto a la Inquisición, García Cárcel confirma los problemas de jurisdicción que le enfrentaron con este tribunal, y un acercamiento progresivo al mismo a partir de 1580[22].

Si Ribera denunció el libro de P. Ribadeneyra, "Historia Eclesiástica del Cisma de Inglaterra", porque consideró que podían resultar inconvenientes graves por "poner en lengua vulgar tan por extenso los errores y herejías de Inglaterra", encargó a Fray Antonio Sobrino que escribiera un libro refutando los errores de los perfectistas flamencos[23].

Si Ribera pretendió guardar fidelidad al tridentino en temas como la predicación, la residencia de los obispos, la reforma del clero, los seminarios, la veneración a los santos, la reforma de las órdenes monásticas, etc., asimismo, se vio inmerso en las discusiones y contradicciones que suponía llevar adelante estas medidas.

Tiene razón García Cárcel cuando afirma que "la ambigüedad ideológica de Ribera convierte en gratuitas todas las disquisiciones sobre su pensamiento"[24]. Ambigüedad que, calcula-

---

[21] GARCÍA CÁRCEL, *Herejía y Sociedad*..., p. 64.
[22] Ibid., p. 63.
[23] Ibid., p. 96. Respecto al encargo hecho a Sobrino, no hay documentación que permita probar que el Patriarca hizo tal encargo. Pero Sobrino lo afirma así en su obra: *Vida Espiritual y Perfección Christiana*, Valencia, 1612.
[24] GARCÍA CÁRCEL, *Herejía y Sociedad*..., p. 96.

da o no, está presente en su vida. Esta posición ambigua, este eclecticismo de que dio muestras y la poca animadversión hacia sus contrarios, son los rasgos más distintivos de la personalidad del Patriarca. Su política de firmeza por una parte, de cariñoso consuelo y de contentar a todos sin servir a nadie por otra, el mejor perfil biográfico, que Batllori supo expresar con agudeza en lo que denominó "la santidad aliñada de D. Juan de Ribera"[25].

2.- RIBERA Y LA ESPIRITUALIDAD VALENCIANA

Ribera fue amigo de todos los espirituales valencianos más conocidos, apoyó el establecimiento de cualquier orden religiosa que tuviera algo nuevo que aportar, impulsó la constitución de congregaciones religiosas, fomentó la religiosidad popular y rindió honores extraordinarios a sus amigos espirituales muertos con fama de santidad. Además, fue capaz de mantener un equilibrio espiritual que posibilitó el que no se produjeran en Valencia persecuciones por alumbradismo y otros desviacionismos espirituales. Fue un equilibrio difícil de mantener, teniendo en cuenta los problemas que por las mismas fechas sufrían los espirituales en Castilla. A pesar de todo, lo mantuvo, y el mérito fue suyo. En este sentido, será muy ilustrativo ver como, fallecido Ribera en 1611, estallan de inmediato las tensiones espirituales en Valencia como consecuencia de la beatificación de Francisco Jerónimo Simón. Cuando esto suceda, ninguna autoridad eclesiástica será capaz de mantener la calma. Una calma que sí había conseguido el Patriarca en los cuarenta años que duró su pontificado.

La inexistencia de alumbrados, de espirituales perseguidos por la Inquisición y de otros desviacionismos espirituales en la Valencia del Patriarca, no permite concluir que él, como Valdés guardián de la ortodoxia, fuera un conservador en el terreno de la espiritualidad. Demasiados vínculos le unían a espirituales inconformistas y conflictivos, acusaciones claras de fomentar el alumbradismo recayeron sobre él, como para continuar encasillándolo en un marco contrarreformista que azuzó el

---
[25] BATLLORI, *La santedad agençada*..., p. 96.

miedo y la intolerancia como únicas formulas de preservar de la infección luterana.

Las estrechas relaciones que unieron a Ribera con Teresa de Jesús, Juan de Avila, Francisco de Borja y Luis de Granada no deben hacer olvidar que todos ellos fueron innovadores en su tiempo y, como tales, sufrieron persecuciones. Ribera mantuvo intensas relaciones con todos, y su amistad no desfalleció cuando aquellos se encontraron con los problemas derivados de un rigorismo oficial a quien desplacían. Pero, no son sus relaciones con estos personajes las que interesan ahora, sino las que mantuvo con otros menos importantes y menos conocidos.

Ribera aparece vinculado dos veces con alumbrados o con fenómenos de alumbradismo. La primera vez, con los alumbrados de Extremadura y el franciscano descalzo Fray Pedro de Santa María. La segunda, con la beata Margarita Agulló. El análisis de estas relaciones permitirá descubrir una faceta del Patriarca, la menos ambigua de todas las que engloban su figura histórica.

Los alumbrados de Extremadura: Ribera y Fray Pedro de Santa María

Ribera fue Obispo de Badajoz desde 1562 hasta 1568. Durante ese tiempo realizó una importante labor pastoral en continuo contacto con el pueblo[26]. Y será en las tierras de Extremadura donde el dominico Alonso de la Fuente comience a descubrir herejes y alumbrados a partir de 1570, sin tener demasiados reparos en acusar a Ribera y a otros de ser los responsables de haber sembrado la semilla de la herejía. Los trabajos de Fray Alonso dieron fruto y, en 1579, un solemne Auto de Fe en Llerena condenó con dureza a gran número de alumbrados.

La historia de los alumbrados de Extremadura ha sido hecha en fecha todavía reciente por A. Huerga. En el conjunto de la obra, la figura Fray Alonso es vista con simpatía, sin que por ello el autor dude en criticar algunas notas exageradas

---

[26] Vid., ROBRES, *San Juan de Ribera*, pp. 49-71.

de éste. Donde más crítico se muestra Huerga con Fray Alonso es en sus acusaciones de alumbradismo contra Juan de Avila, Luis de Granada, Juan de Ribera y Cristóbal de Rojas. Para Huerga no existen dudas.

"La tierra cristiana de Extremadura había sido abonada y cultivada espiritualmente de modo particular por D. Juan de Ribera y Don Cristóbal de Rojas, mientras fueron Obispos de Badajoz. Ellos alentaron con su ejemplo y doctrina un renacimiento espiritual de la vida cristiana; ellos buscaron predicadores de la talla de Juan de Avila, Luis de Granada y los primitivos jesuitas para que sembrasen la palabra de Dios por aquellas soleadas y desoladas tierras de Extremadura. Al marcharse Ribera para arzobispo de Valencia, y Rojas para obispo de Córdoba y, a continuación para arzobispo de Sevilla, al morir Avila y establecerse Fray Luis en Lisboa, sólo algunos jesuitas continuaban alentando a los grupos espirituales, a veces sin acertar en el método... Tampoco fray Alonso supo valorar los antecedentes pastorales de los obispos y la buena siembra realizada; sólo veía cizaña, y ello le fue obsesionando y predisponiendo a universalizar y agrandar el peligro"[27].

Huerga da por sentado que los personajes citados no tuvieron nada que ver en el surgimiento del alumbradismo extremeño. Pero no hace lo mismo con otros protagonistas como los jesuitas y los franciscanos descalzos.

En el caso de los jesuitas, está probado que la orden todavía no había fijado con precisión su doctrina espiritual, y es posible que alguno de sus miembros expusiera una espiritualidad que podría calificarse de atrevida[28]. Pero no es menos cierto, que en los avatares de Fray Alonso se detecta una no disimulada fricción entre éste y los teatinos, lo que, en parte, explicaría las acusaciones lanzadas por el dominico contra éstos[29].

---

[27] HUERGA, *Historia de los Alumbrados*, I, p. 112.
[28] Gandía fue uno de los primeros Colegios de la Compañía de Jesús donde se vivió el recogimiento. Los decretos de Everardo Mercuriano, en 1575 contra Cordeses y en 1578 contra Baltsar Alvarez, supusieron el golpe de gracia para el recogimiento dentro de la Compañía. Sobre esto, Vid.: ANDRÉS, *Los Recogidos...*, pp. 512-513; también, F. PONS FUSTER: *La espiritualidad valenciana: el iluminismo en los siglos XVI y XVII*, Valencia, 1988, Tésis Doctoral Inédita.
[29] HUERGA, *Historia de los Alumbrados*, I, pp. 160-210.

Los franciscanos descalzos tampoco salen bien librados de los juicios de Fray Alonso y de Huerga. Ahora, no sólo se vuelve a mencionar la filiación del franciscanismo con los alumbrados castellanos condenados por el Edicto de Toledo de 1525, sino que también se les acusa de ser los propagadores del alumbradismo en Extremadura[30].

Con todo, con ser los jesuitas culpables, al igual que los franciscanos descalzos, algunos cosas continúan sin encajar adecuadamente en esta historia. En el Auto de Fe de 1579 en Llerena, que significó la condena final del alumbradismo extremeño, no figura ningún jesuita ni ningún franciscano entre los condenados, excepción hecha de Fray Pedro de Santa María, cuyo caso singular se estudiará ahora con detalle[31].

Extraño resulta que Huerga libre de la acusación de alumbradismo a Luis de Granada, Juan de Avila, Cristóbal de Rojas y Juan de Ribera. En el caso de este último más que en los otros, porque Fray Alonso acusó directamente a Ribera de haber favorecido a las beatas y a los alumbrados, hasta el punto de mostrarse dispuesto a desterrar de Badajoz, a todo el que se atreviera a predicar en contra de ellos[32].

Menor extrañeza provoca la acusación contra los jesuitas y contra los franciscanos descalzos, pues ambas órdenes estaban empeñadas en estos momentos en una forma de espiritualidad que no vedaba el acceso de los laicos a cualquiera de las experiencias místicas. Y, esto último, unido a que en el Auto de Fe de 1579 se condenó sólo a diecinueve alumbrados (Fray Alonso aludía a manadas enteras de alumbrados) y a que, salvo Fray Pedro de Santa María, en la relación de condenados no figurara ningún jesuita, ni franciscano, a que las personas condenadas por la Inquisición lo fueron por notables exageraciones de conducta y por mala doctrina espiritual, etc., debe hacer reflexionar por si al condenar a los alumbrados de Extremadura no se quiso condenar únicamente a los alumbrados propiamente dichos, sino también, a una forma singular de espiritualidad que se mostraba válida para el pueblo, y que era

---

[30] Ibid., pp. 124-127.
[31] Ibid., pp. 487-541.
[32] Ibid., pp. 112-113.

la misma que fructificó en Valencia en tiempos de Ribera y con su beneplácito.

Ejemplos de esta espiritualidad serán los franciscanos descalzos, Pedro Nicolás Factor, Antonio Sobrino, las beatas Margarita Agulló y Francisca Llopis, y una larga retahila de personajes menores a los que, no cabe la menor duda, Fray Alonso de la Fuente no tendría reparos en acusar de alumbrados. Esta es la causa de que, a pesar de todas las acusaciones del fraile dominico, fueran sólo diecinueve las personas condenadas por alumbradismo por la Inquisición de Llerena en 1579.

El Patriarca Ribera mantuvo una estrecha relación personal con Fray Pedro de Santa María, según Barrantes, "el más redomado y sagaz de todos los alumbrados de Extremadura, a donde quizás trajo él desde su Castilla la epidemia, pues era viejo de sesenta y tres años"[33].

Fray Pedro debió conocer a Ribera cuando éste fue Obispo de Badajoz. Nombrado Arzobispo de Valencia, Fray Pedro se trasladó aquí con él. La relación entre ambos era estrecha, tal como lo atestigua el cronista Antonio Panes.

Escribe Panes en su *Chrónica*, que al principio de establecerse la reforma descalza en Valencia hubo varios intentos por reducirla a la recolección. En uno de ellos, cuando la Custodia de San Juan Bautista intentaba su independencia, intervinieron en su favor Ribera y Fray Pedro de Santa María.

"Assistíale a su Illustríssima Fray Pedro de Santa María Religioso grave, y de mucho zelo, de la provincia de San Gabriel, y que tenía buena noticia de lo que ella también mucho tiempo fue molestada con semejantes persecuciones, hasta demolerle muchos Conventos. Siendo pues sabedor de la injusta violencia, que se intentava contra nuestra Custodia, dio parte dello al santo Arzobispo, el qual por la devoción que tenía a nuestros Descalços, se opuso luego, y salió a su defensa, escriviendo apretadamente al Padre Comissario General, que mirase bien en el caso, antes que hiziesse novedad alguna, y reparasse en la inquietud, y escándalo, que resultaría de semejante resolución, por la grande opinión que los Frayles Descalços estavan, y edificada que tenían la tierra, de que su ilustrís-

---

[33] Cit. en HUERGA, *Historia de los Alumbrados*, I, pp. 356-357.

sima era testigo, y no podía de amparar tan piadosa causa"[34].

La actuación de Ribera a favor de los descalzos fue decisiva; en el primer Capítulo de la Custodia de San Juan Bautista, celebrado en Elche en 1570, el Comisario Visitador Antonio de Heredia nombró Custodio al amigo del Patriarca Fray Pedro de Santa María[35].

Nuevamente vuelven a encontrarse unidos Ribera y Fray Pedro en 1572. Ese año, el Patriarca consiguió un Breve de Pío V por el que se autorizaba la fundación de un convento de franciscanos descalzos en la ciudad de Valencia. La razón de esta fundación patrocinada por Ribera la da Panes: "atento a que el siervo de Dios Fray Pedro de Santa María (que era entonces Custodio) pudiesse asistirle; y gozar assí mismo la quietud de su celda, que él deseava mucho, como Religioso tan reformado"[36].

En el Auto público celebrado en Llerena en 1579, Fray Pedro de Santa María fue penitenciado por la secta y doctrina de los alumbrados. El fraile figuraba en la relación del Auto con el número 28, y la pena que se le impuso fue bastante grave.

"Fray Pedro de Santa María, fraile profeso de la Orden de San Francisco, de la Provincia de sant. Gabriel de los descalzos, natural de Valladolid, fue preso en Valencia de Aragón por lo mismo -aunque no tuvo deshonestidades- en septiembre de setenta y cinco, y entonces declaró ser de edad de sesenta y tres años; estuvo negativo, hizo defensas... Y visto el proceso por Vuestra señoría, mandó que saliese al auto, y abjurase de levi, y retracte y declare las proposiciones de que está testificado, según la cualidad de cada una, como le fuera ordenado por los inquisidores, en la Iglesia de Salvatierra y en los demás lugares donde las predicó, en un día de domingo o fiesta de guardar, en la misa mayor; y sea privado de confesar y predicar perpetuamente, y esté recluso en la parte y lugar que le fuere señalado fuera del distrito de la dicha Inquisición y de la provincia de sant. Gabriel por tiempo y espacio de seis años, y en ellos no tenga voto activo ni pasivo, y sea

---

[34] PANES, Chrónica..., I, pp. 75-76.
[35] Ibid., p. 76.
[36] Ibid., p. 84.

postrero en el coro y refectorio, y por el mismo tiempo de los dichos seis años esté privado del ejercicio de sus órdenes, con que pueda celebrar las tres pascuas del año y los días de Nuestra Señora y las fiestas de los Apóstoles"[37].

¿Cuáles fueron las razones que hicieron posible que un religioso "grave, y de mucho zelo" en Valencia fuera condenado por la Inquisición de Llerena?. Sumariamente, las razones fueron "por la misma doctrina de los Alumbrados, que decía y aconsejaba sus errores, supersticiones y herejías, y que no entendían la perfección de los Alumbrados y por eso les perseguían; decía predicando que lo que él decía no lo podían decir mejor el mismo Dios; y que ya Dios no era de misericordia sino de justicia; y alabando a las beatas de muy santas y perfectas, decía que por ellas hacía Dios grandes mercedes al mundo y a los pueblos donde ellas estaban; y que si no era él o los demás de sus cómplices y compañeros, no sabían confesar sino enjalmar; pedía confesiones generales; dijo estando una beata transportada como los de esta secta tenían por costumbre, que se le había ido el alma al costado de Cristo; loaba finalmente todas las cosas de los Alumbrados y las seguía"[38].

El contradictorio juicio que merece la figura de Fray Pedro para sus coetáneos, hace necesaria la reconstrucción cronológica de sus datos biográficos.

Fray Pedro se encontraba en Valencia en 1570. Así lo atestigua su intervención a favor de los franciscanos descalzos y su elección como Custodio. Ribera entró en Valencia el 20 de marzo de 1569. El y Fray Pedro se conocieron con toda probabiblidad en Badajoz, y cuando Ribera fue nombrado Arzobispo de Valencia, el fraile debió venirse con él. A finales de 1570, exactamente en el mes de diciembre de ese año, Fray Alonso de la Fuente inicia sus correrías por tierras extremeñas que le llevan a descubrir a numerosos grupos de alumbrados. Cuando Fray Alonso comienza su trabajo, Fray Pedro se encuentra en Valencia, ligado al círculo del Patriarca, y gozando de un gran prestigio entre los franciscanos descalzos.

En 1574, Fray Pedro es todavía una persona de prestigio

---

[37] HUERGA, *Historia de los Alumbrados*, I, pp. 498-499.
[38] Ibid., p. 528.

espiritual. El mismo Fray Alonso dirá en uno de sus memoriales, que un tal Fray Pedro Gómez de Santa María, fraile de San Francisco, "muy religioso y de vida muy probada", le ayudó a predicar en la villa de Zafra, "exhortando a la gente dijesen lo que sabían a la Inquisición"[39]. Huerga apostillará esta información de Fray Alonso: "Después parece que se fue de la lengua y se excedió. Es al único a quien obligan a retractar y a explicar las proposiciones, de que ha sido testificado, en los lugares y villas donde las predicó"[40].

Si Fray Pedro de Santa María y Fray Pedro Gómez de Santa María son la misma persona, y todos los datos así parecen confirmarlo, en algún momento de los años 1573 ó 1574, Fray Pedro viajó a Extremadura, y viendo que en la villa de Zafra se iba a leer un edicto inquisitorial decidió ayudar a Fray Alonso, ganándose su favor. Después, por los motivos que fueran, Fray Pedro regresó a Valencia.

El trabajo de Fray Pedro en Valencia no permite dudar de su espiritualidad. Esto es muy importante, porque explica algo fundamental. La espiritualidad del descalzo no encuentra trabas para su desarrollo en Valencia, porque el Patriarca, al que Fray Alonso de la Fuente responsabiliza de haber extendido el alumbradismo en Extremadura, es quien ahora fomenta esa espiritualidad, prestando su apoyo a las beatas, a los franciscanos descalzos y a otros ejemplos singulares. No hay diferencias sustanciales entre esta espiritualidad valenciana y la que Fray Alonso persigue en Extremadura. La única diferencia, y ahí el trabajo de Fray Alonso fue fundamental, reside en las exageraciones doctrinales de algunos clérigos extremeños y sus círculos, que intentaron refugiar sus bajezas morales en una supuesta espiritualidad.

El caso personal de Fray Pedro de Santa María es atípico dentro del alumbradismo extremeño, y sin pretender librarle de responsabilidades por sus atrevidas afirmaciones doctrinales, quizás, el fraile fue víctima propiciatoria de una coyuntura difícil, en la que la Inquisición se encontraba hipersensiblizada por los continuos memoriales de Fray Alonso de la Fuente.

---
[39] Ibid., p. 368.
[40] Ibid., p. 269.

El 21 de julio de 1575, el Consejo de la Inquisición ordenó que se hicieran unas prisiones de supuestos alumbrados. Entre los indiciados figuraba Fray Pedro[41]. El mismo día, el Consejo de la Inquisición remitió una carta al tribunal de Valencia, ordenando que se apresara al franciscano descalzo, "con la menor publicidad y escándalo".

Las instrucciones sobre la forma de prender al fraile son muy precisas: "Hacerlo héis, señores, así, y, sin dar lugar a que ninguna persona de casa del Patriarca ni fuera della le hable, se estará en las cárceles cinco o seis días, y, pasados, con dos familiares, que sean personas de mucho cuidado y de quien tengáis satisfacción, le enviaréis a la Inquisición de Llerena, sacándole de esa Inquisición y ciudad antes que amanezca, para que no sea sentido, sin le hacer ningunas prisiones, antes ordenaréis a los dichos familiares que le hagan todo buen trato en el camino, y no le dexen hablar con persona alguna, y de lo que en esto se hiziere, nos daréis luego aviso"[42].

En el mes de septiembre de 1575, Fray Pedro está ya preso en las cárceles inquisitoriales de Llerena[43]. A partir de ese momento se inicia su proceso. En noviembre de 1576, "está negativo y su causa recibida a prueba, ratificados los testigos y sacados a su proceso"[44]. El 10 de diciembre de 1578, su proceso "está votado definitivamente", y la causa en el Consejo[45]. En 1579, tiene lugar el Auto público condenando a los alumbrados extremeños. Fray Pedro figura entre los condenados. Finalmente, en 1580, alguien intercede por la causa de Fray Pedro ante el Consejo de la Inquisición. ¿Pudo ser el Patriarca Ribera?. La pregunta no tiene respuesta, como tampoco si hubo algún fruto de esa intercesión[46].

Fray Pedro de Santa María se pierde en el anonimato, pero no así Ribera, a quien de inmediato se le vuelve a vincular con personas acusadas de alumbradismo.

---

[41] Ibid., p. 226.
[42] Ibid., p. 578.
[43] Ibid., p. 228.
[44] Ibid., p. 481.
[45] Ibid., p. 485.
[46] Ibid., p. 277.

Una relación singular: Ribera y la beata Margarita Agulló

El apoyo de Ribera a un tipo de espiritualidad poco grato a determinados sectores ha quedado patente tras analizar su comportamiento en el asunto de los alumbrados de Extremadura y, particularmente, en el caso de Fray Pedro de Santa María.

El dominico Fray Alonso acertaba al detectar grupos de laicos que, según sus parámetros mentales, no tenían ni experiencia ni formación para tener manifestaciones espirituales que él consideraba reservadas a espíritus muy selectos. Tenía también razón cuando acusaba a Ribera, a Juan de Avila y a Luis de Granada de fomentar esta espiritualidad entre las gentes llanas del pueblo. Pero, se equivocaba cuando confundía la espiritualidad de éstos con la de los alumbrados. A pesar de sus denodados esfuerzos, la Inquisición diferenció a los alumbrados de aquellos otros que, ansiosos por vivir una espiritualidad más perfecta, se dedicaban, en Extremadura, en Valencia y en otras partes a bucear en nuevas experiencias místicas guiados por maestros de espíritu como Ribera, Avila, Granada, etc. Es evidente que éstos seguían un camino difícil, salpicado de suspicacias, pero encaminado a conseguir una mayor perfección.

El trabajo de siembra espiritual que Ribera inició en Extremadura lo continuó en Valencia hasta su muerte. Ahora, su trabajo fue más fácil porque no se encontró en su camino con ningún Fray Alonso, y porque los dominicos valencianos se mostraron menos reacios que éste a una espiritualidad que permitía el acceso de los laicos a sus manifestaciones más sublimes.

Es verdad que los dominicos valencianos y también algunos sectores de la familia franciscana miraban con recelo esta espiritualidad; pero la inexistencia en Valencia de experiencias escandalosas como las de Extremadura, el decidido apoyo del Patriarca a todo lo que supusiera reforma espiritual, su compromiso personal con ella y su autoridad no favorecieron aquí campañas como las de Fray Alonso en Extremadura. A pesar de todo, no faltaron en Valencia acusaciones graves, y algunas de ellas dirigidas contra personas relacionadas con Ribera.

Un personaje valenciano con el que Ribera se sintió muy identificado fue la beata Margarita Agulló. Esta formaba parte de ese mundo enigmático y poco comprendido que era el de las beatas.

En Valencia, desde época muy antigua, existió un beaterio en la calle Renglóns donde vivían mujeres sujetas a las normas de la Tercera Orden de San Francisco. En este beaterio entró Margarita Agulló y, muy pronto, alcanzó en él fama de mujer espiritual. Confesores y maestros de espíritu de este beaterio fueron, entre otros, Pedro Nicolás Factor y Ribera[47].

Ribera, que hacía en Valencia lo mismo que Fray Alonso le reprochaba haber hecho en Badajoz, se sintió impresionado por la rara virtud y humildad de Margarita Agulló. Por nadie del mundo espiritual valenciano hizo tanto Ribera como por esta beata. Fue su director espiritual, testigo presencial y confidencial de los favores espirituales que recibía, su sostén económico, propagador de sus excelencias espirituales, mecenas de su entierro, prologuista del libro de su vida, etc. Su relación con la beata fue tan estrecha e intensa que, por medio de ella, se puede descubrir la espiritualidad del Patriarca.

Tres aspectos destacan en la relación de Ribera con Margarita Agulló: las acusaciones de alumbradismo vertidas contra la beata, el paralelismo existente entre Luis de Granada y María de la Visitación y entre Ribera y la beata Margarita Agulló y, finalmente, el prólogo que Ribera escribió al libro de la vida de la beata.

Las acusaciones de alumbradismo

A. Huerga descubrió hace tiempo unos papeles en el Archivo de Simancas que no se atrevió a juzgar por no haber estudiado a fondo ni el tema, ni los personajes a los que en ellos se aludía. Huerga se limitó a transcribir parte de las acusaciones recogidas en los papeles, obviando aquellas que consideró

---
[47] Una amplia relación del beaterio de la calle Renglóns, en: E. ALCOVER: *Historia de la Congregación de las religiosas Terciarias Franciscanas de la Inmaculada. Orígenes*, Valencia, 1974.

piarum aurium ofensivas[48]. Pero, la relevancia de los personajes que figuran en los papeles y el interés que los mismos tienen para clarificar la espiritualidad valenciana de esta época hacen necesaria su transcripción.

"Sumario de los artículos y resabios de hereges alumbrados que ay contra fray Jayme Sánchez y contra fray Bartholomé Simón, y contra la Beata Agullona,

Primeramente fray Jayme Sánchez disciplinava a la Beata Agullona con su disciplina en su casa, como consta por los testigos, que contra ellos por el padre Comissario fray Juan de Zamora se recibieron.

Item fray Jayme Sánchez y fray Simón le metían a la dicha Beata las manos por los pechos quando fingía que estava elevada.

Item fray Sánchez dava sus túnicas a la dicha Beata para que se mudasse y las truxesse y fray Bartholomé Simón el cordón, y después quando se ponían el uno las túnicas y el otro el cordón, dezían que no se tenían tentaciones de la carne.

Item entretanto que comían los frayles en la comunidad salían el dicho fray Sánchez y fray Simón a la yglesia donde estava la dicha Beata, y le llevavan pan y se lo davan diziendo que Dios se lo embiava, y la dicha Beata yva haziendo visages y meneos para representar espíritu y elevación.

Item fray Jayme después de haver merendado un día con la dicha Beata tortas reales y muy espléndidamente, se entraron los dos a solas en su aposento diziendo que yva a confessarla, lo qual me dixo un Religioso principal que se halló presente.

Item un día en el convento de la Corona de la ciudad de Valencia delante de personas graves, conforme me comentó un oydor del Consejo Real desta ciudad delante del padre fray Coloma Diffinidor de la Recolleción desta Provincia de Valencia sábado a 27. de enero de 1582. entre la una y las dos de la tarde en el mismo Aposento del dicho Oydor fray Jayme sacó un pan a la dicha Beata, y ella lo tomó y lo partió en

---

[48] A. HUERGA, *Estudio preliminar a*: Luis de Granada, Historia de sor María de la Visitación, Barcelona, 1962, pp. 75-76. Noticias sobre estos papeles pueden verse también en, ALCOVER, *Orígenes...*, p. 99.

tres partes, y començó a hazer muchos visages y dezir palabras de la Trinidad y supersticiosas, de lo qual el dicho Oydor se escandalizó.

Item el dicho fray Sánchez y fray Simón tenían unctiones y señales y palabras estudiadas para que la dicha Beata quando fingía que estava arrobada respondiesse, todo lo qual tiene resabio de hereges alumbrados.

Item el dicho fray Simón tendía a modo de cruz a la dicha Beata imponiéndola para que pudiesse fingir que estava arrobada en aquella forma.

Item los dichos fray Simón y fray Sánchez ponían cuentas al cuello a la dicha Beata, y después se las quitavan y davan como reliquias a los seglares diziendo tomad cuentas de la sancta y predicavan en público alabanças della, y esto fue después que Fray Jayme Sánchez fue condenado por el Sancto Officio, y le hizieron jurar de levi y desdezir en el Asseo de Xátiva por cosas tocantes a la fe, donde estuvo a la verguença por toda una missa, siendo llevado con todos los familiares y Alguazil del Sancto Officio para que se desdixesse desde la casa del Comissario, hasta la dicha Asseo de Xativa, y después fue buelto de la misma manera hasta la dicha casa del Comissario, y por parte del sobredicho fueron los dos privados de voz passiva y desterrados del Convento de sanct. Francisco de Xátiva por el dicho Padre fray Juan de Zamora Comissario.

Item el dicho fray Simón ha sido muchas vezes penitenciado y castigado por vivir profanamente, lo qual no se particulariza aquí por la auctoridad del hábito.

Item la dicha Beata Agullona finge que se arroba cada viernes 24. horas siendo esto contra la doctrina de la Santa Madre Iglesia, porque los arrobos no son gracia de hábito ni son tan uniformes.

Item la dicha Beata Agullona ha predicado muchas vezes formalmente alegando auctoridad de la escriptura contra la doctrina de san Pablo que dize mulierem in ecclesia docere non permitatur.

Item la dicha Beata para hazer demostración de su secta yva un día en un coche con otras tres de su fauction y llevavan un crucifixo en las manos de lo qual se escandalizó un cavallero que la vio.

Item la dicha beata estava cada día dos o tres horas sola con el dicho fray Jayme en la yglesia del convento de la Corona y algunas vezes en su casa, y algunas noches de las que andava fugitivo el dicho fray Jayme se yva a dormir a casa de la Beata.

Item la dicha beata siendo professa de la tercera orden del Padre San Francisco y consiguientemente subjecta a la obediencia del Provincial, en ninguna manera le quiere obedecer a lo que le mandan, ni seguir las comunidades como las otras Beatas las siguen y haze toda la contradicción a la orden que puede, y es grande parte con los enemigos de la orden y con el dicho fray Jayme de rebolver y alborotar esta Provincia, y escrivió una carta a un Jurado desta ciudad de Valencia la dicha Beata Agullona con palabras de hereges alumbrados la qual está en mi poder"[49].

Conviene centrar la atención en el momento cronológico en que fueron redactadas estas acusaciones y en las posibles razones que las inspiraron.

1582 es, casi con seguridad, la fecha en que fueron redactadas. Fray Juan Zamora, Fray Jaime Sánchez, Fray Bartolomé Simón y Margarita Agulló son los personajes que se citan. Alumbrados y franciscanos recoletos son puntos de obligada referencia.

Dentro de la familia franciscana, el vigor reformador mostrado por la observancia en sus primeros momentos había ido decayendo con el paso de los años. Esto motivó que espíritus siempre inquietos dentro del franciscanismo buscaran la vuelta a una mayor rigurosidad de vida. Así surgió la recolección, como un intento de recuperar el espíritu primitivo de la observancia rigurosa de la regla franciscana. Sin embargo, la recolección no podía subsistir unida a la observancia, y debía tratar de conseguir conventos y autoridades propias. Esto explica la pugna existente entre los partidarios de una y otra facción del franciscanismo, que tuvo también sus valedores: Felipe II y su secretario Gabriel de Zayas apoyaron la observancia, el Papado, el nuncio en España y Ribera fueron favorables a la recolección.

---

[49] A.G.Simancas, Sección estado, leg. 188 (428 antiguo), s/f.

En Valencia, los recoletos tuvieron el apoyo de Ribera. En el ánimo de éste, al margen del influjo que pudieran ejercer personajes menos conocidos, debió hacer mella la predisposición hacia los recoletos de su amigo Pedro Nicolás Factor. El apoyo de Ribera a los recoletos valencianos se evidencia en su firme voluntad de ejecutar en su diócesis el Breve pontificio que autorizaba a los recoletos a separarse de los observantes[50].

Las vicisitudes entre las dos familias franciscanas ahora enfrentadas fueron varias y no faltaron ciertas dosis de violencia.

En 1582, Felipe II suprimió la provincia y custodias de recoletos franciscanos, sujetándolos a la autoridad del Ministro Provincial de la observancia. Pero, ni esta medida real, ni los desvelos del Comisario Fray Juan de Zamora bastaron para pacificar los ánimos entre las dos familias franciscanas.

Fray Jaime Sánchez, Fray Bartolomé Simón y la beata Margarita Agulló eran partidarios de la recolección. Por eso, el "Sumario" redactado contra ellos tiene su origen, no tanto en supuestas conductas licenciosas, o en prácticas espirituales atrevidas, como en el enfrentamiento que en estos momentos libran recoletos y observantes.

Fray Jaime Sánchez y Fray Bartolomé Simón eran conocidos dentro de la observancia antes de ser protagonistas de este episodio del "Sumario". En la documentación aneja al "Sumario" se dice: "los que fueron penitenciados por la beata Agullona son Fray Jayme Sánchez (que al presente está en Lisboa que trahe unos antojos) y éste por el Sto. Officio. Lotro se llama Fray Bartholomé Simón, que muchas vezes fue por los prelados de la orden castigado por frayle poco honesto en sus tratos con mugeres"[51].

Referente al mismo tema, hay una carta remitida por el Provincial de los observantes valencianos, Francisco de Molina, a Gabriel de Zayas. En ella, agradece el apoyo de Zayas, se disculpa por no haber podido despedirse de él, "por no perder un buen lance deste religioso Fray Jayme Sánchez", y a continuación añade: "de nuevo pretenden estos religiosos (recoletos) dar combate con favores del Señor Arzobispo que remará a la

---
[50] ROBRES, *San Juan de Ribera*, p. 482.
[51] A.G.Simancas, Sección Estado, leg. 188 (428 antiguo), s/f.

sorda, y con infamias y con intercessión de la Emperatriz pensando de conquistar a su Magestad para que toda nuestra religión sea behetrya y sus reynos estén en continua pelea..."[52].

La carta del Provincial lleva fecha del 2 de mayo de 1582, el mismo año en que Felipe II suprime la provincia y custodias de los recoletos. El mismo año también en que casi con toda seguridad fueron redactados los artículos del "Sumario", y un año antes de que Francisco de Molina fuera destituido de su cargo de Provincial y encarcelado, al tiempo que Gregorio XIII erigía de nuevo la Custodia recoleta de Valencia[53].

Si alguna duda subsiste sobre las razones que inspiraron las acusaciones contenidas en el "Sumario", conviene recordar que el último artículo de éste arremete contra la beata Agullona porque, "la dicha Beata siendo profesa de la tercera orden del Pe. St. Francisco y consiguientemente subjecta a la obediencia del Provincial (de los observantes), en ninguna manera le quiere obedescer a lo que le mandan, ni seguir las comunidades como las otras Beatas las siguen y haze toda la contradicción a la orden que puede, y es grande parte con los enemigos de la orden y con el dicho Fray Jayme en rebolver y alborotar esta Provincia..."[54].

Así pues, queda claro que las acusaciones del "Sumario" se entienden únicamente relacionadas con la pugna que libran observantes y recoletos. Pugna que, siendo de competencias de autoridad y de jurisdicción entre una y otra familia franciscana, refleja también un modelo diferente de entender la espiritualidad. La Observancia ha relajado su primitivo rigorismo y sustenta una espiritualidad menos carismática, menos dada a maravillosismos místicos y más intelectualizada. La Recolección defiende la posibilidad de la participación de los laicos en las experiencias espirituales místicas, de ahí el trato con la mujeres beatas, y la frecuencia de maravillosismos como revelaciones, éxtasis, etc. Idéntica espiritualidad que la que figura en el "Sumario" una vez clarificadas las razones que impulsaron las acusaciones en él contenidas.

---

[52] Ibid., s/f.
[53] ROBRES, *San Juan de Ribera*, p. 433.
[54] A.G. Simancas, Sección Estado, leg. 188 (428 antiguo), s/f.

Nada se sabe de Fray Bartolomé Simón. Fray Jaime Sánchez continuó como confesor de la beata y de Ribera, fue elegido Custodio y Ministro Provincial de su orden "por sus muchas prendas de virtud", y tuvo todavía tiempo para escribir por encargo de Ribera la "Vida" de Margarita Agulló[55].

Ribera y Fray Luis de Granada

Las acusaciones de alumbradismo contra Margarita Agulló tuvieron lugar al mismo tiempo que acaecía en Lisboa el episodio de María de la Visitación. Ambos casos son ilustrativos de la importancia que tuvieron en aquellos momentos las manifestaciones espirituales de signo maravillosista, y el apoyo que les dieron personajes como Ribera y Luis de Granada.

La intervención de Ribera en la desgraciada aventura personal de la monja lisboeta se produjo por la amistad que le unía con Fray Luis. Ambos intercambiaron una amigable correspondencia sobre sus dos más avanzadas hijas espirituales. De esta forma, Ribera supo de la santidad de vida de María de la Visitación e hizo partícipe a su amigo de las excelencias espirituales de las beatas Margarita Agulló y Ana de Jesús.

La historia de María de la Visitación es una historia triste en la espiritualidad hispana. Sor María, monja en el monasterio de la Anunciada de Lisboa, alcanzó fama de santidad cuando se publicó que había recibido la gracia espiritual de los estigmas de Cristo[56].

Toda Lisboa se maravillaba de los dones espirituales concedidos a la monja de la Anunciada. Raptos místicos, visiones, revelaciones y algunos milagros contribuyeron a incrementar su fama. El Provincial de los dominicos, maestros de Teología de la orden dominicana, el Virrey de Portugal, el Arzobispo de Lisboa, Luis de Granada, el General de los dominicos Sixto Fabri y otros muchos corroboraron las excelencias de la monja.

Todo se vino abajo cuando se descubrió lo fingido de los estigmas de la monja. Un gran escándalo sacudió Lisboa y

---

[55] V. Ximeno: *Escritores del Reyno de Valencia*, I, Valencia, 1749, fol. 237.
[56] Huerga, *Estudio preliminar a...*, p. 2.

salpicó a muchos. Luis de Granada, ya en el crepúsculo de su vida, fue uno de los que más se comprometió en este escándalo. El había dado pábulo a la santidad de Sor María, y, además, había escrito la "Historia" de esa santidad, que ahora se demostraba fingida. Al final, Fray Luis reconoció su error y redactó como desagravio a su escesiva credulidad el "Sermón contra los escándalos en las caídas públicas"[57].

La historia de María de la Visitación y los avatares políticos en los que se vio inmersa su figura tienen un interés tangencial ahora. El caso de la monja, atípico por su singularidad, interesa porque ayuda a comprender la credulidad con que en aquellos tiempos eran aceptadas las manifestaciones espirituales de signo maravillosista, incluso, por personajes tan preparados doctrinalmente como Ribera y Luis de Granada.

De la relación epistolar entre Fray Luis y Ribera se trasluce la profunda amistad que les unía. Amistad que no se vio empañada por el suceso de Lisboa, y que prosiguió hasta después de la muerte de Fray Luis.

Al Patriarca le dedicó Fray Luis la "Vida" de Juan de Avila, y le hizo su confidente de las experiencias espirituales de Sor María de la Visitación. En justa correspondencia, Ribera hizo partícipe a su amigo de las excelencias espirituales de Margarita Agulló y de Ana de Jesús. Además, cuando Fray Luis murió, la fidelidad hacia el amigo se mantuvo. Ribera hizo gestiones para trasladar a Valencia su cuerpo, y dejó redactado en las Constituciones de su Colegio que se leyeran libros a la hora del refrigerio, especialmente, los de Fray Luis "por la devoción que siempre habemos tenido, y tenemos a la doctrina de sus libros, y la gran opinión de virtud y santidad, y por la particular amistad y correspondencia que hubo entre él y mi"[58].

Punto en común entre Fray Luis y Ribera es la mutua predisposición de ambos por aceptar y defender a algunas figuras populares muy poco significadas intelectualmente, de una gran

---

[57] Fray Luis de Granada, *Historia de Sor María de la Visitación y Sermón de las caídas públicas*, ed. de Bernardo Velado Graña, Barcelona, 1962, pp. 361-413.
[58] Robres-Ortolá, *La monja de Lisboa...*, p. 185. Sobre las Constituciones del Real Colegio Seminario de Corpus Christi, Vid., Juan de Ribera: *Constituciones del Colegio Seminario de Corpus Christi*, Valencia, 1896, c. XXIII, núm. 5.

humildad y ascetismo de vida, y muy propensas a experiencias espirituales de raptos, éxtasis, arrobos, revelaciones, etc.

La carrera de muchas órdenes religiosas por proteger a determinadas beatas, por apropiarse de sus cuerpos muertos en fama de santidad y por canalizar hacia sus conventos las devociones a ellas evidencian el auge de esta corriente espiritual y la consciencia que existía de la validez social de estos ejemplos.

En la historia de María de la Visitación se suelen citar algunos nombres que no creyeron en la veracidad de las manifestaciones místicas de la monja. Uno de ellos es el de la beata Margarita Agulló[59].

Obra de Ribera es el prólogo a la "Vida" de Margarita Agulló escrita por Fray Jaime Sánchez. Según Ribera, la beata nunca sintió bien de las cosas de María de la Visitación. "Acuérdaseme que cuando anduvo tan valida la opinión de santidad de la monja de Lisboa, de que dije al principio, le mostraba yo las cartas del bienaventurado Padre Maestro Fray Luis de Granada, en que me refería sus cosas y la monja también le escribió: pero esta Virgen jamás juzgó bien de ella. Y así cuando se entendió haber engaño, me trajo a la memoria lo que me había dicho"[60].

Estas palabras, escritas a principios del siglo XVII, han sido aportadas para demostrar que ni Ribera, ni la beata creyeron en la santidad de la monja[61].

Huerga no pone en duda la veracidad del texto anterior, pero cuestiona la validez del mismo para concluir que ni Ribera, ni la Agullona creyeron en la santidad de Sor María. Lo hace, poniendo de manifiesto la comunión de intereses existentes entre Fray Luis y Ribera, la relación epistolar que mantuvieron, el mutuo intercambio de escritos sobre Sor María y la beata, la presencia en Lisboa de un personaje tan vinculado al entorno del Patriarca como Fray Jaime Sánchez, la complica-

---

[59] Además de la beata Agulló y de Ribera, A. Huerga afirma que ni San Juan de la Cruz, ni Ana de san Bartolomé, ni la Condesa de Feria, etc, creyeron en la veracidad de los maravillosísimos espirituales de la monja de Lisboa. Vid., HUERGA, *Estudio preliminar a...*, p. 74.
[60] Cit. en ALCOVER, *Orígenes...*, pp. 68-69.
[61] ROBRES-ORTOLÁ, *La monja de Lisboa...*, pp. 26-29.

ción en el asunto de personajes de menor interés como las beatas Ana Rodríguez y Ana de Jesús, etc. Larga retahila de razones, que unidas a que Ribera escribió el "Prologo" cuando ya el asunto de la monja de Lisboa había sido resuelto por la Inquisición, hacen concluir a Huerga, que los reparos a la santidad de Sor María por parte de la beata y, sobre todo, por parte de Ribera no son demasiado convincentes[62].

Es poco posible que la beata Agulló y el Patriarca recelaran de la virtud de la monja de Lisboa, dada la afinidad espiritual que existió entre los personajes valencianos y los de Portugal. Por otra parte, es evidente la similitud de vida de la beata y de la monja, y de Fray Luis y de Ribera.

Dejando de lado los estigmas de Sor María, que se demostraron falsos, similares experiencias de vida ascética, revelaciones, arrobos y éxtasis se aprecian en la espiritualidad de la monja y de la beata. Un somero análisis de los escritos de esta última redactados por encargo de Ribera, y de las visiones y revelaciones de Sor María recogidos por Fray Luis, constata que los mismos temas están presentes en las visiones místicas de las dos mujeres[63]. Pero, si alguna duda puede quedar todavía de que la beata recelara de la santidad de vida de Sor María, esta duda se disipa totalmente en el caso del Patriarca.

En carta fechada en Lisboa el 23 de septiembre de 1584, Luis de Granada le manifestaba a Ribera su incredulidad de "que le manava mucha sangre a Ana de Jesús, del lado". Este insignificante dato ilustra bien sobre el supuesto recelo que el Patriarca podía tener de la santidad de vida de la monja de Lisboa, y su inocente creencia, por otra parte, en la veracidad del favor místico de Ana de Jesús.

Al crédulo Fray Luis no le hubiera extrañado que quien gozara de este don fuera la beata Agulló, a la que tenía por santa. Pero a Ana de Jesús la conocía bien y, por eso, en su carta a Ribera añade: "Yo me maravillé un poco desto: porque no me parecía que essa buena muger uviesse llegado a tan alto grado de virtud, que ella tuviesse lo que nunca Nuestro

---

[62] HUERGA, *Estudio preliminar a...*, pp. 74-75.
[63] Para las revelaciones y visiones espirituales de la monja de Lisboa, Vid.:FRAY LUIS DE GRANADA, *Historia de Sor María...*, pp. 211-360. En el caso de la beata Margarita Agulló, Vid.: ALCOVER, *Orígenes...*, Apéndice II, pp. 143-171.

Señor da sino a personas de grande perfección. Y aunque yo tenía essa muger por persona spiritual y devota, mas no por tan perfecta. Y aquella señora con quien estaba en Montemayor, teníala notada por colérica, y después tuvo otros descontentos della, por donde la despidió de su compañía. Y el confessor desta señora me escribió que no le diesse crédito si me fuesse a hablar. De la sanctidad desta señora (Fray Luis se refiere a doña Elvira de Mendoza)[64], no hablo, porque ella fue tal, que espero en nuestro Señor escribir presto su vida por ser ya difunta. Por donde su salida de casa desta señora más creo que por culpa de la sierva que de la señora. Por esta razón me maravillé de lo que V.S. me escribió de su sangre. Mas no me atreví a escribirle lo que tenía por no deshazer en nada, ni quitar a V.S. la devoción que en esto tenía"[65].

En la relación epistolar de Fray Luis con el Patriarca, hay un asunto que conviene aclarar. Hace referencia a la supuesta regañina de Fray Luis por creer que Ribera hospedaba en su casa a la beata Agulló.

Los estudiosos de Ribera han aclarado este punto malinterpretando las palabras del dominico[66]. Una atenta lectura de la carta de éste a Ribera demuestra que Fray Luis nunca creyó que la beata viviera en casa del Patriarca. Además, de haber sido cierto, no se hubiera molestado por ello Fray Luis, sino que lo hubiera considerado un honor para su amigo. Pero el sabio dominico no se refería a Margarita Agulló sino a Ana de Jesús. Por eso, Fray Luis, tras recelar de los favores místicos de Ana de Jesús, le dice a Ribera: "Con esta ocasión me dixo él (Fray Luis se refiere a Fray Jaime Sánchez que por esta época se encontraba en Lisboa) algo de lo que avía pasado y como V.S. la avía aposentado en su propia casa. De lo qual tambien me maravillé, acordándome de lo que se escrive de S. Agustín: que el qual no consintió que su hermana morasse con él en su casa, diziendo que cum sorore mea fui, sororis meae non fui. Por esto huelgo que V.S. le haya mandado dar otra casa fuera de la suya". Más adelante, precisa:

---

[64] Noticias aclaratorias sobre Dª Elvira de Mendoza en, HUERGA, *Estudio preliminar a*..., p. 75.
[65] ROBRES-ORTOLÁ, *La monja de Lisboa*..., p. 235.
[66] Ibid., p. 236. Vid, también: ALCOVER, *Orígenes*..., pp. 98 y 169-171.

"Mas esto no ha lugar en la madre Agullona por ser tan conocida su sanctidad, que si decir se puede, V.S. parece que gana honra con tenerla en su casa, mayormente siendo ella más estatua de muger, según me dicen, que muger"[67].

Así pues, notable paralelismo existe en las relaciones espirituales mantenidas por Fray Luis con María de la Visitación y la beata Ana Rodríguez, y por Ribera con las beatas Margarita Agulló y Ana de Jesús. Ambos amigos intercambiaron informaciones de las experiencias espirituales vividas por su ahijadas espirituales, convencidos de que tales experiencias no eran cuestionables doctrinalmente, y de que podían ser aprovechables socialmente. A ninguno de los dos amigos le preocupaba el hipotético peligro que doctrinalmente podía revestir esta espiritualidad. Ellos, al contrario que otros, creían que las manifestaciones místicas no eran exclusivas de los ámbitos conventuales y que podían participar en ellas núcleos escogidos de laicos.

Al final, Fray Luis tuvo menor fortuna que Ribera. La santidad de María de la Visitación se demostró que era fingida, y le obligó a desdecirse públicamente de su creencia en ella. Por su parte, Ribera prosiguió su magisterio espiritual sin contratiempos. Margarita Agulló gozó a partir de ahora de todos los favores oficiales en Valencia.

Prólogo de Ribera a la "Vida" de Margarita Agulló

Ribera rindió grandes honores a la beata Margarita Agulló cuando ésta murió. Hizo lo mismo que había hecho para honrar la muerte de su amigo Pedro Nicolás Factor, y lo que hará a su otro amigo, Luis Bertrán.

La actuación de Ribera en estos casos no la guiaba un interés particular por favorecer a una u otra orden religiosa, sino el de facilitar al pueblo el ejemplo de personas que viviendo en estrecho contacto con él, habían conseguido ejemplificar a todos con su vida. Convencido de que tales ejemplos eran necesarios para acentuar la religiosidad popular, se mostró favorable a divulgar su devoción.

Margarita Agulló falleció en Valencia el 9 de diciembre de

---

[67] ROBRES-ORTOLÁ, *La monja de Lisboa...*, pp. 235-236.

1600. Ribera la asistió espiritualmente en sus últimos momentos, y estuvo presente cuando falleció[68]. Su cadáver fue trasladado por orden suya al convento de los frailes capuchinos de la calle Alboraya. Allí permaneció expuesto tres días "para consuelo del pueblo"[69].

"Acudieron todas las parroquias y todas las Ordenes, sucesivamente, con sus comunidades, a cantarle cada una un responso, y casi toda la ciudad a honrar y venerar en la muerte a quien tan bien sirvió a Dios en la vida. Pasados tres días, la enterraron en la capilla mayor de dicho convento, a la parte de la espístola. En aquellos tres días, no se corrompió el cuerpo ni de él se sintió mal olor. Tenía el rostro tan hermoso y con tan nuevo resplandor, que no parecía difunto". Todas las manifestaciones públicas de fervor y devoción popular contaron con el apoyo y la presencia del Patriarca[70].

En l605, finalizadas las obras de la Capilla del Real Colegio de Corpus Christi, Ribera trasladó allí el cuerpo de la beata, cubriendo su sepultura con una piedra de alabastro con inscripción laudatoria[71].

Más adelante, las circunstancias domésticas del Colegio, los tiempos de adversidad y crispación que se vivían en Valencia como consecuencia de la oposición de ciertos sectores religiosos a la beatificación del clérigo Francisco Jerónimo Simón, la ejecución de los decretos de Urbano VIII restringiendo las devociones populares, u otras causas, hicieron que se trasladara de lugar el sepulcro de la beata y que se sustituyera la inscripción laudatoria por otras más humilde y escueta[72]. Corrían otros tiempos, y Ribera ya no estaba para favorecer a su gran "amiga" espiritual.

Pero Ribera no se conformó con el público entierro y el

---

[68] Debe quedar claro que la beata Agulló no vivía en casa del Patriarca sino en una casa que era propiedad suya.

[69] XIMENO, *Escritores...*, I, fol. 217.

[70] ALCOVER, *Orígenes...*, pp. 100-101. Los honores que Ribera le rindió a la beata a su muerte son interesantes porque, años después, fallecido ya Ribera, se rindieron honores semejantes al clérigo Simón, provocando éstos una de las más graves crisis religiosas vividas en Valencia.

[71] Ibid., p. 103. Según Alcover, fue la misma beata quien le pidió a Ribera ser enterrada en la capilla del Colegio de Corpus Christi. Ribera se limitó a cumplir su voluntad.

[72] XIMENO, *Escritores...*, I, fol. 217.

magnífico sepulcro que le hizo a la beata. Convencido de su santidad, encargó a Fray Jaime Sánchez un libro biográfico que él mismo se encargó de prologar.

Ribera no escribió un prólogo al uso de los que en la época se hacían. Protagonista de la vida de la beata, "he querido acompañarla con decir algo de lo mucho que se pudiera referir... y no por la relación de otros, sino por haber sido testigo de vista, y no de uno o dos años, sino de más de veinte y cinco continuos tratándola familiarmente...". Pero Ribera no era un protagonista cualquiera. Después de la triste historia vivida por su amigo Fray Luis, creía que convenía "poner mayor advertencia y circunspección, en considerar si en las cosas de esta virgen, avía algún engaño ora fuesse por culpa suya, ora por decepción, y sugestión del demonio". No se fió de los juicios favorables de Pedro Nicolás Factor, ni de Cristóbal Moreno, ni de otros frailes franciscanos, pues al ser "la beata de su misma religión y haberse comunicado con ellos, podían tenerle pía afección...". Ribera recurrió a Rodrigo de Solís, reformador de la provincia agustina de Aragón, y a Luis Bertrán, sin duda, el más reacio a admitir los maravillosismos místicos en Valencia. Cuando éstos hubieron presenciado personalmente las experiencias místicas de la beata, entonces es cuando Ribera dejó de lado su cautela.

Ya resulta difícil imaginarse al Patriarca introduciéndose sigilosamente con sus acompañantes en el aposento de una beata sin permiso de ésta; pero, más lo es la sencillez con que narró las experiencias vividas.

"Hallámosla ambos viernes crucificada en una cruz que ella me había pedido le diesse, que era tan larga como su estatura, y tenía los brazos tan largos cuanto ella podía con dificultad alcanzar con los suyos. Estaba tendida en el suelo y puesta la cruz sobre sí, llegándole desde la cabeza a los pies y con los dedos de las manos asidos los brazos de la cruz, aunque no alcanzaba a coger todo el grueso de la madera, sino un poco de ella con las puntas de los dedos, estaba tan asida, con sólo esto de la cruz, que meneando la cruz de cualquier parte así de la cabeza, como de los brazos y del pie, se meneaba todo el cuerpo de la virgen de la misma manera que si estuviera enclavado fuertemente su cuerpo en la cruz. Mostrava en el rostro grandíssima aflicción, sin hacer visage alguno, antes con un semblante tan grave y compuesto que admiraba.

"De esta manera estuvo hasta el punto que el reloj tocó las tres horas, y en tocándolas, vimos notable mudanza en su rostro; y tan grande que verdaderamente se podía tener por muerta, porque los ojos estaban entelados y cada uno con una lágrima y la boca un poco abierta y de color de tierra y el color del rostro robado de todo punto. Procuramos hacer alguna diligencia para entender si respiraba y pareciónos que no. Debió estar en este ejercicio hasta las cuatro y entonces mostró gran sentimiento en el costado derecho, poniéndose la mano sobre el hábito y apretándola en la parte que el benditísimo cuerpo de Jesucristo Nuestro Señor padeció la lanzada. Levantóse después de rodillas, y puestas las manos juntas, como si llevara en ellas alguna cosa, anduvo hincadas las rodillas por todo el aposento, ofreciendo el corderito al Padre Eterno, por los pecados de los hombres. y en particular, nombraba entre dientes algunas necesidades públicas. Consideramos que estando arrobada y sin ningún sentido exterior, dio vuelta a todo el aposento sin topar en pared o en otra cosa alguna, antes con la misma advertencia que pudiera tener si estuviera acordada. Pasó después al descendimiento de la cruz y levantó las manos como quien quiere coger alguna cosa que viene de alto. Oímos que dijo muy a passo: Yo los pies quiero. Y bajando las manos muy poco a poco, y juntamente su rostro, llegó al suelo, donde puso la boca, chupando, y llorando tan amargamente, y con tan abundantes lágrimas, que nos maravillamos todos de que tuviese fuerza para llorar copiosamente, después de aver pasado tan grande trabajo corporal, no aviendo comido, ni bevido desde el día antes a medio día"[73].

El prólogo confirma que Ribera se mantuvo fiel durante toda su vida a la espiritualidad que había ayudado a propagar en sus años de Obispo en Badajoz. Era la misma espiritualidad

---

[73] El "Prólogo" de Ribera a la "Vida" de la beata Margarita Agulló escrita por Fray Jaime Sánchez ha sido publicado varias veces. Se cita por: J. BUSQUETS MATOSES: *Idea exemplar de prelados delineada en la Vida, y virtudes del venerable varón el Illmo. y Exmo. Señor Don Juan de Ribera, Patriarca de Antioquía, Arzobispo de Valencia, Su Virrey, y Capitán General*. Valencia, en el Real Convento de Nuestra Señora del Carmen, 1683, pp. 356-365.

que Fray Alonso de la Fuente le reprobó haber fomentado en Extremadura la que Ribera continuó apoyando en Valencia. Su amistad con los franciscanos descalzos, especialmente con Fray Pedro de Santa María, con Fray Pedro Nicolás Factor, con la beata Margarita Agulló, etc. así lo confirma.

Ribera estaba convencido de que esta forma de espiritualidad, a pesar de los problemas particulares que pudiera crear a quienes no supieran asimilarla, a pesar de los miedos que algunos querían azuzar en aras de una pretendida ortodoxia, era válida para fomentar el acceso de los laicos a las manifestaciones místicas y, fundamentalmente, para que éstos dispusieran de un método con el que vivir con mayor intensidad su religiosidad. Ribera mantuvo su posición, hasta cierto punto, a contra corriente de la actitud oficial, más partidaria de circunscribir la espiritualidad mística a los ámbitos conventuales y temerosa siempre a que una actitud más abierta generara problemas religosos.

La espiritualidad de Ribera es la faceta menos ambigua de su personalidad histórica. La claridad de su posicionamiento impidió el que se levantaran en Valencia voces en contra de su espiritualidad y de la de sus amigos. Además, Ribera posiblitó la creación de un marco de tolerancia, que se dejó sentir hondamente con su ausencia. De inmediato se podrá apreciar esto, al analizar el problema suscitado por causa de la beatificación del clérigo Francisco Jerónimo Simón.

II

FRANCISCO JERÓNIMO SIMÓN
UNA SANTIDAD FRUSTRADA

1.- Una vida de luces y sombras

El 25 de abril de 1612 falleció en Valencia Francisco Jerónimo Simón, clérigo beneficiado de la Iglesia parroquial de San Andrés. A los pocos días de su muerte, la fama de su santidad se extendía por todas partes[1].

Natural de Valencia, Simón nació el 16 de diciembre de 1578. Sus padres fueron Bautista Simón y Esperanza Villafranca. Tuvo dos hermanos.

Huérfano a los nueve años, un largo peregrinaje como criado comenzó para él. Primero, lo acogió el Doctor Juan Pérez[2]. Aquí residió once años. Tuvo como confesores a Fray Pedro Sales y al jesuita Miguel Fuentes, e inició su trato con Francisca Llopis, que ejerció gran influjo espiritual sobre su vida.

Muerto su protector en 1598, Simón recibió algunos libros y "un vestido decente para continuar sus estudios"[3]. Escaso bagaje para vivir, que le obligó a buscar nueva casa. Mosén Pedro Juan Fuster le acogió durante cuatro años. Después, se trasladó a casa de Joseph Melgar, donde trabajó de "maestro" de su hijo.

En casa de Melgar, Simón tuvo noticias de que Leonor Jordán, criada del Doctor Juan Pérez, "que le amava como hijo

---
[1] Isidoro Aparici Gilart: *Vida del Venerable Mosén Francisco Gerónimo Simón. Valenciano, y Beneficiado de la Real Iglesia Parroquial del Apóstol San Andrés de esta ciudad de Valencia*, Valencia, en la imprenta de Josef García, 1706?. Hay que advertir que de esta obra solamente se publicó la primera parte. La obra completa puede verse manuscrita en: B.U., Ms. 43. *Vida del P. Simón*.
[2] Aparici, *Vida*..., p. 3.
[3] Ibid., p. 7.

y venerava como Santo", le había dejado un legado testamentario depositado en casa de María Sierra. Hasta allí fue Simón y la dueña, compadeciéndose de él, le ofreció el cuarto donde vivía la difunta.

Por esa época, quiso ingresar en la cartuja. Consultó su decisión con su Padre espiritual y marchó a Porta-Coeli, donde lo rechazaron por su lamentable estado físico.

Los problemas de Simón se resolvieron cuando un protector le consiguió un beneficio en la Parroquia de San Andrés. Pero movido pleito por pretender el mismo beneficio un pariente del fundador, Simón intentó de nuevo entrar en la cartuja. Marchó a Porta-Coeli y, perdiéndose por el camino por ser noche muy oscura, regresó a Valencia. Entonces, su hermano le comunicó que ya no existían trabas para conseguir el beneficio eclesiástico. El 6 de junio de 1603 tomó posesión de su beneficio.

Nuevas dificultades surgen para Simón. Necesita ser ordenado "in Sacris" para ser admitido a residencia de su beneficio. Dispone sólo de unos pocos libros que no quiere vender. Busca ayuda, y de nuevo se ve obligado a trabajar. Bartolomé Xaca le acoge como "maestro" de uno de sus hijos.

Finalmente, el 4 de junio de 1605, Simón fue ordenado sacerdote. Todavía permaneció algún tiempo en casa de Bartolomé Xaca. Después, se trasladó a casa de Rodrigo Pérez, "hasta que aquel amor a la soledad, y despego de todo lo criado, que ardía siempre en su coraçón, le obligó a ponerse en un cuarto baxo, o entresuelo de la casa en que vivía Doña Francisca Dávila... Permaneció en ellos nuestro Venerable Simón, desde la víspera de San Andrés del año de 1608. hasta 27. de Abril de 1610. que passó a unas casillas proprias de su Beneficio, a las espaldas de la misma Iglesia de San Andrés, donde estuvo hasta que murió"[4].

Francisco Jerónimo Simón tenía treinta y tres años cuando murió. Su vida fue breve y, hasta cierto punto, vulgar. Nada especial le aconteció. Sin embargo, las fuentes históricas discrepan profundamente a la hora de enjuiciar su vida.

---
[4] Ibid., p. 10.

Estudios

El nivel cultural de los clérigos valencianos dejaba mucho que desear en la segunda mitad del siglo XVI. Los intentos de Ribera por mejorar la cultura de los clérigos fueron encomiables, pero los frutos de esta labor tardarían tiempo en reflejarse[5].

Para Aparici Gilart, último biógrafo de Simón y partidario suyo, el beneficiado de San Andrés había cursado estudios en la Universidad de Valencia de Teología Escolástica, Expositiva y Moral. También había estudiado latín, griego y hebreo[6]. Lo mismo manifiestan Miguel Espinosa y Antonio Sobrino. Este último "save muy bien... que hera muy ábil ingeniosso de claro entendimiento y docto en la lengua latina y muy bersado en las materias de theología Scolástica, y expositiva..."[7]. En otro momento, dirá: "que supiesse las lenguas griega y hebrea sólo después que passó al Señor lo a oydo decir..."[8].

El dominico Juan Gavastón, acérrimo enemigo de Simón, acepta que hubiera cursado estudios de Gramática, Lógica, Filosofía, Teología y un poco de hebreo, pero el nivel alcanzado en estos estudios debió haber sido mínimo, pues, sus compañeros "jamás le vieron tener acto de letras alguno ni jamás dio muestras que acudir a sus lecciones"[9].

Pobreza de vida

Los problemas de Simón por encontrar un medio de sustento regular fueron constantes a lo largo de su vida. Pensar que una vez obtenido el beneficio eclesiástico mejoró su suerte, es ignorar los problemas que en los siglos XVI y XVII generaba el excesivo número de clérigos.

En el siglo XVII, "la gran masa del clero secular, en número tres o cuatro veces superior a los párrocos, estaba integrado por beneficiados, capellanes y ordenados de menores"[10].

---
[5] ROBRES, *San Juan de Ribera*, p. 214.
[6] APARICI, *Vida...*, p. 10.
[7] A.H.N.,Inquisición, leg. 3701 núm. 1, fol. 127 y fol. 130v.
[8] Ibid., fol. 130v.
[9] Cit. en ROBRES, *Pasión religiosa...*, pp. 290-291.
[10] A. DOMÍNGUEZ ORTIZ, *Las clases privilegiadas en la España del Antiguo Régimen*, Madrid, 1973. pp. 263-264.

La remuneración económica de los beneficiados era escasa. Sus ingresos procedían de oficiar Misa, rentas del beneficio y la asistencia a actos religiosos como procesiones y entierros.

En Valencia, la situación era parecida. En 1617, las catorce parroquias de Valencia tenían 779 beneficiados. La parroquia de San Andrés tenía 37 beneficiados de 15 a 20 escudos de renta cada uno. En ella residían de ordinario 20 beneficiados, "que cantaban las horas canónicas, y sus distribuciones anuales venían a valer, por todo el año, unos treinta ducados"[11].

Las circunstancias generales no eran favorables para nadie, y tampoco para el clero secular. A pesar de ello, el dominico Gavastón afirmará, que mosén Simón "gustaba de comer bien y bien guisado". Si la comida no estaba en su punto la arrojaba al suelo, o daba "coces a la mesa". En verano se hacía enfriar la albudeca a la nieve. Comía carne los viernes y sábados, aunque puntualiza el fraile, "por sus indisposiciones". El pan que comía era floreado, "de casa Febrer, panadero, que amasa a los virreyes"[12].

Los gustos culinarios de Simón eran refinados. "Una vez envió a casa de sor Francisca Llopis, beata de San Juan de la Ribera, unos pollos y una gallina para irse a comer con ella. Y le envió un billete, escrito de su mano, donde decía: la gallina pondrá vuestra merced en la holla, para que haga buena sustancia, y los pollos hará asados, por principio"[13].

Por si fuera poco, Simón siempre estaba endeudado por cuestión de la comida. "Y por esto de comer bien, decía el ama que siempre andaba alcanzado con la bolsa y aun endeudado"[14].

Las anteriores anécdotas hacen pensar que Simón estaba preocupado por su sustento. En realidad, éstas fueron recogidas por Gavastón para denostar la figura de Simón. Otras fuentes dan una visión contraria del clérigo.

Para Francisca Llopis, Simón entregaba a menudo "sus distribuciones" de la parroquia a los pobres, teniendo por ello que comer muchas veces "por amor de Dios". Según Sobrino, "el

---
[11] ROBRES, *En torno a...*, p. 358.
[12] Cit. en ROBRES, *Pasión religiosa...*, p. 292.
[13] Ibid., p. 293.
[14] Ibid., p. 293.

dicho siervo de Dios era pobríssimo en effecto, passando el tiempo del grande frío mucha nezessidad por falta de vestido y de ordinario comiendo de limosna"[15].

Analizar la vida de Francisco Jerónimo Simón es encontrarse con una continua disparidad de criterios. Las glorias pintadas por unos, fieles en esto a la tradición hagiográfica de gran raigambre en el siglo XVII, son despintadas por otros. Los dominicos, incapaces de reconocer cualquier signo de santidad en la vida del clérigo, tratarán de agavillar anécdotas y comentarios en su contra. El ejemplo del sustento aquí esbozado se repetirá en otros aspectos de su vida.

Espiritualidad

Para Robres, Simón fue la cabeza visible de un importante foco de espiritualidad prequietista valenciano, cuya última y más conocida manifestación fue el quietismo de Miguel Molinos[16]. La idea de Robres es atrayente, pero está poco sustentada.

Francisco Jerónimo Simón no fue mingún cabecilla, fue sólo una anécdota espiritual de ulterior importancia histórica por variadas razones, entre las que no se encuentra su espiritualidad. La espiritualidad valenciana del siglo XVII es suficientemente importante sin mosén Simón, y nace y se desarrolla con anterioridad al auge simonista.

La espiritualidad de Simón es poco significativa. Carece de una base doctrinal clara, y no es más que la síntesis personal de algunas de las corrientes espirituales existentes.

Las fuentes donde el clérigo bebió su espiritualidad pudieron ser múltiples. La influencia del Doctor Juan Pérez en sus años de juventud, después, la del jesuita Miguel Fuentes, de las beatas Falcona y Francisca Llopis, de Sobrino, etc., indican que no hubo un modelo exclusivo, sino que ante él se presentaron experiencias variadas. Su vida de enfermedad y retiro influyó también en sus vivencias espirituales.

---

[15] A.H.N., Inquisición, leg. 3701 núm. 1. Vid. declaraciones de la beata Francisca Llopis y de Antonio Sobrino. Fols. 147v y 131v respectivamente.
[16] Los dos artículos de Robres, repetidamente citados, agotan casi todos los aspectos biográficos de Francisco Jerónimo Simón.

Debilidad física y enfermades estuvieron siempre presentes en la vida de Simón. Afectado, en opinión de Aparici, de "herpes milliaris". Sus detractores dirán que eran "bubas". No era ésta la única enfermedad que padecía: "Dolor de estómago como de cólico que le hazía quedarse sin sentido y perder la abla y sudar", enfermo del pecho, "muy gastado y flaco"[17].

Llaga viviente, Simón sufrió frecuentes vejaciones por parte de sus colegas. "Margalida", "Saboyana", "Flasadera", "Simoneta", fueron algunos de los apodos que le pusieron. No contentos, temerosos a un posible contagio de sus enfermedades, no le permitirán oficiar misa en los cálices comunes, le asignaron "el más ruincillo de todos los de la Iglesia"[18].

Difícil conjugar esta imagen de Simón con la de sus detractores. Carácter colérico, susceptible de irritarse al más mínimo contratiempo, capaz de tirarle un libro a la cara del librero por no haberlo encuadernado a su gusto, todo ello acompañado de expresiones como "bellaco y cornudo, becho y cornudo"[19]. Rasgos poco probables en una personalidad como la suya acostumbrada al padecimiento físico, a la humillación, a la perenne mediocridad.

Más ajustada a la realidad es la visión que dejó Sobrino: "Su recogimiento era perpetuo sin tener amistades, conversaciones, ni entretenimientos algunos porque todo su entendimiento y vida era darse a la oración, contemplación y estudio sagrado llevando su alma unida con nuestro Señor por continua memoria y amor suyo..."[20].

Para los frailes, no era comprensible que se aclamara como santo a un oscuro beneficiado del que nada se sabía. Gavastón se desquiciaba: "qué virtud tan heroica la que hasta ahora se ha visto en este hombre y qué hechos tan notables en servicio de la Iglesia y salvación de las almas, y gravedad de antepasados suyos, y sangre tan calificada, que con tantos linajes toca tan principalmente, para que se aventure la Ciudad de Valencia a perderse en lo espiritual de la fe, y en lo temporal de encontrarse con el Rey, a trueque de que mosén Simón sea víc-

---
[17] Aparici, *Vida...*, p. 35.
[18] Cit. en Robres, *Pasión religiosa...*, p. 297.
[19] Ibid., p. 297.
[20] A.H.N., Inquisición, leg. 3701 núm. 1, fol. 131.

tor, a pesar de los santos canonizados, y a pesar de la cabeza de esta Iglesia y a pesar de la Santa Inquisición, y del Papa..."[21].

Para Gavastón, como para otros, la pretendida santidad de Simón era una creación personal de Sobrino, basada no en las virtudes del clérigo sino en el influjo que el franciscano tenía en Valencia.

Virginidad y desposorios místicos

Joan Fuster se extrañó hace algunos años de que Simón fuera virgen en una ciudad como Valencia[22]. Extraño o no, la realidad es que de otros personajes se afirmó lo mismo. Así lo atestiguan los biógrafos del Patriarca Ribera, de Gaspar Bono, de Antonio Sobrino, de la beata Francisca Llopis, etc.[23]. Pero, al analizar este aspecto no se pretende confirmar si realmente Simón fue o no virgen, sino constatar que cualquier aspecto de su vida fue analizado de forma diversa según la finalidad que guiaba a sus biógrafos.

Francisca Llopis, madre espiritual de Simón, "tiene por cossa muy çierta... que fue el dicho siervo de Dios Virgen de cuerpo y alma todo el tiempo de su bida, y que no cometió culpa grave que fuesse ofensa mortal en todo el tiempo de su bida"[24].

El testimonio de Sobrino es más categórico. "De treinta y tres años era no más, mirad si corrió la posta bien; toda la vida fue santo, inocente, virgen, (con la inocencia bautismal se fue al cielo: sé lo que digo). Ninguna tizne carnal cayó en la nieve de su cuerpo, y alma. Azucena de las del cielo es, virgen, digo perpetuo"[25].

En circunstancias normales, estos testimonios y otros hubieran bastado para no dudar de la virginidad de Simón. A fin de

---

[21] Cit. en Robres, *Pasión religiosa*..., p. 313.
[22] Fuster, *Poetes*..., p. 167.
[23] Vid.: Busquets Matoses, *Idea exemplar*..., pp. 110-117; V.G. Gual. *Historia de la Vida, muerte, y milagros del muy Reverendo y bendito Padre Fray Gaspar Bono*, Valencia, por Juan Vicente Franco, 1610, pp. 138 y ss.; Panes, *Chrónica*..., I, pp. 704-710.
[24] A.H.N., Inquisición, leg. 3701 núm. 1, fol. 147.
[25] Cit. en Robres, *Pasión religiosa*..., p. 310.

cuentas, de otros personajes del ambiente valenciano se dijeron y nadie puso reparos a ello[26]. Pero la figura de Simón no tuvo tanta fortuna. Lo que sus amigos decían, sus detractores procuraban negarlo por todos los medios.

La pluma afilada de Gavastón lo sombrea todo. Si los amigos de Simón decían que éste fue virgen, el dominico contará que "fraile ha venido de San Agustín a esta casa de Predicadores y ha dicho al Padre Jaime Forner y a otros, que hay en su casa un confesor que ha confesado a una mujer, que le ha dicho que con ella ha tenido que hacer dicho mosén Simón". El comentario lo remata el dominico. "Y aún me ha nombrado dicho fray Forner a mí la mujer, mas no quiero yo poner aquí su nombre"[27].

Llegó a publicarse por Valencia que el clérigo conocía por el olor si una mujer era virgen. Tan esperpéntico comentario lo apostilla Gavastón: "A mí antes me parece habría de concluir desta proposición lo contrario, pues tan buen mosquito era, como se dice de los que conocen el buen vino con el olor"[28].

2.- LA SANTIDAD POSIBLE

Francisco Jerónimo Simón murió el 25 de abril de 1612[29]. Días antes había hecho testamento, dejando heredera suya a la beata Francisca Llopis[30].

Los amigos que estaban junto a Simón en el momento de su muerte, "muy edificados y çiertos de su felice tránsito y conçibiendo opinión, así desta su muerte, como de su vida inculpable que aquel cuerpo... era cuerpo santo lo començaron a guardar con vigilançia y començaron a tomar, de sus ropas para Reliquias y trataron de llevarlo a su yglesia de sant Andrés de dicha ciudad de Valencia como lo hicieron, abrazándose dél los capellanes de la mesma iglesia"[31].

---

[26] Que se sepa, nadie cuestionó la virginidad del Patriarca Ribera, ni tampoco de Fray Gaspar Bono.
[27] Cit. en ROBRES, *Pasión religiosa...*, p. 311.
[28] Ibid., p. 312.
[29] PORCAR, *Coses evengudes...*, p. 81.
[30] A.H.N., Inquisición, leg. 3701 núm. 1, ff. 1-2.
[31] Ibid., fol. 149v.

El oscuro beneficiado de San Andrés, desconocido por casi todos en Valencia, comenzó a ser aclamado como santo. Difícil resulta encontrar una explicación a esto. La influencia de Francisca Llopis en el mundo espiritual valenciano podría explicarlo en parte. También, la celeridad con que actuaron los clérigos de San Andrés, colocando a Simón en un túmulo en medio de la iglesia y proclamando por Valencia la muerte de un santo. Otros personajes, como el canónigo de Orihuela Vicente Ferrer Estevan y dos hermanas beatas que cuidaban a Simón, recorrieron Valencia con el mismo fin.

Tanta gente moviéndose al unísono explicaría la fama de Simón en el primer momento. Los milagros que se le atribuyeron sirvieron para acrecentar dicha fama y hacerla más creíble.

Para Francisca Llopis y para Antonio Sobrino el convencimiento de la muerte de un posible santo tuvo vertientes espirituales claras, sin negar otras explicaciones de supuesta vanagloria. Para los clérigos de San Andrés, las razones fueron más bien de índole socio-económica. Si Simón era aceptado como santo, a su pobre y derruida iglesia acudirían cada vez más devotos, y sus limosnas reportarían pingües beneficios.

Otras razones confluyeron en la santidad de Simón para hacerlo distinto a otros santos valencianos. El pertenecía al clero secular y, en Valencia, éste no tenía ningún santo. Para muchos sectores eclesiásticos había llegado la oportunidad de tomar la revancha frente a los frailes, quienes se vanagloriaban de los muchos santos que tenían, llegando a postular la supremacía de la vida conventual. Esto constituiría una humillación de la que había llegado el momento de resarcirse.

Tras el fallecimiento de Simón, pocos en Valencia no creyeron en su santidad. Los dominicos lo creyeron así también. Su cronista, Fray Gerónimo Pradas, lo reflejaba en su crónica.

"El bienaventurado mosén hierónimo Simón... fue un hombre escondido en grande manera dado a la contemplación y oración mental y resplandeció mucho en la virtud de la humildad. Era tan humilde tan recogido tan apartado de todo lo que el mundo tiene tanto que sobresalía de los otros clérigos quísolo Dios onrar a él y no a otros por su gran bondad y... que no conociéndolo nadie vino a morir... con tanta santidad y milagros como toda Valencia no puede decir estuvo este siervo de Dios en su parroquia de S. Andrés, miércoles 25. Jueves y Viernes y Sábado dando luz a los ciegos oydos a los sordos habla a los mudos de natividad curando a los cojos y mancos estos quatro días como se puede ver que todo se a tomado por auto de notario"[32].

Los cuatro días siguientes a la muerte de Simón las muestras de aclamación popular se sucedieron. El clero de todas las parroquias de Valencia acudió a San Andrés el día después del fallecimiento, "i no es podia entrar per les portes de la església ab tanta multitud de gent que hi havia, que era de admirar de la gran misericòrdia de Nostre Senyor que així vol honrar los seus servents"[33].

El viernes 27 de abril Sobrino predicó un sermón que tendría hondas repercusiones ulteriores. La iglesia de San Andrés estaba repleta de gente. Ni el Virrey ni los Jurados pudieron ocupar el sitio que se les había reservado: "el sermón no se pudo hacer a su tiempo después del evangelio sino que... se hubo de predicar antes de la missa porque hera impossible vestirse Diáconos, y asistentes ni rebullirse hombre en el presviterio, ocupando grandes cavalleros y personas el usso del altar sin haver otro remedio y assí fue oydo el dicho Padre Sobrino con grandíssima quietud y predicó cossa de cinco quartos..."[34].

"Dissabte a 28 de abril 1612, anaren tots los monastirs a dir respons al dit sant, i dix la missa cantada lo il.lustríssim senyor dor Baltasar Borja, arxidiano de Morvedre i oficial general sede vacante, i el baixaren del cadafals al dit sant i el posaren ab un ataüt tatxonat de or i de carmesí a la mà dreta de l'altar major, tancat ab tres claus, i cada punt fa molts miracles"[35].

En similares términos a los de Porcar reflejaba el cronista

---

[32] B.U., Ms. 529, FRAY GERÓNIMO PRADAS: *Libro de memorias de algunas cosas pertenecientes al Convento de Predicadores de Valencia que an sucedido desde el año 1603, hasta el de 1628, observadas i escritas de mano i industria del R.P. fr. ... hijo de dicho Convento*, ff. 122v-123.
[33] PORCAR, *Coses evengudes...*, p. 82.
[34] A.H.N., Inquisición, leg. 3701 núm. 1, fol. 129. El sermón predicado por Antonio Sobrino puede verse en: B.U., Ms. 364, *Sermón y varios escritos sobre el V. Simón*, s/f.
[35] PORCAR, *Coses evengudes...*, pp. 82-83.

de los dominicos lo sucedido ese día, añadiendo, "por mí y por todos y por esta ciudad que tanto lo emos menester pues dios tanta merced le a hecho en su dichoso fin"[36].

El afán limosnero de los valencianos

Sepultado Simón, algunos parroquianos de San Andrés se reunieron para encauzar la devoción popular y abrir un proceso para su presumible beatificación. A tal fin, otorgaron poderes notariales a tres de ellos. Lo mismo hicieron los clérigos de San Andrés. Ambos grupos actuaron con celeridad, y el 2 de mayo acudieron ante el Vicario General sede vacante y le presentaron una escritura con la vida y milagros de Simón[37].

Tanta prontitud en iniciar los trámites para la beatificación pudo ser debida a la espontaneidad de los acontecimientos y, como afirma Robres, a la situación de sede vacante de la diócesis de Valencia[38]. Por otra parte, la cercana venida del nuevo arzobispo, el dominico Isidoro Aliaga, no permitía alumbrar esperanzas a los partidarios de Simón, puesto que dominicos y franciscanos comenzaban a mostrarse disconformes con las muestras de devoción que se le tributaban[39].

Las honras a Simón se sucedieron los días siguientes a su entierro. Valencia se felicitaba ante la posibilidad de un nuevo santo. Suntuosos túmulos se levantaron en todas partes[40]. Grandes fiestas se celebraron en su honor. El oficio de carpinteros la hizo el 4 de junio. Levantaron un túmulo grandioso que les costó cuatrocientos escudos, pero "si lo ubieran echo para otras personas que les ubieran de pagar su trabajo no lo hiçieran por setecientos"[41].

Al calor de los acontecimientos que se sucedieron surgió la idea de restaurar el viejo templo de San Andrés. No hay constancia de quién partió la idea. Cabe aventurar que fueron los clérigos de la parroquia los que aprovecharon el fervor de los

---
[36] B.U., Ms. 529. PRADAS, fol. 123.
[37] B.U., Ms. 43, *Vida del P. Simón*, lib. VI s/f.
[38] ROBRES, *En torno a...*, pp. 372-373.
[39] B.U., Ms. 364, *Sermón...*, ff. 191v-192v.
[40] A.H.N., Inquisición, leg. 3701 núm. 1, fol. 141.
[41] Ibid., fol. 141.

devotos para llevar a cabo las obras.

Los vecinos de la barriada del Grao fueron los primeros en traer materiales para la reconstrucción. El 13 de mayo, en acción de gracias por haber curado Simón a una mujer manca, los vecinos del Grao "entraron 35 carros de piedra con mucha música y enrramados con diferentes invenciones"[42]. A esta entrega siguieron otras desde Russafa, Benicalap, Burjassot, Campanar, Gestalcamp, Godella, Torrent, Paiporta, Picassent, Alcàsser, Benimamet, Patraix, Nàquera, Catarroja, Mislata, Montcada, Alaquàs, etc. También los diferentes oficios contribuyeron[43].

El afán limosnero de los valencianos se volcó en el clérigo. Por primera vez, parecía como si el sentimiento colectivo de todo un pueblo hubiera encontrado un santo a su medida. No puede negarse la existencia de clérigos y frailes impulsando su devoción. Pero otros santos había habido en Valencia, y clérigos y frailes que impulsaron su devoción, y con ninguno había tenido el pueblo un comportamiento semejante. Además, en el caso de Simón, los recelos que contra su devoción comenzaban a manifestar algunos frailes, movió a sus devotos a redoblar los esfuerzos.

Robres acierta cuando dice que en torno a la figura de Simón "se agita y crece todo un mundo, casi impalpable, rico en matices y ramificaciones, cual no cabría sospechar". Pero, se equivoca cuando en ese mundo pretende ver "indicios de una piedad nueva, de calificación dudosa, cuyos mentores y profetas se mueven en la sombra, por el natural temor a la Inquisición. Como a la vez actúa la piedad tradicional, bajo el soplo de la Contrarreforma, la distinción de ambas corrientes es sumamente difícil, ya que entran en juego personas e instituciones intangibles en su ortodoxia"[44].

La dicotomía que quiere ver Robres no existe. Los mentores y profetas tienen nombres, y ni Francisca Llopis ni Antonio Sobrino se mueven en la sombra. Por otra parte, ningún temor a la Inquisición mostrarán tener los partidarios de Simón cuando insulten al arzobispo, apedreen los conventos, etc.

---

[42] Ibid., fol. 141v.
[43] Ibid., ff. 141v-143.
[44] ROBRES, *En torno a...*, p. 354.

Demasiados temas están presentes en la beatificación de Simón como para reducir ésta a un enfrentamiento entre la piedad tradicional con nuevos alientos de Contrarreforma, y una piedad nueva de calificación dudosa. En el embrollado camino que sigue el proceso confluyen cuestiones como el afloramiento de la animadversión existente entre clérigos y frailes, la pugna ideológica por el control religioso de la ciudad de Valencia, problemas de jurisdicción, lucha por la primacía espiritual y limosnera, etc. Sin olvidar otras, derivadas de la intervención de la Monarquía, del Papado, de la Inquisición, etc.

Las primeras desavenencias

La fama de santo que iba adquiriendo Simón disgustaba a los frailes. Dominicos y fanciscanos pensaban que los devotos de Simón se estaban sobrepasando al proclamar con excesiva celeridad la santidad de éste.

El primer escollo grave que encontraron los simonistas fue la venida del arzobispo, Isidoro Aliaga. Este, informado por los priores de los dominicos y de los franciscanos de lo que sucedía en Valencia, envió a su Vicario General, ordenándole que prohibiera cualquier acto en honor de Simón, que mandara trasladar su cuerpo al vaso ordinario de los capellanes de San Andrés y que destruyera todos los lienzos con imágenes suyas.

Cuando los simonistas tuvieron noticia de lo que se pretendía hacer, faltó poco para que estallaran graves desórdenes. La rápida intervención de los regidores de la ciudad, decretando fiestas y luminarias en honor de Simón, apaciguó los ánimos. A pesar de todo, se cometieron algunos desmanes de insultos contra los frailes y contra Aliaga, la guardia del Virrey tuvo que proteger el convento de los dominicos, y el Vicario General prohibir a los frailes que predicaran[45].

Los días siguientes al 21 de julio de 1612, fecha en la que se quiso poner en ejecución las órdenes de Aliaga, se vivieron de forma distinta por los dos bandos. Porcar, partidario de Simón y poco favorable a los frailes, culpa a éstos de lo sucedido en Valencia: "en estos dies los frares de Predicadors i de

---
[45] PORCAR, *Coses evengudes...*, pp. 90-91.

Sant Francés i també los de Sant Agustí, mogueren en gran avalot i brogit contra el dit sant Francés Jeroni Simó dient i fent contra aquell coses indignes de religiosos: pero basta ser frares per a tindre butla; feren grans insults i atreviments, de qué la ciutat i los més prohòmens se n'han sentit molt"[46].

Los frailes tenían una versión diferente de los hechos. El dominico Tomás Maluenda informó a Roma en nombre de Aliaga acerca de lo sucedido. "Concurrieron con grande ímpetu a la Iglesia mayor de todas condiciones y estados, hombres nobles, medianos, y plebeyos, bramando y amenazando unos de poner fuego al Palacio Archiepiscopal, y otros de derribar los conventos de los frayles predicadores y menores"[47].

Las primeras desavenencias afloraban. Los intentos por conciliar las posiciones no fructificaron y la propia dinámica de los acontecimientos radicalizó a los dos bandos.

La polémica sobre la beatificación no se libraba sólo en la calle. También en los conventos tenía lugar una batalla teórica, donde la devoción popular a Simón se tomaba como excusa, y eran cuestiones espirituales y de jurisdicción las que estaban en discusión.

Tres días después de los sucesos de julio de 1612, Antonio Sobrino recibía una carta firmada por el dominico Francisco de Castro[48]. En la carta se le pedía que interviniera para apaciguar los ánimos del "pueblo ciego", porque éste no atendería las razones de los dominicos, convencido de que a ellos les movían intereses humanos al oponerse a la veneración de Simón[49].

Francisco de Castro y Sobrino intercambiaron varias cartas. Todas tenían como motivo central la veneración que se daba a Simón. Veneración que se cuestionaba desde una interpretación rigorista de la jurisdicción eclesiástica y desde el punto de vista más confuso de la espiritualidad.

Castro opinaba que no se podía venerar a Simón sin la au-

---

[46] Ibid., p. 91.
[47] A.H.N., Inquisición, leg. 3701 núm. 1, fol. 252v. Para los simonistas el autor fue Tomás Maluenda.
[48] L. ROBLES, "Francisco de Castro, 'Conjunt' de la Universidad y hermano de Guillém de Castro", en *Estudios a Juan Peset Aleixandre*, (1982), pp. 429-445.
[49] B.U., Ms. 364, *Sermón...*, fol. 1.

torización del Papa o del Obispo. Sobrino no disentía de él, pero matizaba que la veneración a que se refería el dominico era la universal, que afectaba a toda la Iglesia. Mientras que en el caso de Simón, no hacía falta tal autorización porque la veneración era particular, la "que todos los santos han tenido antes de la universal y de fe cathólica, y es lo que en las bulas y rótulos presume siempre su sanctidad que la ha de haver havido en qualquier sancto para començar hazelle el proceso authéntico"[50].

La discrepancia en la interpretación de la jurisdición eclesiástica era, hasta cierto punto, ridícula. Reflejaba la intolerancia de los dominicos en el caso Simón, sin querer éstos reflexionar en algo que estaba en la mente de todos en Valencia: el diferente rasero con que los frailes medían la veneración a Simón y la que ellos mismos rendían a sus compañeros muertos con fama de santidad. Sobrino reflejará esto al afirmar, primero, que la veneración de Simón no era cuestionable porque fue autorizada por el ordinario, D. Baltasar de Borja, Vicario General sede vacante. Después, porque la misma veneración se rendía a los dominicos Juan Micó y Domingo Anadón y al franciscano Pedro Nicolás Factor, todos ellos todavía ni canonizados ni beatificados. Lo único que podía generar este trato desigual eran agravios. Por eso, la actitud de los dominicos era incomprensible para Sobrino: "créame Padre que tienen mucha razón los clérigos de quexarse que no haviendo ellos contradicho sino antes ayudado a la veneración y crédito de los nuestros frayles sanctos a uno que nro. Sor. les ha dado a ellos se lo quieren hazer noche, y arrinconar..."[51].

La discrepancia entre Castro y Sobrino era mayor al afrontar la cuestión siempre espinosa de la espiritualidad.

L. Robles alude a la inveterada antinomia existente dentro de la Iglesia entre "lo dionisíaco (llamado por ella carismático), sostenido por el espíritu franciscano, y lo apolíneo, encarnado por los dominicos". Ambas tendencias volvieron a enfrentarse ahora en el caso Simón[52].

Sobrino resaltará este aspecto carismático de Simón: "ha co-

---
[50] Ibid., fol. 7.
[51] Ibid., ff. 9-11.
[52] ROBLES, *Francisco de Castro*..., p. 433.

mençado a encender en los coraçones de los fieles que bien claro se hecha de ver que es espíritu de Dios y no del demonio el que enciende y mueve a contrición de pecados, mudança de vida, penitencias públicas y secretas, confessiones generales, recogimiento, y oración mental, missas reportadas y devotas de los que antes no las dezían y grandes limosnas"[53].

No era fácil que Castro aceptara este punto de vista. Los dominicos valencianos se habían decantado por una espiritualidad intelectualizada que ponía reparos a la aceptación fácil de los favores místicos y, también, a la generalización de la oración mental. Resultan así comprensibles las recriminaciones de Castro a Sobrino: "déxesse de essas nociones interiores, en que pueden haver muchos engaños, y edifica poco con ellas, como lo echarán de ver todos los que leyeren sin passión nuestros papeles"[54].

El enfrentamiento epistolar no se detuvo aquí. Castro trató de desacreditar a toda costa al descalzo y vinculó las ideas de éste con la secta de los "ungidos", que creían "que solamente era pecado el no recebir su doctrina como de gente ungida para predicalla..."[55].

La acusación contra Sobrino era grave. Aludir a la secta de los "ungidos" en una cosa de piedad tan averiguada como era la veneración a Simón estaba fuera de lugar, porque "si yo en materias dudosas escuras, malsonantes, y que no vinieran bien con las eclesiásticas costumbres, o doctrinas de padres, o sagradas scripturas etts. dixera que no podía ni devía creer otra cosa, pudiera V.P. contarme con los ungidos, y con los alumbrados sin hazerme agravio, pero porque digo que no puedo, ni devo dexar de tener por Sto. a un sacerdote que sé yo que no pecó mortalmente en toda su vida, y que fue virgen toda ella en cuerpo y alma y que en grado admirable tenía y exercitava las christianas virtudes darme por herege, no lo entiendo... y porque yo diga que de todos estos testimonios me pone el Sor., una luz y conocimiento en el alma que yo no la puedo resistir sin ser más que bárbaro infiel o, insensible pie-

---

[53] B.U., Ms. 364, *Sermón*..., ff. 9-11.
[54] Ibid., fol. 72.
[55] Ibid., ff. 47v-48.

dra me diga V.P. que soy alumbrado, y que soy de la heregía de los ungidos y que suenyo Papa no sé que dezirle sino que sea por amor de Dios, y que le besso los pies por ello pero por la siguridad de su consciencia mírelo mejor, y quién será que a V.P. le ha echo hazer essos juhitios, y dezir y scrivir essas palabras y publicallas..."[56].

La contradictoria visión de la veneración y santidad de Simón iba generando en Valencia un clima de intolerancia religiosa. Las desavenencias comenzaban a manifestarse y, con ellas, el miedo y la inseguridad de exponer las ideas propias. Sobrino lo advertía con clarividencia: "no parece que se puede dezir ya palabra con siguridad, sino que auremos de venir a hablar por senyas, para escaparnos de los que andan buscando de qué hazías para remover questiones"[57].

La llegada del arzobispo Aliaga a Valencia agudizó dichas desavenencias hasta hacerlas irreconciliables.

El arzobispo Aliaga y la causa de Simón

Isidoro Aliaga hizo frente a graves y variados problemas durante el tiempo que rigió la diócesis de Valencia (1612-1648). Ninguno le ocasionó tantos quebraderos de cabeza como el de la beatificación de Simón.

Desde 1612 hasta 1619, el tema de Simón preocupó hondamente a Aliaga. Su propia semblanza postrera queda bastante costreñida a su intervención en la causa de Simón.

Para un autor cercano a los simonistas y poco alejado de la gloria episcopal como fue Aparici Gilart, Aliaga "entró en la posesión de esta su Metropolitana Iglesia de Valencia, menos pacíficamente de lo que huviera convenido al servicio de Dios, y del Rey, y al aprovechamiento espiritual de las almas; porque de la resistencia, que hizo a la Veneración y culto privado, que se dava al Siervo de Dios juzgándole excessivo, resultaron tan grandes empeños, y discordias con el cabildo, que desterró a muchos canónigos encarceló a otros, y mortificó a todos, pidiendo un Juez comissario al Nuncio de España que

---
[56] Ibid., ff. 48v-50v.
[57] Ibid., ff. 50v-51.

los residenciase, el qual arruinó la Mensa Capitular con sus exorbitantes expensas. El Reyno por unos memoriales, que se suponían dados al Rey por el Arzobispo lastimando mucho su honor por unas cartas de ciertos Religiosos particulares Dominicos, que se hallaron en poder de Pedro Cabezas quando fue preso en Madrid de orden del Vicario General de Toledo: se dió por tan ofendido, que instó a la ciudad quitara al Convento la molienda, y otras conveniencias en que se interesava aquella Santa Comunidad, executóse con poco acuerdo, y no sin escándalo. Noticioso su Magestad lo enmendó, y reprehendió severamente dexando el sucesso muy quexoso al Arzobispo. Teníanle también exasperado el Virrey, y Real Audiencia por competencias de Jurisdicción, preheminecias de la dignidad, y tratamiento de la Persona aunque en las más de sus pretensiones había sucumbido por tener contra sí la costumbre. El Consistorio, y consejo general de la Ciudad y todo el pueblo estava tan impresionado de que, con menos zelo, que passión, se oponía al despacho de la Causa el Arzobispo, que nada le disimulava, en todo le desplazía, y con desahogo popular ultrajava su nombre, tanto que se ausentó de Valencia con ánimo de no bolver más a ella, diziendo, que aquellos sus súbditos se havían hecho indignos de ver más la cara de su Prelado, y Pastor"[58].

La primera intervención de Aliaga fue poco afortunada. Fiado de la información sesgada de los priores de los dominicos y franciscanos, ordenó a su delegado que reformara la veneración a Simón. La respuesta del pueblo había sido tan violenta, que el Arzobispo no encontraba el momento de hacer su entrada solemne en Valencia. Por su mente pasó la idea de entrar secretamente. Finalmente, el 4 de noviembre de 1612, tras una espera de varios meses, decidió hacer su entrada solemne. Su llegada no estuvo exenta de expectación. El pueblo se arremolinaba en las calles para ver a su nuevo prelado. Aliaga quiso ganarse el cariño de todos con un golpe de efecto y entró sin calzas ni zapatos.

A los pocos días, visitó el sepulcro y capilla de Simón. Los partidarios del clérigo interpretaron esto como un triunfo a

---

[58] B.U., Ms. 43, *Vida del P. Simón*, cap. 13, s/f.

sus tesis, sobre todo, cuando, después, el Arzobispo reclamó prudencia a sus hermanos dominicos, llegando a desterrar a algunos que se mostraban díscolos a acatar sus órdenes.

La intervención de Aliaga contra sus hermanos dominicos estaba justificada, entre otras causas, por el alboroto que provocó el sermón de Fray Urreta el día de San Luis Bertrán[59].

Además, cuando el mismo día se celebró la procesión de San Luis, un fraile arrancó un papel con la imagen de Simón, lo que dio lugar a un nuevo alboroto, "així d'estudiants com de llecs... que fonc milacre que no mataren al frare, tanta arma desembainada descarregà contra el frares, que si no fóra per la guarda del virrei los feren trossos..."[60].

El que Aliaga actuara contra los frailes, no significa que decantara su posición hacia los simonistas. Aliaga estaba sometido a fuertes presiones por ambas partes y no tenía el respaldo de las autoridades, que se habían decantado a favor de Simón. Su autoridad personal era puesta en evidencia y, consciente de que en Valencia podía hacer poco, buscará el respaldo de su hermano el Confesor Regio, Luis Aliaga, y de Roma.

Mientras Aliaga meditaba su actitud, los partidarios de Simón actuaban con celeridad para conseguir la beatificación. El Cabildo buscó influencias en la Corte y en Roma. La ciudad de Valencia no reparó en gastos para ganarse el favor de la Corte, y cuadros de Simón fueron regalados a Felipe III, al Duque de Lerma y al secretario Juan de Jérica. Por fin, tanto entusiasmo comenzó a dar frutos, y cartas del Rey y del Valido fueron remitidas a Roma al Conde de Castro, al Cardenal Borja y al Papa.

En todas las misivas se repetía lo mismo: muerte de Simón, actuaciones milagrosas suyas y petición de beatificación, entre otras razones, porque se han "comenzado a seguir algunos escándalos, y alborotos en daño de la quietud pública, por haver algunos Religiosos querido reprimir la devoción que de todas maneras a mostrado el Pueblo tener a este Siervo de Dios; y el temor de que se an de seguir otros maiores, no atajándose por este camino"[61].

---
[59] PORCAR, *Coses evengudes...*, p. 95.
[60] Ibid., p. 96.
[61] B.U., Ms. 43, *Vida del P. Simón*, lib. VI, cap. 2, s/f.

No era, como pensaban los frailes, solamente el "pueblo ciego" quien apoyaba la beatificación de Simón. A favor de ésta estaban muchos clérigos, el Cabildo, los Estamentos, la Diputación, la Ciudad, el Virrey, etc. En un principio, sus émulos eran solamente los frailes dominicos y franciscanos, y algunos sectores fieles a ellos de la ciudad. Aliaga mantenía una actitud titubeante, y la Corte, a excepción del Confesor Regio, se mostraba favorable a la beatificación.

Pero la actuación de los frailes fue sutil. No pudiendo reformar la veneración de Simón, redactaron informes cada vez más negativos sobre el clérigo y la devoción de sus partidarios. Los informes, aunque fueron contrarrestados por otros de sus partidarios, inquietaron en la Corte y en Roma. La devoción a Simón comenzó a considerarse peligrosa desde el punto de vista religioso, y capaz de quebrar la paz pública.

Respecto a la cuestión religiosa, las fuerzas contrarreformistas valencianas que habían tenido que velar sus armas en tiempos de Ribera, aprovecharon la coyuntura favorable para culminar el control ideológico de la ciudad. Pero, si esta situación se aprecia con claridad al final de todo el proceso, de momento, era todavía confusa.

Aliaga estaba descorazonado por la actitud de los simonistas, no sabía que hacer, y decidió redactar un extenso memorial y enviarlo a Roma.

El memorial de Aliaga recogía su visión de los hechos acaecidos en Valencia y los remedios por él intentados. Nada había servido para satisfacer a las partes en litigio. Incluso, había intentado llamar a consulta a un grupo de teólogos para que dictaminaran si la veneración a Simón se atenía o no a las normas de la Iglesia. Comunicó su pretensión al Cabildo, y éste le contestó que no era necesaria dicha junta porque la veneración a Simón se atenía a las normas eclesiásticas, además, conocedor el pueblo de la convocatoria, podían producirse graves disturbios.

La situación de Aliaga en Valencia era incómoda. Cualquier intento de su parte solamente servía para enconar los ánimos. Sus discrepancias con el Cabildo habían llegado a un punto en el que el entendimiento se hacía difícil. Impotente para hacer valer su autoridad, marchó a la Corte.

Durante su estancia en la Corte, Aliaga propuso los remedios necesarios para reformar la veneración a Simón[62]. Dividió su informe en dos partes: las cosas que necesitaban reformarse en la veneración a Simón porque atañían a la Religión, y el castigo que debía imponerse a los que se habían extralimitado en sus actuaciones, escritos, sermones, etc.

Desengañar de sus creencias a los valencianos, no planteaba dificultades. La nobleza y el pueblo podían ser excusados de su comportamiento, ya que actuaban de buena fe. No así los eclesiásticos, pues ellos sabían que lo que estaban haciendo iba en contra de los Sagrados Cánones.

El pueblo era fácil de desengañar. Los valencianos mostrarían su desconsuelo, pero se convencerían de su engaño, esto es lo que "se ha de creer de gente tan fiel a Dios y a su Rey; y por otra parte de ingenios tan disciplinables como la Valenciana, que se conformará en todo y por todo..."[63].

Para convencer a las autoridades de la Ciudad y del Reino, a los canónigos y a los demás, el Rey debía escribirles comunicándoles "la buena opinión que en todas partes hay deste Siervo de Dios, la mucha devoción que se le tiene, y que generalmente se desea el ver canonizada su memoria"[64].

Respecto a personas concretas, había que prevenir a Antonio Sobrino y sacar de Valencia al carmelita Fray Jordi, "hombre indiscreto y sedicioso..."[65].

La estancia en la Corte del Arzobispo fue aprovechada por la Inquisición para intervenir en Valencia. Las medidas propuestas por Aliaga se pusieron en ejecución en dos fases. En la primera, el 25 de junio de 1614, se leyó un edicto prohibiendo una biografía de Simón publicada en Segorbe[66], y ordenando que se retiraran la imágenes de Simón. Además, se desterró de Valencia a Sobrino por dos veces[67], y se obligó al canónigo Rocafull y al Doctor Gil Polo que se abstuvieran de escribir sobre las cosas de Simón[68].

---

[62] A.H.N., Inquisición, leg. 3701 núm. 1, ff. 198-203v.
[63] Ibid., fol. 200v.
[64] Ibid., fol. 200.
[65] Ibid., ff. 200v-201v.
[66] Ibid., ff. 4-4v.
[67] Ibid., fol. 5v.
[68] Ibid., ff. 5v-6.

La segunda fase de las medidas propuestas por Aliaga se puso en ejecución en febrero de 1615. Dicho mes, salieron de la Corte cartas del Rey al Virrey, a los Estamentos del Reino, a la Ciudad, al Cabildo y a los representantes de la parroquia de San Andrés. Las cartas parecían dictadas por Aliaga, pues recogían las ideas que él había expuesto.

Entre la aplicación de unas y otras medidas, se produjo el regreso a Valencia de Aliaga. Las primeras medidas habían entrado ya en vigor, por eso, cuando las carrozas de Aliaga iban por las calles de Valencia, "alguns descomedits xics cridaren visca lo pare Simó i muira lo frare mutiló..."[69]. Ante esta actitud, Aliaga debió pensar que su estancia en la Corte había resultado poco fructífera. Sin embargo, faltaban por llegar todavía el resto de las medidas.

3.- La violencia de 1619

Las medidas dictadas desde la Corte para reformar el culto y la veneración de Simón fueron: prohibir oficiar Misa en el altar donde estaba enterrado el clérigo, suprimir sus imágenes de todas las capillas y altares, quitar cualquier imagen de Simón con insignias de santidad, no celebrar las fiestas de su bautismo y muerte, y prohibir la procesión de disciplinantes que se hacía todos los viernes.

Que no existía voluntad política de obligar al estricto cumplimiento de las prohibiciones, lo confirma la actuación en Valencia del Virrey, proponiendo a los simonistas algunas alternativas como, por ejemplo, el que la procesión de disciplinantes se hiciera solamente una vez al mes[70].

Otras actuaciones desde la Corte como la de urgir a Valencia que nombrara a sus agentes en Roma para la beatificación del clérigo, no fueron fácilmente comprendidas, por el temor de que la dual política monárquica no pretendiera más que ralentizar el proceso de beatificación. Algo de esto ocurrió, porque la causa del clérigo se vio inmersa en una fase de burocratización desde 1615 hasta 1618. A partir de este año, cobró

---

[69] Porcar, *Coses evengudes...*, p. 121.
[70] Ibid., p. 121. También: B.U., Ms. 43, *Vida del P. Simón*, cap. 4 s/f.

una dinámica nueva. El Consejo de la Inquisición y el Rey presionaron para que se cumplieran las prohibiciones de 1615[71], y en Valencia, temiendo que estos nuevos intentos de reformar la devoción al clérigo fueran ahora en serio, se encargó a su agente en Madrid que redactara un memorial pidiendo la rápida beatificación de Simón y que no se reformara su devoción[72].

El memorial de Vidal de Blanes tenía dos ejes argumentales: agravio comparativo cometido con la beatificación de Simón y advertencia clara de los problemas que podían ocasionarse en Valencia si se reformaba su devoción.

Vidal de Blanes trató de demostrar que no se habían cometido excesos en la veneración a Simón, recordando que igual o más habían hecho los frailes con sus compañeros muertos en fama de santidad: "pues los frayles Dominicos en nuestro tiempos an puesto al beato Luis Bertrán antes de ser beatificado pintado entero en medio de su Altar al lado de S. Ramón de Peñafort y se dixo muchos años missa en el Altar antes de su Beatificación, y en otros muchos altares pusieron retratos suios entre los de los Santos Canonizados y donde se decía missa. Y a Fray Micón, y a Fray Domingo Anadón también Dominicanos les an puesto en sepulchros elevados de mármoles muy suntuosos; y en la puerta principal de la Iglesia de Predicadores están dos bultos de piedra de los dichos a los lados de San Luis Bertrán y de S. Vicente Ferrer, y en el día de su muerte se haze fiesta en el dicho Convento diciendo missa de todos Santos y predicando sus alabanzas: y esto mismo se ha hecho y haze con el Pe. Nicolás Factor de la Orden de S. Francisco y con el Pe. Pasqual Bailón de la propia orden, y con el Sor. D. Thomás de Villanueva de la Orden de S. Agustín, y lo que más es con fray Bono de la Orden de los Vitorios que murió pocos años ha y con permissión de nuestro Arzobispo se le cantan gozos con oración propia impresos con licencia del Ordinario, y no piense V. Magestad que por lo que digo vengo a ser fiscal de los santos porque antes bien según la piedad y religión de los de aquel Reyno les parece

---

[71] Ibid., capítulos 5 y 9 s/f.
[72] Ibid., cap. 5 s/f.

todo poco respecto de lo mucho que se les deve, y no nos passa por el pensamiento pedir se reforme, sino para suplicar a V. Magestad considere y infiera que si ellos en lo que hazen con sus santos siendo tanto más de lo que se ha hecho con el Pe. Simón no les pareció excesso, cómo lo será lo que nosotros hazemos siendo tanto menos"[73].

Al contrario que los frailes, el representante de Valencia en la Corte no cuestionó la santidad y veneración de nadie, sino el diferente rasero con que se pretendía medir la del clérigo Simón. Quizás por eso, la segunda parte del memorial quiso ser una dura advertencia a Felipe III sobre las repercusiones políticas que se podían derivar de mantenerse esta actitud. Ningún ejemplo tan comprensible para el Rey como el que Vidal de Blanes trató de recordarle.

Los valencianos "hazen memoria a V. Magd. de que en Março que viene ará zien años que tuvieron principio las comunidades de aquel Reyno, y empezaron por cosas muy menudas y la nobleza dio aviso bien en tiempo al Emperador por tres vezes, y no acudió al remedio dello, y después se prendió tal fuego que duró tres de a matar, y con muchas muertes de ambas partes, pereciendo muchos cavalleros, y perdiendo sus haziendas por acudir al servicio de la Real Corona, y aún ay muchas casas que lo están llorando: y de entonces acá jamás ha estado el Pueblo tan libre ni ocasionado como lo está aora, y todos armados, y pobres, causa para que con poca ocasión se entren por las Casas de la gente principal y se les den saco en ellas, y óxala parase en esto. Pues si es cierto que los tres Estamentos an de ser executores siempre de la Real voluntad de V. Magd. y en qualquier descontento an de tener lo peor, por ser ellos la mínima parte del Pueblo, porqué V. Magd. ha de permitir se ponga en aventura punto tan importante por cosa de tan poca consideración que a no tener nuestro Arçobispo el Apoyo de su hermano el confesor de V. Magd. no sólo se desengañaran todos de la poca razón que tiene pero nayde le aiudara"[74].

Vidal de Blanes trató seguramente de presionar al Monarca

---
[73] Ibid., cap. 5 s/f.
[74] Ibid., cap. 5 s/f.

con el recuerdo de las Germanías, pero, al mismo tiempo, reflejó el malestar social existente en Valencia, cuya causa no era evidentemente sólo la veneración a Simón, sino los problemas derivados de una situación socioeconómica adversa. El tema de la beatificación del clérigo podía ser aprovechado como detonante que hiciera estallar una violencia que, ya desatada, podía resultar difícil reconducir. En realidad, el escrito de Vidal de Blanes resultó premonitorio, pues, en marzo de 1619, cien años después de las Germanías, una revuelta popular puso en peligro la paz pública en Valencia.

El memorial de Vidal de Blanes no consiguió variar la política de Felipe III en el tema de la veneración a Simón. A pesar de la ayuda del Marqués de Caracena, del Cardenal Lerma y del Vicecanciller del Consejo de Aragón, Vidal de Blanes y su memorial fueron ahogados por la burocracia del Estado sin ningún resultado. Las influencias en su favor fueron insuficientes para variar el rumbo de una decisión inspirada por el Confesor Regio, por el Arzobispo, por la Nunciatura y por la Inquisición.

La revuelta popular de 1619

En 1619 era difícil que cualquiera de los bandos variara sus posiciones. Hasta cierto punto, lo que sucedió en Valencia en 1619 era predecible. Algunos detalles que acontecieron ayudaron a caldear más el ambiente.

A finales de 1618 murió el Inquisidor General Bernardo de Rojas. Felipe III nombró para sustituirle a su confesor Fray Luis Aliaga, hermano del Arzobispo de Valencia y, dominico[75].

El nombramiento fue recibido en Valencia con alegría[76]. En el convento de Santo Domingo, ésta se exteriorizó con "molts farons i festes de música i mànegues de coets i una nau de piules y coets dispararen. I dimats següent molts cavallers a la vesprada feren lo abraonament ben adreçats, feren grans carreres de cavalls, feren encamisades, i la Seu a les oracions de les ànimes repicà solemnement com a la nit de Nadal"[77].

---

[75] B.U., Ms. 43, *Vida del P. Simón*, cap. 6 4s/f.
[76] Cit. en ROBRES, *Pasión religiosa...*, p. 386.
[77] PORCAR, *Coses evengudes...*, p. 164.

Tanta alegría disgustaba a los simonistas, para quienes el nombramiento de Aliaga significaba la reforma definitiva del culto y de la veneración a Simón, y un grave contratiempo para su beatificación. Así fue comprendido y, por ello, la ciudad decidió enviar una embajada a la Corte compuesta por dos Jurados, Racional, Síndico, un abogado, maceros y familiares[78]. La embajada salió de Valencia el 18 de febrero de 1619[79].

Enterado Felipe III de la embajada, escribió a su Lugarteniente ordenándole que transmitiera a la ciudad lo innecesario de la misma, ya que estaba firmemente resuelto a reformar la veneración a Simón. En todo caso, añadía el Rey, si Valencia deseaba enviarle a alguien, que fuera un Jurado solo[80]. Sin embargo, la petición real no fue atendida porque, cuando llegó aquí la carta, la embajada estaba ya en Castilla.

El sábado 2 de marzo de 1619, cuando ya los Jurados estaban en la Corte, en Valencia, "amanecieron por algunas esquinas de algunas calles unos cedulones en nombre de los estudiantes"[81].

"De orden y decreto de nuestra Academia suplicamos a vuestras mercedes acudan con sus armas, antes del sermón, a la iglesia mayor con los señores pescadores, para no dar lugar a que se publique un edicto mandando quitar los altares y figuras de nuestro muy venerado padre Francisco Jerónimo Simón, para lo cual nos mueve sus virtudes, santidad y milagros. Salgamos juntos para que salgamos con victoria de tantos émulos y contrarios que a nuestro padre Simón persiguen, y antes perdamos las vidas, que salgan con sus intentos. Dada en nuestra Academia, a 2 de marzo de 1619. La Universidad y Academia. Y advierten que la carta que vino ayer (referencia a la carta escrita por su Magestad el 25 de febrero), es muy en contrario, que no es sino para darnos capilla. Todo hombre

---

[78] B.U., Ms. 43, *Vida del P. Simón*, cap. 6 s/f.
[79] Cit. en ROBRES, *Pasión religiosa*..., p. 387.
[80] B.U., Ms. 43, *Vida del P. Simón*, cap. 6 s/f.[81] B.U., Ms. 204, FRAY JAIME FALCÓ: *Historia de algunas cosas notables pertenecientes a este Convento de Predicadores de Valencia. Compuesta por el muy R.P. Fr. ...*, fol. 468.
[81] B.U., Ms. 204, FRAY JAIME FALCÓ: *Historia de algunas cosas notables pertenecientes a este Convento de Predicadores de Valencia. Compuesta por el muy R.P. Fr. ...*, fol. 468.

salga y nadie falte"[82].

Antes de que aconteciera esto, el Lugarteniente y el Consejo General enviaron dos oidores al Inquisidor para confirmar si era cierta la existencia de un edicto contrario a las cosas de Simón. La respuesta que recibieron no pudo ser más ambigua: "él no tenía orden de publicar cosa alguna en orden a las cosas del P. Simón, pero que les hazía saber que quando le tuviese no podía dexar de obedecer a los mandatos de sus superiores"[83].

Lectura del Edicto inquisitorial

El día 3 de marzo de 1619 fue el día fatídico. Los partidarios de Simón abarrotaban la Seo. Iniciados los Divinos Oficios, cantado ya el Credo, subió al púlpito el Secretario de la Inquisición. Un silencio sepulcral se hizo en la Seo, y el Secretario inició la lectura del Edicto. En el momento que se nombró a Simón, "se oyó entre la gente un gran silvo que dio un hombre, como haziendo señal de lo que se havía de hacer. Passó adelante el Secretario aunque con gran miedo y temblando y quando llegó a leer donde dezía el cartel que se quitassen las Imágenes del Padre Simón se movió un grande ruydo y comoción en la gente dando grandes vozes diciendo al Secretario no leyesse más y se baxasse del Púlpito y luego se vieron muchas espadas desnudas contra el Secretario, y aunque él quiso baxarse del púlpito sin acabar de leer el Edicto; pero no se lo consintieron algunos canónigos que le detuvieron y animaron para que acabasse de leer el Edicto. En esta ocasión fue tan grande la comoción y alboroto de la gente, que fue necessario traher el Santíssimo Sacramento de la Capilla de Sant Pedro a la Capilla mayor para sosegar a la gente y impedir el daño que se le podía seguir al Secretario, el qual con dificultad pudo acabar de leer el edicto y librarse de la furia de la gente y del peligro que corría su persona"[84].

Finalizada la tormentosa lectura del Edicto, la gente salió a

---

[82] Cit. en ROBRES, *Pasión religiosa...*, p. 388.
[83] B.U., Ms. 204, FALCÓ, fol. 468.
[84] Ibid., ff. 272-273. También: ROBRES, *Pasión religiosa...*, p. 391.

tropel de la Seo por la puerta que da al Palacio Arzobispal. Las puertas de éste estaban cerradas, y los partidarios de Simón se desahogaron apedreando las ventanas, gritando: "Vítor el Padre Simón y la Santa Inquisición". Después fueron a la parroquia de San Andrés, y cogiendo un retrato de Simón, marcharon en procesión al convento de los dominicos, y "como aquel convento, y sus Religiosos havían sido el blanco de sus quexas, lo fueron entonces de sus iras"[85].

Los frailes dominicos, alertados de lo que había acontecido en la Seo, cerraron las puertas del convento. Los simonistas comenzaron a tirar piedras, y la gente de dentro del convento se alborotó. Las mujeres —se estaba oficiando Misa— comenzaron a llorar y el predicador abrevió el sermón. El miedo se acentuó cuando "los amotinados después de haver apedreado las puertas de la Iglesia tomaron un grande madero y con él dieron muchos golpes a las mesmas puertas hasta romper las cerrajas, y abrir los postigos. Pero pareciéndoles que por allí no les era tan fácil la entrada fueron con grande tropel y ruido a la portería del Convento y hallando las puertas cerradas, tomaron otro grande madero y rompieron la puerta por donde entran los carros y la derribaron en el suelo, y con el mismo ímpetu abrieron las puertas de la portería que aunque no pudieron echarlas en el suelo, con la fuerça que hicieron arrancaron las cerraxas y abrieron la puerta; y abierta unos entraron por la puerta de los carros y otros por la portería haziendo el daño que pudieron hurtando algunas gallinas del corral, y los que entraron por la portería rajaron con los terciados los balaustres de las rexas del claustro menor. Quisieron entrar en la cocina pero no pudieron porque hallaron resistencia en los moços que la guardavan, y aún hirieron algunos de los amotinados entre los quales me hallé yo y me cercaron con espadas y terciadas desnudas furiosos por verse heridos, y según los vi desatinados temí algún gran daño en mi persona. Pero quiso Dios, que haviendo yo reñido a los que guardavan la puerta de la cozina cerré luego la que entra del Claustro menor a la cozina y assí se fueron con la mesma furia y voces por el Claustro mayor a la Iglesia. A este tiempo tañeron todas las

---

[85] B.U., Ms. 43, *Vida del P. Simón*, cap. 6 s/f.

campanas del Convento pidiendo socorro, y aunque fue infinita la gente que acudía en pocos se vio voluntad de favorecernos. Llegó la gente amotinada a la capilla mayor y con violencia y voces procuró subir la imagen del Padre Simón al altar mayor aunque no pudo. En esto el Sacerdote que cantava la Misa Mayor, viendo el grande ruido, y alboroto, abrevió la Misa rezándola; y haviendo tomado el santo Sacramento en la mano se bolvió acia el pueblo para con esto aplacar y detener la furia de aquella gente, y de esta manera estuvo hasta que los amotinados se fueron"[86].

Pero el ánimo de los partidarios de Simón no se apaciguó, y después de asaltar el convento de los dominicos hicieron lo mismo con el de los franciscanos, agustinos, etc.

Las autoridades, temerosas de que la violencia desembocara en males mayores, se reunieron y decidieron que se encendieran luces y luminarias en honor de mosén Simón. Además, pidieron al Inquisidor que suspendiera la aplicación del Edicto hasta el 21 de marzo. Ambas decisiones se comunicaron al pueblo mediante pregón público. El ministro togado de la Real Audiencia, Ramón Sanz, se encargó de convencer a los amotinados para que volvieran a sus casas. La violencia parecía dominada, aunque todavía se produjeron algunas escaramuzas durante la tarde[87].

La noche del día 3 de marzo se presentaba tensa en Valencia. Los dominicos tenían miedo y le pidieron al Regente que les enviara algunos hombres de guardia. El Regente contestó que no se atrevía a enviarlos, "porque con qualquiera que nos imbiasse teníamos menos seguridad por ser casi todos contrarios nuestros...". El Regente, como luego hicieron el Virrey y el Vicario General, aconsejó a los frailes que encendieran luces, "para que viéndolas el pueblo se sosegase y no intentase algún daño..."[88]. Al final, los frailes encendieron las luces, "aunque fueron pocas, y essas las mató presto el ayre"[89].

---
[86] B. U., Ms. 204, Falcó, ff. 474-475.
[87] Ibid., fol. 475.
[88] Ibid., fol. 476.
[89] Ibid., fol. 476.

La noche del 3 al 4 de marzo pasó bastante tranquila. Dos grupos recorrían Valencia "ab un tabal i... ab una dolçaina, ab alabardes, xussos i espases desembainades la punta en alt cridant tots visca lo pare Simó, i a la casa que per sa desgràcia no tenia llum li deixaven les finestres ben apedregades"[90]. Los dominicos no se libraron[91].

La protesta de los simonistas prosiguió al día siguiente. Los protagonistas fueron ahora los estudiantes.

"Dilluns de matí a 4 vingué a llegir a l'Estudi fra Roig, fill del vice-canceller; lo arrebataren i li clavaren un paper del pare Simó en los pits i el portaren a Sant Andreu i l'assentaren en una cadira del cor i acabà de oir lo sermó; i aprés lo portaren a la capella de mossén Simó i lo feren agenollar i dir victor lo pare Simó, i li feren besar lo càlzer i li feren donar caritat per a la capella; i el portaren per tots los carrers dels Peixcadors i per tota València fent-li dir victor lo pare Simó; i li fien besar un paper del venerable Simó... I lo frare portava de llavors avant gent de la lampa en sa companya"[92].

Las noticias de los sucesos del 3 de marzo llegaron pronto a Madrid. La embajada de la Ciudad esperaba ser recibida por Felipe III, y sus ánimos enflaquecieron. Los Jurados no sabían cómo entrevistarse con el Rey. Felipe III accedió a recibirlos con la condición de que, tras la entrevista, partieran hacia Valencia e hicieran cumplir el Edicto inquisitorial[93].

Los Jurados fueron recibidos por el Rey. Y si su intención había sido la de presionar al monarca para que se agilizara el proceso de beatificación de Simón, al final, la embajada se convirtió en un acto meramente protocolario[94].

La orden real reclamando el cumplimiento del Edicto llegó a Valencia el 17 de marzo. Al día siguiente, "a migjorn, llevaren les imatges dels altars a on estaven retratats lo venerable fra Jeroni Simó...". Porcar testimonia el sentir de la gente de Valencia: "I era grandíssim lo plor de la gent. Nostre Senyor s'apiade de València"[95].

---

[90] PORCAR, *Coses evengudes...*, p. 168.
[91] B.U., Ms. 204, FALCÓ, fol. 476.
[92] PORCAR, *Coses evengudes...*, p. 168.
[93] B.U., Ms. 43, *Vida del P. Simón*, cap. 6 s/f.
[94] Ibid., cap. 6 s/f.
[95] PORCAR, *Coses evengudes...*, p. 169.

Los ánimos de los partidarios de Simón se sosegaron después de tantos acontecimientos vividos. Poco a poco, la normalidad volvió a la ciudad. El Marqués de Tavara juró como Virrey el 25 de marzo y, de inmediato, notificó a Felipe III que el Edicto se cumplía. El Rey, satisfecho, escribió a los electos de San Andrés dándoles cuenta de su firme voluntad de conseguir la beatificación de Simón[96]. Mientras tanto, el Arzobispo regresó de su refugio madrileño. No se atrevió a entrar en Valencia y se quedó en Villar, desde donde marchó a Gilet con el propósito de iniciar la visita pastoral a la diócesis[97].

Otros acontecimientos en 1619

El ambiente religioso de Valencia siguió enrarecido después de los sucesos de marzo de 1619. El motivo más insignificante bastaba para que los dos bandos en litigio volvieran a enzarzarse en duras polémicas. Así ocurrió con la llegada a Valencia de la noticia de la beatificación del Arzobispo Tomás de Villanueva y de Fray Pascual Bailón. Lo que en otras circunstancias hubiera sido motivo de alegría para todos, ahora era motivo de discrepancias.

Del 25 al 28 de abril de 1619, la ciudad de Valencia celebró grandes fiestas en honor de los nuevos santos, pero no todos participaron en ellas de igual modo. El 29 de abril "féu lo senyor oficial i vicari general posar en la presó als 13 escolans de les parròquies perquè dien que no havien bastantment repicat a les hores de la Seu a la festa del beato Senyor don Tomas de Vilanova, havent-los ho manat..."[98]. Parece claro que en algunos sectores se interpretaron estas beatificaciones como una revancha frente a los simonistas, y que éstos trataron de mostrar su discrepancia con ellas.

Fechas después, un fraile dominico predicó desde el púlpito sobre "la obligación que los súbditos como ovejas tenían de obedecer a su Pastor y Prelado, y la que éste tenía de administrar bien su officio aunque fuesse poniendo a peligro su

---

[96] Ibid., pp. 169-170.
[97] B.U., Ms. 43, *Vida del P. Simón*, cap. 7 s/f..
[98] PORCAR, *Coses evengudes...*, p. 171.

vida". Se ignoran las palabras exactas que dijo el fraile, pero el cronista dominico afirma que "se podían entender de las que en estos tiempos passavan en Valencia tocantes al Padre Simón"[99]. Lo cierto es que las palabras del predicador sentaron mal a los nobles, que se dieron por aludidos, hasta el punto de sentirse acusados de herejes. Los nobles notificaron al Virrey su malestar y convocaron el Estamento militar para que adoptara una resolución contra el fraile. Graves debieron ser las palabras de éste, ya que el prior de los dominicos acudió a disculparse, prometiendo que sería castigado y desterrado del convento de Valencia. El fraile fue desterrado, pero, dos meses después volvió a Valencia, lo que provocó una nueva protesta del Estamento militar.

La animosidad del Estamento militar contra los dominicos se acrecentó cuando llegó a sus manos una carta de Fray Baltasar Roca a un religioso de Madrid pidiéndole que diera las gracias a Pedro Cabezas en nombre del convento por "lo que había trabaxado por la Iglesia". Según la crónica dominica, "esto indignó terriblemente al estamento contra los religiosos de Predicadores diciendo, que pues el Presentado Roca en nombre del convento agradecía a Pedro Cabeças lo que había hecho, era señal que todo el convento era consiente en las cosas que el dicho Pedro Cabeças havía dicho contra el Padre Simón. Y aún añadían que sería cierto averlo embiado los religosos para esto y haverle dado dinero para ir a Roma"[100].

Pedro Cabezas será protagonista de inmediato en la historia de la beatificación de Simón. Pero la carta de Fray Roca fue la razón que esgrimió el Estamento militar ante los Jurados de Valencia para pedirles que castigaran con rigor al convento de los dominicos. Días después, viendo los Jurados que los frailes continuaban con su actitud y que no estaban dispuestos a obedecer un requerimiento suyo para que pidieran a Roma la beatificación de Simón, acordaron las siguientes medidas contra ellos: prohibirles oficiar Misa en la casa natalicia de San Vicente, obligarles a levantar a su costa la parte de la muralla de la ciudad cercana al convento y sustraerles dos molinos y los

---

[99] B.U., Ms. 204, Falcó, fol. 478.
[100] Ibid., fol. 479.

censales que tenían sobre Valencia[101].

No cabe duda de que las resoluciones adoptadas por la ciudad de Valencia contra los dominicos revestían una extremada gravedad, no sólo por lo gravosas que podían ser económicamente, sino por lo inconcebible que resultaban precisamente en Valencia y contra los dominicos. Tales medidas fueron desproporcionadas y, en el fondo, reflejaban la debilidad de la Ciudad, incapaz de hacer valer su autoridad, y mucho más de convencer a los frailes de la conveniencia de trabajar juntos en la causa de Simón. A la postre, fueron también ineficaces y acabaron volviéndose contra la propia ciudad de Valencia y contra la causa de Simón.

Los dominicos valencianos vivían momentos de gran adversidad por su negativa a propiciar la beatificación de Simón. No obstante, estas circunstancias adversas no les hizo cambiar su actitud, ni siquiera cuando se lo pidió el propio General de la orden, Fray Serafino Sicco, de visita en Valencia[102].

El Estamento militar tampoco se mostraba dispuesto a aceptar la mediación, ni siquiera del Virrey. Consideraba que, pues habían sido los dominicos los culpables, les correspondía a ellos el ir a negociar directamente con el Estamento.

Sin posibilidad de llegar a acuerdo alguno, el prior de los dominicos, Gerónimo Cucalón, decidió marchar a la Corte a informar personalmente al Rey. El 15 de julio partió el prior hacia la Corte[103].

El prior permaneció en Madrid esperando las noticias del Rey, pero al ver que Vidal de Blanes se trasladaba a Lisboa, decidió hacer lo mismo. El 12 de agosto de 1619, fue recibido en audiencia por el Rey, quien prometió dar satisfacción al convento por los males que la ciudad de Valencia le había ocasionado.

En realidad, el viaje a Lisboa fue innecesario; el 3 de Agosto, Felipe III había firmado tres cartas dirigidas al Estamento militar, a los Jurados de Valencia y a los dominicos ordenando que se revocaran las medidas adoptadas contra estos

---
[101] Ibid., ff. 479 y ss. Vid. también: B.U., Ms. 529, Pradas, fol. 176.
[102] Ibid., ff. 480 y ss. Vid. también: B.U., Ms. 529, Pradas, fol. 176.
[103] B.U., Ms. 529, Pradas, ff. 176-177.

últimos[104]. La voluntad real fue cumplida en Valencia, y los frailes continuaron disfrutando de sus antiguos privilegios.

Resuelto este desagradable asunto, parece ir quedando cada vez más claro que los partidarios de Simón son incapaces de variar la actitud de los frailes, y de domeñar su prepotencia. Sin duda, los apoyos oficiales con que cuentan hacen inútiles cualquiera de las medidas que en Valencia se adoptan contra ellos. La pugna por la beatificación de Simón es cada vez más desigual, pero la santidad del clérigo sigue siendo posible.

Mientras en Valencia dominicos y partidarios de Simón libraban su agria disputa, Aliaga permanecía alejado de la ciudad, aunque no al margen de los acontecimientos.

Las relaciones de Aliaga con la ciudad de Valencia eran tensas, cuando ésta decidió enviarle una embajada para pedirle que asisitiera al solemne juramento que se quería hacer a favor de la Purísima Concepción de la Virgen. O la ciudad no escogió el momento más oportuno, o su pretensión era la de colocar al Arzobispo en una difícil tesitura. Porque aunque era evidente la tradición inmaculista de Valencia, y que este tema volvía a estar de actualidad tras la sentencia de 1617, no hay que olvidar que Aliaga era dominico, y que su orden era la que con más firmeza se oponía a las tesis inmaculistas[105].

La embajada de la ciudad de Valencia llegó a Gilet a las seis de la mañana del día 11 de julio de 1619. Aliaga la recibió en casa del señor de Gilet. El ambiente debía ser frío. Racional, abogados y Síndico explicaron al Arzobispo el motivo de su viaje. Después, Aliaga aprovechó la ocasión para desgranar sus quejas contra los habitantes de Valencia[106].

El, que con tanta ilusión había venido a Valencia, "havía sido para los Valencianos bocado de vómito y de mala digestión". No se le permitió tener sitial en la iglesia, ni llevar capellanes a su lado en la procesiones. Se "havían hecho pasquines y libelos infamatorios" contra él, pintándole como "Verdugo de los Apóstoles y de los Santos". Le habían llamado "a

---

[104] B.U., Ms. 204, Falcó, ff. 484-487.
[105] P. Pedraza: *Barroco efímero en Valencia*, Valencia, 1982, pp. 37 y ss. Vid. también: I. Vázquez: "Las controversias doctrinales postridentinas hasta finales del siglo XVIII", en *Historia de la Iglesia en España*, IV, Madrid (1979), pp. 457-458.
[106] B.U., Ms. 43, *Vida del P. Simón*, cap. 13 s/f.

voz en grito y a sus barbas, motilón, cugot, herege...". Habían apedreado su casa, y nadie se preocupó de castigar a los culpables. No pensaba volver más a Valencia, pues los valencianos no le merecían. Le odiaban porque creían que era enemigo de las cosas de Simón, y todo lo que él había hecho era favorecer y agilizar su causa.

Los representantes de la ciudad de Valencia respondieron uno por uno a todos los temas tratados por Aliaga. Una cierta ironía parece desprenderse de sus respuestas.

Nadie le había quitado el sitial en la iglesia. La Seo era capilla real y no podía colocarse más sitial que el del Rey o sus alternos. Los capellanes podían ir junto a él en las procesiones, pero las espaldas del Arzobispo debían quedar libres al Virrey y a los Jurados. Qué se podía decir de los pasquines y libelos, esto era "una cosa diavólicamente introduzida en el mundo contra Pontífices y Reyes" y muy difícil de esclarecer. En cuanto a los insultos, pocas cosas debía esperar el Arzobispo de los actos de los niños y de los locos. Los hombres juiciosos y notables de Valencia no estaban presentes cuando se le insultaba, cuando tuvieron noticia de ello, acudieron y "con pescozones" alejaron de allí a los que le insultaban. Los valencianos "eran gente muy devota y christiana, y religiosa". Aquí "se frequentavan tanto como en otra parte del mundo los Sacramentos", por eso, era poco comprensible la actitud de no querer volver más a Valencia.

Respecto a la devoción a Simón, "el daño de estar este negocio en el estado en que estava havía nacido de haver querido su Illma. dexarle de la mano y no tratarle y que muy bien pudiera haver acudido a la obligación de su dignidad y dado consuelo al Pueblo con ver y examinar este negocio por su mano y que el haver tenido los devotos del Pe. Simón algunos sentimientos havía nacido de que su Illma. no tratava del mismo modo de la veneración de los otros Beatos que eran religiosos y sólo havía puesto la mano en reformar la veneración del Pe. Simón y que si al principio se huviera hecho con los Beatos religiosos los mismo que su Illma, intentó con el Pe. Simón nadie huviera hablado palabra porque ver que en esto havía diversidad ynquietó a muchos".

Finalmente, en el tema del juramento inmaculista, ambas

partes llegaron a una solución de compromiso. Una comisión se encargaría de tratarlo, analizando los inconvenientes que se podían presentar[107].

Aliaga, reconociendo la dificultad que entrañaba tanto el tema inmaculista como el problema de la devoción y beatificación de Francisco Jerónimo Simón, no supo o no quiso resolverlos. Su fidelidad al hábito dominico pudo más que el sentir general de los valencianos. Aliaga prefirió pudrir ambos temas en juntas y comisiones antes que darlos por zanjados. Difícilmente comprendieron los valencianos la actitud de su Prelado, al que continuaron identificando más como a un hijo de Santo Domingo que como Prelado suyo.

4.- La actuación de Pedro Cabezas

Muchos personajes participan en la agitada historia de Francisco Jerónimo Simón. Desde el Rey y el Papa, hasta frailes, clérigos, canónigos, pueblo llano, beatas, etc. De todos, ninguno como Pedro Cabezas tuvo una actuación tan singular en esta azarosa historia.

Una amplia relación de las correrías de Pedro Cabezas fue escrita por Baltasar Vidal de Blanes en forma de memorial de impugnación de las confesiones realizadas por el propio Cabezas. A pesar de que la fuente es de una gran parcialidad, por medio de ella se puede conocer algo de lo que fue la vida del principal denostador del clérigo Simón.

"Dize pues este hombre, que es natural de Osuna, e hijo de Pedro Fernández cabeça y de Benita Vázquez, que fueron casados, y que no se acuerda quando se bautizó, y que le dieron el bautismo en la yglesia de nuestra Señora de la Assunción de Osuna, ... nació el día de san Pedro del año 1565. que siempre se acuerda haverse llamado Pedro, y que con este mismo nombre fue confirmado en la yglesia de san Pedro de Osuna a edad de siete años, y que lo confirmó un Obispo que no se acuerda su nombre, ni quien fue, y que por el apellido de su padre se ha llamado, y llama el licenciado Pedro Cabezas, si bien no es graduado de cosa alguna, siguiendo el uso

---
[107] Ibid., cap. 13 s/f.

de Castilla, donde llaman licenciados a todos los que trahen hábito clerical; ultra del qual nombre se llamó Pedro de San Pablo en un passaporte, que le dio el Príncipe Cardenal de Saboya, y su data en Turín a 20. de septiembre 1616. mudándose el nombre, porque no le tuviessen por espía en las guerras de Saboya"[108].

Pedro Cabezas salió de Osuna a los diecinueve años, trasladándose a Valencia. Aquí vivió más de veintiocho años con alguna intermitencia provocada por sus estudios. En Valencia, "estudió Gramática tres años, y se la enseñó un maestro que llamavan Palmireno que ya es muerto, y Torrella, y Ceba, que son difuntos, y luego oyó las artes del Maestro Ferrer, que murió Vicario del hospital General de Valencia, y oyrlas duró tres años, después estudió Teología, y Cirugía, que la leyó el maestro Catalán, y estudió la Cirugía quatro años, y después platicó siete en el hospital de Valencia[109].

Tras diecisiete años de estudios y prácticas, Cabezas "se fue a Salamanca, y oyó medicina tres años del Doctor Soria, y del Doctor Godínez, y en Alcalá oyó dos años del Doctor Pedro García, y de Juan Alonso". Posteriormente, cuando ya tenía 41 años, Cabezas volvió a Valencia donde era considerado "hombre entero, y con opinión en el pueblo de verdadero, y estimado entre la gente principal"[110].

Para Vidal de Blanes nada de la vida de Cabezas permite traslucir que éste tuviera formación universitaria. Desconocía cuántas eran las horas canónicas, ignoraba el latín, no entendía nada de cirugía y, para colmo, según los testimonios de quienes lo trataron en Valencia, su estancia en la ciudad estuvo siempre salpicada por el escándalo. En el Hospital General, Cabezas era considerado un ladrón, porque hurtaba la lana de los colchones, las gallinas y todo lo que podía[111].

Cuando se celebraron en Valencia las fiestas por el matrimonio de Felipe III, Cabezas "llevaba locos por las Casas de los Grandes, y Títulos, que con su Magestad vinieron, y de las

---

[108] El memorial de D. Baltasar Vidal de Blanes se encuentra en: A.H.N., Inquisición, leg. 3701 núm. 1, ff. 165-186.
[109] Ibid., fol. 170.
[110] Ibid., fol. 170.
[111] Ibid., fol. 182.

limosnas copiosas que le davan, se aprovechava en muchas cantidades; y con esto le veían muy luzido en el vestido, que llevaba debaxo de la gerga de Juan de Dios"[112].

La vida personal de Pedro Cabezas en Valencia tampoco era muy tranquila. En el hospital, se amancebó "con una muger de las serviciales de aquella casa, que tenía habilidad en labrar randas, y puntas, y le llevava curioso, y bien puesto"[113]. Cuando lo echaron del hospital "por ladrón, amancebado, rebolvedor y hombre de mala lengua, y perversa naturaleza"[114], se amancebó de nuevo con una mujer que vivía en la plaza de Predicadores. De esto deduce Vidal de Blanes el inicio de su amistad con los frailes dominicos[115].

Además de estas virtudes no extrañas para la época, a Pedro Cabezas "se le prueva de alcahuete, que llevava a su casa mujeres ruynes, y luego traía hombres para que se echasen con ellas, y quando les combidava, e incitava a semejantes abominaciones, les dezía, fuessen a su casa, porque tenía en ella un nadador famoso"[116]. Por si fuera poco, "la vileza también de su persona, y la baxeça de su ánimo se mostravan, en que servía en ocasiones de truhán, por muy poco interés, y se ponía a baylar por una comida de higos, o porque le diessen de bever, y llegava su baxeça a tanta rotura, que en las enfermerías de las mugeres del Hospital mostrava sus vergüenças, y algunas vezes desatascándose los calçones..."[117].

Perfil negro el que trasmite Vidal de Blanes de Cabezas, dirigido a mostrar la catadura moral de quien se permite vilipendiar la figura de Simón. Semblanza, sin duda, exagerada, y que demuestra la importancia que tuvo el descrédito del contrario en la lucha que libraron los dos bandos enfrentados en la beatificación de Simón.

Al margen de cuál fuera la personalidad real de Cabezas, lo que sí es cierto es que dedicó parte de su vida a hacer imposible la santidad de Simón. Por culpa de éste, Cabezas

---
[112] Ibid., fol. 182.
[113] Ibid., ff. 182-182v.
[114] Ibid., fol. 185.
[115] Ibid., fol. 182v.
[116] Ibid., fol. 182v.
[117] Ibid., ff. 182v-185.

sufrió graves quebrantos, lo que hace poco creíble que tantos desvelos los realizara desinteresadamente y sin ser utilizado por nadie.

Pedro Cabezas salió de Valencia el día de Santa Catalina de 1615. Marchó a Madrid a hablar con el Inquisidor General. Después, con licencia de éste, marchó a París "a hablar al padre Ribas de la Orden de san Francisco Confessor de la sereníssima Reyna de Francia". De allí pasó al Piamonte, "y le llevaron preso a Turín, donde lo estuvo sesenta días, y al cabo dellos le soltaron...". Estuvo también en Alejandría de la Palla, en Milán, en Venecia y en Roma. En agosto de 1617 partió de Roma rumbo a Valencia. Aquí hizo "información de moribus et vita para ordenarse", y se fue a Osuna "donde hizo información de genere". En mayo de 1618 estaba de nuevo en Madrid y pasó a Sevilla "donde se ordenó de corona en el mes de Junio, y con dimissorias para quatro menores de don Pedro Vaca de Castro Arçobispo de Sevilla... se fue a ordenar a Burgos, a contemplación del señor Presidente de Castilla, que oy es, y ordenado bolvió a Madrid en principio deste año 1619. donde a la sazón estava el Arcediano de Toledo, y teniendo noticia déste, le embió a llamar para verle, y conocerle, y le habló, y conoció estando presente don Bernardo de Sandoval y Rojas Arcediano de Talavera, y ambos juntos con el Obispo de Troya le examinaron de letras humanas y divinas, y se vino con los dichos Arcedianos a Toledo, donde estuvo cinco, o seys semanas, y con ellos bolvió a Madrid, y ha estado tres meses hasta que aora le prendieron en Junio"[118].

Pedro Cabezas realizó su largo periplo viajero con tres mil seiscientos reales que tenía cuando salió de Valencia. Se supone que este dinero era suyo y que no se lo había entregado nadie. Cuando se le agotó estando en Roma, "se sustentó de limosna, que pedía en especial a los Cardenales Belarmino, y Pedro Aldobrandino, y salido de Roma se fue sustentando de limosna". En otros momentos dirá que vivió practicando el oficio de barbero, "sangrando y afeytando por los lugares"[119].

Durante sus estancias en Roma y Madrid, Cabezas escribió

---
[118] Ibid., ff. 170-170v.
[119] Ibid., fol. 170v.

varios memoriales sobre la santidad fingida de Simón. Estos escritos fueron minando la fama del clérigo y obligaron a que Vidal de Blanes interviniera para contrarrestar sus efectos. Primero denunció a Cabezas ante el Nuncio sin resultado porque, según Aparici Gilart, el Nuncio temía enfrentarse con el confesor del Rey, Fray Luis Aliaga. Similar resultado obtuvieron otras denuncias ante el Vicario de Madrid y otros ministros. Finalmente, el Vicario General de Toledo admitió la denuncia y dictó auto de prisión contra Cabezas. Ya en la cárcel, se declaró pobre de solemnidad, y el Reino de Valencia tuvo que sustentarle con cinco reales diarios durante su estancia en la prisión, que se prolongó por espacio de cinco años.

Tiempo después de estar preso, se produjo una lucha de competencias por su causa entre la Inquisición y el Vicario General de Toledo. Al final, el Vicario tuvo que ceder y el Santo Oficio asumió la causa. Pedro Cabezas fue encerrado en la cárcel de los familiares del Santo Oficio de Toledo, y a pesar de que Vidal de Blanes pidió que se le tuviera en prisión más segura, finalmente, lo dejaron libre autorizándole a vivir en Madrid[120].

El rastro de Pedro Cabezas puede seguirse hasta 1627. Después, pocas cosas se saben de él. Finalmente, el siete de mayo de 1668 una carta del nuevo agente de la beatificación de Simón, Miguel Molinos, comunicó que, según algunos testigos con los que había hablado, Pedro Cabezas había muerto en algún lugar de Europa sin recibir los Sacramentos[121].

Los biógrafos de Simón no dicen que éste y Cabezas se conocieran. En cambio, sí que citan a Cabezas como uno de los que más trabajaron para impedir la beatificación de Simón. En este sentido, la valoración que los biógrafos de Simón hacen del de Osuna es muy negativa. Para Antonio Panes, Cabezas "fue un hombre de bajo nacimiento y más bajas costumbres, temerario, inquieto, vagamundo, y en fin tal, que le hubo menester el infierno para satisfacerse de la mucha pérdida, que havía tenido..."[122].

---

[120] B.U., Ms. 43, *Vida del P. Simón*, capítulos 10 y 12 s/f.
[121] Ibid., cap. 12 s/f.
[122] Ibid., cap. 10 s/f.

Ningún autor alaba el comportamiento de Pedro Cabezas. No hay testimonios en su favor, salvo el agradecimiento que le expresa el dominico Baltasar Roca, en nombre de su convento, por "lo que havía trabaxado por la Iglesia"[123]. Resulta sorprendente que Gavastón no haga alusión a Cabezas, sobre todo, cuando su "Vida escandalosa de Simón" guarda grandes similitudes con las acusaciones que Cabezas propagó contra Simón. Hasta tal punto son idénticas las acusaciones de ambos contra el clérigo, que resulta difícil averiguar quién fue el autor de las mismas.

El conocimiento de Simón que tuviera Pedro Cabezas no explica su ulterior comportamiento en su contra. Tampoco es comprensible que la conciencia laxa del andaluz se revolviera contra Simón, hasta el punto de hacerle trabajar con tanto ahínco para que se frustrara su beatificación. O algo importante aconteció en su vida, o cabe pensar que alguien le indujo y utilizó para que fuera sembrando dudas contra el clérigo.

Pedro Cabezas negó siempre que su aventura estuviera financiada por alguien. Pero la felicitación que le envió Fray Baltasar Roca y los favores que le dispensó Fray Luis Aliaga, hacen sospechar que fueron los dominicos valencianos los que le impulsaron a realizar su trabajo.

En el ánimo de los simonistas siempre existió la creencia de que Cabezas no actuó solo, sino movido por los dominicos. Sin embargo, no existen pruebas concluyentes para corroborar esto. También es verdad, que de haber sido así, no iban los frailes a cometer la torpeza de decirlo.

5.- LA SANTIDAD FRUSTRADA

La causa de beatificación de Simón entra en una dinámica irreversible que la conduce a su fracaso final a partir de los últimos meses de 1619. Todavía existían fundadas esperanzas en ese año de conseguir la beatificación, pero una serie de circunstancias lo impidieron.

Los graves sucesos acaecidos a raíz de la lectura del Edicto inquisitorial en marzo de 1619 fueron determinantes para el

---

[123] B.U., Ms. 204, FALCÓ, fol. 479.

fracaso de la causa del clérigo Simón.

La Inquisición no podía dejar de intervenir. Los sucesos de 1619 habían sido graves y era necesario averiguar y, en su caso, castigar a quienes con su comportamiento habían tratado de abortar la lectura del Edicto. Para ello se envió a Valencia al inquisidor Salazar de Murcia, quien, en opinión del dominico Jerónimo Pradas, "a hecho en veinte días mucho más que en siete años según todos dicen para la corrección y enmienda de los grandes desatinos desta ciudad de Valencia"[124].

Salazar abrió diligencias a mucha gente de Valencia. Entre otros, fueron llamados a declarar los Jurados y los Síndicos, los Electos de la Parroquia de San Andrés, el Gobernador D. Jaime Ferrer, el Cabildo y los canónigos de la Catedral, D. Lorenzo Sanz, el Deán Frígola, varios estudiantes y muchos ciudadanos[125]. No hay constancia de que a ninguno de los citados la Inquisición incoara proceso. Sin embargo, la medida de llamar a declarar a tanta gente dio sus frutos. Los ánimos se aquietaron y, a partir de 1620, no se produjeron nuevos hechos violentos. Sin duda, el temor a la Inquisición hizo que los simonistas variaran en su forma de actuar.

También desde Roma se seguían con interés los sucesos que acontecían en Valencia, pidiéndose informes más completos sobre la vida, conversaciones, amistades, fama y opiniones de la gente sobre Simón. El informe debía ser secreto y lo más amplio posible. El encargo recayó en el obispo de Tortosa, Luis Tena, quien, una vez realizado, lo remitió a Roma en 1620[126].

La muerte de Paulo V hizo inservible el informe. Gregorio XV (1621-1623) no hizo nada por la beatificación de Simón y, finalmente, un nuevo empuje parece darse durante el pontificado de Urbano VIII (1623-1644).

La Inquisición romana, insatisfecha con la información recogida por el Obispo de Tortosa, pidió a D. Andrés Pacheco, Inquisidor General, nuevas averiguaciones. Este delegó su trabajo en el Obispo de Biserta, quien recibió a numerosos testigos en Madrid. El inquisidor Juan Rincón fue el encargado de

---

[124] B.U., Ms. 529, Pradas, fol. 177v.
[125] A.H.N., Inquisición, leg. 3701-3 núm. 3, ff. 126-424v.
[126] B.U., Ms. 43, *Vida del P. Simón*, cap. 11 s/f.

recibir las declaraciones en Valencia. Rincón tomó declaración a cincuenta y ocho testigos exponiendo al final su propio parecer.

"Por haverse examinado buen número de testigos de todos estados maiores y de toda excepción, personas virtuosas, nobles, y doctas, que uniformemente y con distinción declaran no haver tenido fundamento de verdad las oposiciones hechas al venerable Sacerdote, y Siervo de nuestro Señor Francisco Gerónimo Simón, como discurriendo por las informaciones constará, y en especial, que dicho Sacerdote vivía con mucho exemplo dando grandes muestras de humildad, caridad, y otras virtudes heroicas, con edificación de las personas, que le conocieron; y las que él tratava eran muy pocas y de vida exemplar, y conocida virtud. Y en el discurso de su vida fue muy poco tiempo el que tuvo casa propria, y en él, se sirvió de dos criadas solamente, que fueron María Pardo, que oy vive muger maior conocida, y tenida por virtuosa, y sencilla; y tres meses antes de su muerte, de Angela Pérez, virtuosa, y exemplar, que a instancias del Padre Sobrino recibió, sin aver tenido antes noticias della; y la enfermedad, que padeció el Siervo de Dios era Herpes, o formica en las piernas, causada por el hígado, y no Bubas, porque la flaqueza, y color quebrado era de las penitencias, que hazía; y luego que murió se divulgó por la Ciudad que era muerto un Santo, y generalmente acudió a la Iglesia de San Andrés todo el lugar a venerarle... La frequencia de los fieles de este Reyno a la Iglesia de S. Andrés, y las limosnas, y dones en tan gran suma, y cantidad, que a ella se dieron, causaron la emulación de algunos Religiosos por careçer de ellas sus Conventos como antes. Aiudáronles a esto algunos seculares por particulares respetos, personas humildes, y de poca, o ninguna calidad... Y aseguro que persevera, y permanece oy en los corazones de todo el Pueblo la devoción, con la igualdad, y afecto, que antes: si bien por obedecer a los mandatos de los Superiores, no hazen las demostraciones, que desean; y que la vida, y muerte de este siervo de nuestro Señor a causado en este Reyno muy grande reformación de costumbres, assí en los Eclesiásticos, como en los seculares: y que su Divina Magestad por su intercesión, a obrado muchas maravillas en servicio suio, y bien de las almas. Esto es lo que en Dios, y en su consciencia siento, sin passión, ni otro respeto humano, como lo pide la gravedad de la causa"[127].

Esclarecedor resulta este extenso testimonio del inquisidor valenciano. Rincón había vivido los diferentes avatares de la causa de Simón y tenía a su alcance elementos de juicio suficientes para conocer la realidad de los hechos. No tenía motivos para decantarse por uno de los dos bandos enfrentados. Su cargo de inquisidor era una atalaya perfecta. Incluso, en algunas ocasiones había tenido que intervenir contra los simonistas. Que emita este informe tan favorable denota su convencimiento personal en la causa del clérigo. Pero, el inquisidor Rincón dice algo más en su informe, las razones que impulsaron a los frailes a ir contra la santidad del clérigo fueron económicas: miedo a perder las limosnas de los valencianos y, con ello, hay que añadir, su influjo ideológico.

Durante el tiempo que fue Inquisidor Aliaga se practicó una política de obstruccionisno a la beatificación de Simón. Cuantas veces los partidarios de éste requirieron a la Inquisición que certificara que se cumplía el Edicto de 1619, otras tantas les fue negado. Solamente cuando Aliaga fue depuesto y nombrado en su lugar D. Andrés Pacheco, llegó la certificación.

La causa de beatificación de Simón cobró un nuevo impulso como consecuencia de los cambios políticos en la Corte. En febrero de 1623, el Conde-Duque de Olivares y su muger escribieron cartas al Cardenal Ludovico, Nepote de Gregorio XV, y al Cardenal Gaspar de Borja pidiéndoles que intercedieran por la beatificación de Simón. En 1624, Felipe IV concedió autorización a los simonistas para que "poguessen acaptar por los regnes de València, Aragó y Catalunya ac etiam Castella"[128].

Animados por los nuevos acontecimientos, los simonistas confiaban en una pronta resolución de la beatificación. Las noticias de Roma eran favorables. Incluso, había sido aceptado un milagro por la Congregación de Ritos el 24 de julio de 1624. Sin embargo, en 1625, un decreto de la Inquisición romana regulando los procesos de beatificación vino a enfriar los ánimos[129]. Finalmente, el 15 de enero de 1628, Urbano

---

[127] Ibid., cap. 11 s/f.
[128] Ibid., cap. 15 s/f. Vid. también: PORCAR, *Coses evengudes*..., p. 244.
[129] ROBRES, *En torno a*..., p. 392.

VIII prohibió que se iniciaran procesos de beatificación antes de transcurridos cincuenta años de la muerte de un presunto santo[130].

Los agentes valencianos en Roma regresaron. El decreto de Urbano VIII significó la frustración de las aspiraciones de los simonistas. Fue, todavía, una frustación momentánea.

Pocas noticias dignas de mención respecto a la causa de Simón se producen entre 1628 y 1662. Los cincuenta años van pasando, mientras nuevas generaciones de valencianos prosiguen la devoción por el clérigo. Su recuerdo permanece vivo en el pueblo, hasta el punto de producirse intentos, siempre inútiles, para que los fatídicos cincuenta años no sean necesarios en su caso[131].

1662 marca el inicio del penúltimo impulso destinado a conseguir la beatificación. Al igual que los esfuerzos anteriores, tampoco éste tuvo éxito. De nuevo, circunstancias extrañas se cruzan en el camino de la causa Simón. Ahora, la lentitud burocrática de la Curia romana y, sobre todo, el alineamiento de la causa con el quietismo de Miguel Molinos serán las razones del fracaso.

Por fin, el 25 de abril de 1662 se cumplían los cincuenta años marcados. Los Electos y Diputados de los comunes, que se habían mostrado parte en la causa de Simón, juzgaron que lo más urgente era elegir la persona que debía trasladarse a Roma para encargarse del proceso de beatificación. Reunidos varias veces, "y discerniendo en los sujetos de su maior satisfación la tuvieron grande del Dr. Miguel Molinos Beneficiado en la Parroquial de S. Andrés por ser hombre de suficiente literatura, retirado, virtuoso, bien opinado por el fruto, que hazía en el púlpito, y en el Confesonario, inteligente en negocios, y muy devoto de este del Padre Simón, por las memorias de su exemplar vida, que se conservan en aquella Iglesia". Además de esto, "se añadía la de estar poseiendo Molinos el mismo beneficio con que se ordenó, y residió el Siervo de

---

[130] B.U., Ms. 43, *Vida del P. Simón*, cap. 15 s/f.
[131] Ibid., capítulos 14 y 15 s/f. Vid. también: B.U., Ms. 157, *Historia de las cosas más notables del convento de Predicadores de Valencia. Prosíguela el P. M. Fr. Domingo Alegre hijo del mismo Convento desde el año 1640*, anotaciones de junio y julio de 1649 y de marzo de 1650, s/f.

Dios, aunque... no pudo conocerle ni tratarle por haber nacido ya difunto Simón"[132].

Elegido Miguel Molinos agente de la beatificación de Simón en 1663, se aplicó a recoger los papeles que le serían más útiles y a estudiar todo lo referente a la causa del clérigo. A finales de 1663 marchó a Roma, donde debió llegar los últimos días de enero o los primeros días de febrero de 1664. El día 9 de febrero escribió a Valencia notificando que ya había llegado y que ignoraba el lugar donde se encontraban el proceso y los restantes papeles de la causa de Simón. Con posterioridad, comunicará que los papeles se encuentran en la Inquisición y que serán necesarias cartas de influencia para apoyar su trabajo.

Las cartas comienzan a llegar de inmediato. El 3 de agosto de 1664, el Rey escribe al Papa pidiéndole su intercesión en la causa de Simón. En igual sentido se envían cartas de la Ciudad de Valencia, de los Diputados y de los Electos de San Andrés[133]. Por fin, parecen salvarse los escollos. Molinos y el embajador español en Roma consiguen que el 8 de abril de 1665 la Congregación de Ritos asuma la causa de beatificación.

Pero, nuevamente volvían a equivocarse los partidarios del clérigo. El proceso de beatificación abarcaba ya veintisiete volúmenes y era preceptivo el beneplácito de la Inquisición romana para trasladarlo a la Congregación de Ritos. El 9 de septiembre de 1665, el Fiscal de la Inquisición comunicaba su negativa a entregar el proceso de Simón arguyendo que allí se encontraba pendiente y radicada la causa desde 1617, y no podía salir de allí hasta que no quedara definitivamente concluida.

Malos vientos comienzan a soplar de nuevo. Desde 1665 a 1672 la causa de Simón queda prendida en un conflicto burocrático de difícil resolución. A finales de 1672, seguramente con el fin de sacarla del atolladero en el que se encontraba inmersa, el Cabildo de Valencia reclama el apoyo de otras

---

[132] B.U., Ms. 43, *Vida del P. Simón*, cap. 16 s/f.
[133] B.U., Ms. 43, *Vida del P. Simón*, cap. 16 s/f. Las cartas están fechadas los días 7 y 20 de noviembre de 1664.

diócesis hispanas. Durante los meses de noviembre y diciembre de 1672 llegan a Valencia cartas para ser enviadas a Clemente X de todos los obispados y cabildos de España pidiendo la beatificación de Simón. El propio Carlos II y su mujer Mariana de Austria envían también sus cartas[134].

Tanto esfuerzo no da fruto alguno. En Valencia se comienza a dudar de la capacidad del agente Miguel Molinos. Los Electos de la parroquia de San Andrés comienzan "a advertirle inconsequente en lo que escrivía, y que passavan los meses; y los años sin adelantarse el negocio". Se hace preciso adoptar una solución, y, en 1674, se decide revocar a Molinos de su cargo. "Sintiólo mucho, porque esta desconfianza del Reyno se ponía de parte de lo que ya se empezava a tener en Roma de sus procederes. Ellos fueron tales, que prevaleciendo la verdad de su aparente, y artificiosa virtud, fue preso de orden del Papa Inocencio XI, que fue exaltado a la thiara el año 1677, por el Sto, Tribunal de aquella general Inquisición. Aprehendiéronse todos sus papeles, y entre ellos, muchos concernientes a la Causa de Nuestro Venerable..."[135].

Que la caída de Miguel Molinos salpicó la causa de Simón está fuera de dudas. En Valencia se tuvo clara consciencia de que la conexión de Miguel Molinos con Simón perjudicaba a éste último. Pero esta consciencia se tuvo porque Molinos, más preocupado por sus inquietudes místicas, no dedicaba tiempo suficiente a la causa de beatificación, y no por los ahora impredecibles errores heréticos de su doctrina quietista. Lo que resulta evidente es que cuando Molinos fue condenado en 1687, en Valencia se comprendió que la causa iba a unirse siempre a la figura del místico quietista. Por ello, y a modo de justificación, "se procuró por los Electos hazer exacta averiguación y remitir algunos instrumentos e informes a Roma de que Molinos era natural, y havía nacido en reyno extraño; de que quando vino para proseguir sus estudios en esta Universidad de Valencia ya era muchos años antes muerto Nuestro Venerable, y assí no lo pudo tratar, comunicar, ni aún conocer; de que mientras vivió en esta Ciudad y quando fue embiado a

---
[134] Ibid., cap. 17 s/f.
[135] Ibid., cap. 17 s/f.

Roma era tenido por un Eclesiástico muy virtuoso, modesto, retirado, espiritual, y tan exemplar, que edificava en el púlpito con sus sermones, y pláticas, y tenía mucho regusto de personas que le fiavan sus almas felizmente"[136].

La caída de Miguel Molinos detuvo la causa de Simón y enfrió el ánimo de sus partidarios. Pero Francisco Jerónimo Simón continuó presente en la devoción de los valencianos. En su parroquia de San Andrés, todavía a finales del siglo XVII, se llevaba la administración de las rentas para el aceite de sus lámparas[137]. Incluso, en tiempos del arzobispo Folch de Cardona (1700-1724), éste envió "una representación al Sumo Pontífice Clemente XI, instando el proceso de Beatificación del Venerable P. Francisco Jerónimo Simón"[138]. Este nuevo intento de revitalizar la causa dio pie para que un gran devoto suyo, Aparici Gilart, escribiera la última y más completa biografía sobre él. Nada se consiguió tampoco ahora. La historia de Francisco Jerónimo Simón fue la historia de una santidad frustrada.

---

[136] Ibid., cap. 17 s/f.
[137] A.R.V., Sec. Clero, leg. 434, caja 1226.
[138] Olmos Canalda, *Los prelados valentinos*, p. 228.

III
ANTONIO SOBRINO Y LA MÍSTICA VALENCIANA DEL SIGLO XVII

1.- El compromiso con una causa de beatificación

Antonio Sobrino fue protagonista destacado en la historia de Francisco Jerónimo Simón. Franciscano descalzo, Sobrino luchó denodadamente por conseguir la beatificación del clérigo, importándole poco las amarguras y sobresaltos personales que tuvo que soportar por mantener su actitud. Convencido de la santidad de Simón, el descalzo pensaba que los que se oponían lo hacían movidos por oscuros intereses. En cuanto a las razones que le llevaron a él a apoyar la santidad del clérigo son muy imprecisas; junto a razones de índole espiritual, existen otras de posible vanagloria personal. Conviene recordar que Simón fue hijo espiritual de Francisca Llopis, y tanto el clérigo como la beata pertenecían al entorno espiritual de los franciscanos descalzos del convento de San Juan de la Ribera.

El trabajo llevado a cabo por Sobrino para conseguir la beatificación de Simón no puede interpretarse como algo excepcional en el contexto histórico en el que se produjo. Los más encarnizados debeladores de Simón, los dominicos y los franciscanos observantes, también pusieron todo su empeño en conseguir que sus compañeros de hábito Luis Bertrán, Domingo Anadón y Pedro Nicolás Factor consiguieran la santidad. La única diferencia entre Sobrino y los émulos de Simón era que el descalzo defendía la santidad no de un compañero de hábito sino de un simple clérigo unido a él por relaciones espirituales.

En 1612, fecha de la muerte de Simón, Sobrino no era un desconocido a quien le hiciera falta entrometerse en un caso que podía resultar difícil. En 1612, Sobrino tenía ya una extensa biografía. Era conocido por todos en Valencia, había desempeñado un papel destacado en la expulsión de los moriscos y gozaba de un gran prestigio entre sus compañeros de hábito. Después de la muerte de Simón, esta fama se multiplicó.

Veinticinco de los cuarenta y seis años de la vida religiosa de Sobrino transcurrieron en Valencia. El, como otros muchos frailes de la descalcez valenciana, no era natural de aquí, sino que llegó atraído por la rigurosidad de vida de los descalzos de la provincia de San Juan Bautista.

La posibilidad de que Sobrino y otros frailes se refugiaran en Valencia debido a la mayor libertad espiritual que aquí existía, es una hipótesis no descartable, teniendo en cuenta la protección que les dispensaba Ribera y los problemas existentes en Castilla para los espirituales como consecuencia de la aplicación de una política de intolerancia[1].

Nacido en Salamanca el 22 de noviembre de 1556, Fray Antonio era hijo de un portugués de apellido Sobrino y de Cecilia Morillas, hija de un hidalgo de las montañas que residía en la ciudad de Salamanca[2].

Tuvo ocho hermanos, todos ellos dedicados a la Iglesia. Merecen destacarse los nombres de Francisco Sobrino que fue Rector de la Universidad de Valladolid y Obispo de esta ciudad, y de Cecilia del Nacimiento, monja carmelita descalza, que escribió algunas obras espirituales [3].

Estudió Gramática, Retórica y Artes. A los 18 años se graduó en Derecho por la Universidad de Valladolid y entró al servicio de Felipe II en El Escorial, trabajando con los secretarios Gabriel de Zayas y Mateo Vázquez.

La vida de Sobrino parecía abocada al servicio de la administración pública hasta que, un hecho fortuito, le hizo entrar en religión. El instrumento fue "aquel tan estupendo rayo, que cayó en la torre del Real Convento del escorial, que derritien-

---

[1] Andrés plantea esta posibilidad, relacionándola con una cierta crisis de la mística del recogimiento en Andalucía, crisis descrita por Juan de los Angeles, y que dio lugar al abandono de muchas casas de oración y recolección. Vid., ANDRÉS, *Los Recogidos*..., p. 336.
[2] PANES, *Chrónica*..., I, p. 676.
[3] Ibid., pp. 645-675. Sobre sor Cecilia del Nacimiento Sobrino, Vid., ANDRÉS, *Los Recogidos*..., pp. 336 y 656-657.

do veinte campanas, hizo correr de metal un arroyo"[4].

"Tomé el hábito en san Bernardino de Madrid día de todos los Santos del año 1578, siendo de veynte y dos años de edad"[5]. Con estas palabras comienza Sobrino la relación de su vida escrita por encargo de sus superiores. En ella narra los problemas que encontró para acostumbrarse a la vida conventual. Los primeros días fueron duros: sequedades espirituales, comida escasa y sueño abundante, rigores ascéticos nuevos, etc. Sin embargo, Sobrino encontró muy pronto su camino espiritual:

"Vino sobre mí el Espíritu Santo, como una Aguila grande, y caudal, y en una luz tan grande que me parecía, que allí havía de deshazerme; porque me pareció que se me arrancava el alma en aquel momento, y assí con gran temor me assí del atril, que está en medio del coro, y estuve resistiendo, porque no me llevara por los ayres el cuerpo. Y bien conocí luego, que era esto de Dios, porque absorbió mi alma tan en lo íntimo, que me parecía estava metida en una profundidad increíble. Duróme este rapto quarenta días, que aunque salía acá fuera, y hablava con los Frayles, y rezava el oficio en el coro, y comía con ellos en el refectorio, pero más estava allá dentro, que acá"[6].

La facilidad de Sobrino para gustar de espirituales excesos le reportó problemas con sus superiores que trataban de guiarlo por el camino común de la meditación y del rezo vocal.

Cuando, ya mayor, recuerde esta etapa de su vida, dirá: "que estuvo por dexar el ábito, porque no teniendo experiencia en aquel estado, en que el alma con la luz infussa ve, y entiende sin discurrir lo que Dios quiere manifestarle, parecíale (a su maestro), que este modo sin modo, era inútil, y ocioso...". Los intentos por hacer que abandonara este camino contemplativo no dieron resultado: "a mí no me lleva Dios por este camino, porque no puedo atar mi alma a largos discursos, o meditaciones, y la causa es, averme hecho Nuestro Señor merced de posseer mi alma, y unirla a su divina presencia con

---
[4] PANES, *Chrónica...*, I, p. 680.
[5] Ibid., p. 683.
[6] Ibid., pp. 683-684.

copiosa gracia"[7].

Este ejemplo muestra bien lo que será una constante en la vida de Sobrino. El no negará nunca la importancia de la meditación y del rezo vocal como medio seguro para introducirse a la contemplación mística. Lo que sí hará será el precisar que la vida de contemplación no tiene sólo un camino de entrada, y que cada uno puede seguir su vía particular. Esta afirmación no es original suya, sino que está presente en la mayoría de los grandes místicos. La confusión vino, aparte de algunos ejemplos siempre excepcionales dentro de la Mística, cuando ciertos sectores, más escolásticos que místicos, y por circunstancias casi siempre coyunturales, quisieron obligar a que los espirituales siguieran el camino menos problemático de la meditación y del rezo vocal.

Sobrino profesó como religioso en 1579[8]. Trasladado al convento de Auñón en La Alcarria, permaneció allí hasta que, "para oir el curso de teología le mudaron al convento de Medina del Campo". Se ordenó sacerdote en Palencia. Pertenecía a la provincia franciscana descalza de San José y fue nombrado Secretario del Provincial. También fue Guardián de los conventos de Yepes y Toledo, Definidor de la provincia de San Pablo y Prelado del convento de Salamanca. En 1597, fue nombrado Visitador de la provincia de San Juan Bautista de Valencia y, como tal, presidió el Capítulo. Después, decidió quedarse en Valencia[9].

Desde 1597 hasta su muerte en 1622, Sobrino fue adquiriendo un papel cada vez más relevante dentro de la descalcez valenciana. Guardián de los conventos de Orihuela, Gandía y Valencia, ejerció también los cargos de Comisario Provincial, Definidor y Ministro Provincial[10]. A la par que ascendía su fama, iba madurando su espiritualidad, decantándose decididamente por la oración mental:

"Y solía dezir, que lo arduo de la vida espiritual no está, no consiste tanto en las asperezas, y rigores, que suelen muchos exercitar, sino en unirse el alma con Dios por pureza, y

---
[7] Ibid., pp. 684-685.
[8] Ibid., p. 687.
[9] Ibid., pp. 687-694.
[10] Ibid., p. 694.

efectos de amor. Y quando era Prelado, cuidava mucho, que los quartos de oración mental no se gastasen en rezar vocalmente, pues no son las palabras, ni los conceptos, los que abraçan con Dios al alma, sino los deseos ardientes, y afectuosas ansias de la caridad..."[11].

Pero, la aceptación de la oración mental, no significaba un rechazo absoluto del rezo vocal: "Y con ser assí, que la oración vocal, que tenía el siervo de Dios era con reverencia, devoción, y atención admirable, era tanta la fuerça, que le hazía el espíritu, para recogerse al centro interior... que quando rezava el oficio divino, deseava acabarle, por entregarse todo al sagrado ocio libre, e independiente de ocupación limitada, y externa; que por devota, y pía, que sea haze distinción el alma y Dios, y sólo es medio dispositivo, y vía para acercarse a él, quando no está excitada, y movida"[12].

El compromiso de Sobrino con la mística y su fama de espiritual hizo que muchos se acercaran a él buscando consejo y guía. No sólo personajes como el Patriarca Ribera o el Marqués de Caracena y su mujer, su magisterio se extendió también en círculos menos conocidos: beatas, Francisco Jerónimo Simón y, sobre todo, la beata Francisca Llopis. Precisamente, su relación espiritual con Francisca y la de ambos con Simón fue la causa fundamental de que, a la muerte del clérigo, se multiplicara la fama de Sobrino.

La muerte de Simón en 1612 trastocó el panorama espiritual valenciano mantenido como un remanso de tranquilidad por el Patriarca Ribera. No fue causalidad que, desaparecido Ribera en 1611, un año después comenzara una lucha sorda por el control espiritual de Valencia, tomándose como escusa la beatificación de Simón. En esos mismos años, y hasta 1622, Sobrino ejerció una papel destacado en Valencia.

Dos versiones antagónicas existen de la vida de Sobrino desde 1612 hasta su muerte en 1622. Para Gavastón, el descalzo fue el culpable de la violencia desatada en Valencia a la muerte de Simón. Para Panes, fue víctima de los acontecimientos que sucedieron. Lo cierto es que su identificación con la

---

[11] Ibid., p. 712.
[12] Ibid., p. 712.

causa de Simón propició que el descalzo fuera aclamado, que publicara su libro sobre la vida espiritual, que fuera nombrado predicador real y que gozara de influencia en determinados círculos de la Corte. Pero, por el mismo motivo, sufrió la persecución de los dominicos, su libro fue prohibido por la Inquisición y tuvo que soportar un amargo exilio.

En 1622, Sobrino murió en el convento de San Juan de la Ribera de Valencia.

Las consecuencias de una fidelidad

La fidelidad de Sobrino hacia Simón le reportó múltiples consecuencias. En los primeros momentos, cuando aún había cierta unanimidad en la santidad del clérigo, Sobrino alcanzó el cénit de su fama. Por todas partes se le aclamaba. El 28 de abril de 1613 visitó Sueca. Todo el pueblo se arremolinaba en la Iglesia para oirle: "hizo un admirable sermón" sobre la vida y virtudes de Simón, y cuando acabó, "toda la gente comenzó a aclamarle por santo, y como a tal cortarle reliquias del ábito, y manto: que para que no se le acabasen todo, fue menester, que los compañeros, y otros seculares le defendiessen". Lo mismo le sucedió en otros lugares[13].

Poco tiempo después comenzaron los sinsabores. Los contrarios a Simón intentaban desprestigiar su figura y la de quienes lo apoyaban. Para Gavastón, Sobrino era "el inventor de las virtudes y maravillas de este hombre (Simón) y canonizador de este santo... el que tiene el Apocalipsis de todas estas visiones, revelaciones y misterios"[14]. El descalzo, junto a Francisca Llopis, movía "los hilos de la endiablada tramoya". La beata era "la profetisa de este santo y el fundamento de la santidad y virtudes, revelaciones, altísimos merecimientos de mosén Simón. Y de ésta, en segundo bote, todas estas maravillas se publican por fray Sobrino, y entre ella y éste está todo este embeleco y toda esta máquina de santidad". En sus ansias por hundir a Sobrino, el dominico no se detiene, impugnando, como señala Robres, "la honorabilidad, la obediencia y la doctrina de su

---
[13] Ibid., pp. 483-484.
[14] Cit. en ROBRES, *Pasión religiosa...*, p. 330.

adversario tomando pie de anécdotas entendidas a su gusto"[15].

Pero no fue Gavastón el único que tuvo a Sobrino en su punto de mira. También el arzobispo Aliaga pensó que para corregir la devoción a Simón era necesario que el descalzo saliera de Valencia. Y en el mes de enero de 1614, la Inquisición le ordenó "que se abstuviesse de entrar en Valencia, y diez leguas al derredor"[16].

Sobrino aceptó la orden de destierro "con gran humildad, y resignación", retirándose al convento de Beniganim[17]. Su salida de Valencia —entonces era Ministro Provincial— obligó a sus compañeros y a sus amigos a bucar influencias para anular la orden de destierro.

Fray Juan Jiménez marchó a la Corte y allí, junto con los hermanos de Sobrino y con el canónigo de Orihuela y capellán de Palacio, Vicente Ferrer Estevan, hicieron gestiones ante el Obispo de Cuenca, Andrés Pacheco (tío del Marqués de Caracena, Virrey de Valencia y protector de Sobrino) y ante la Condesa de Altamira[18]. Pero la influencia política de estos personajes debió ser menor que la de los enemigos de Sobrino, entre los que se contaban el Arzobispo Aliaga y su hermano, el confesor del Rey, porque el descalzo vio agravarse su situación con un nuevo destierro.

Así pues, mientras "Sobrino celebrava su Congregación en el Convento de Beniganim, y hazía de aquel su solitario monte escala para conversar en el cielo, y contemplar en el eterno bien, no se descuidavan sus émulos de sembrar contra él calumnias, procurando desacreditarle con sus Superiores Prelados, y otros personajes de authoridad: y tanto pudo su sagazidad, que obligó a que segunda vez los señores Inquisidores le mandasen, que se retirara fuera del Reyno de Valencia, a los conventos más remotos de la Provincia, y assí obedeciendo sin réplica alguna, se fue azia las casas del Reyno de Murcia..."[19].

---

[15] Ibid., pp. 330-331.
[16] PANES, *Chrónica...*, I, p. 486.
[17] Ibid., p. 486.
[18] Los datos referidos se encuentran en una carta que Francisco Sobrino le remitió a su hermano Fray Antonio el día 24 de diciembre o 24 de noviembre (no acaba de estar clara la fecha) de 1614. Vid., MARSHALL, *Un capítulo olvidado...*, pp. 397-398.
[19] PANES, *Chrónica...*, I, pp. 489-490. La orden de la Inquisición recomendando a

Sobrino soportó con paciencia estos contratiempos. En carta a su hermano Francisco le decía que el destierro le sabía mal porque le impedía dedicarse al gobierno de sus conventos. Agradecía todos los desvelos que los amigos habían hecho por él, y lamentaba que en Valencia se fuera diciendo que estaba penitenciado por el Santo Oficio y preso[20].

El destierro del descalzo no debía ser una situación cómoda para nadie. Su causa se estaba convirtiendo en una cuestión de Estado en la que émulos y partidarios litigaban en Valencia y Madrid. Por fin, el Vicario General de la Descalcez, Fray Antonio de Trejo, "sabido de buenos originales su justificación, y inocencia; y la malicia de sus contrarios informó de todo a su Magestad que estava en Lerma... el qual mandó averiguar con toda certeza el negocio, cometiéndolo al Eminentísimo Cardenal Paniagua, y aviendo constatado de la justicia del siervo de Dios, le restituyeron en su libertad con letras de los mismos señores del santo Oficio de la Inquisición...". Sobrino regresó a Valencia, "donde fue recibido con grande alegría de los Religiosos, y de los seculares devotos, y amigos, que lo eran los más principales señores de la Ciudad, y casi toda ella le venera como a un varón Angélico, y le tenían por un poço de sabiduría, y tesoro de santidad"[21].

El 9 de enero de 1615 regresó a Valencia el Arzobispo Aliaga. Veintiún días después lo hizo Sobrino. Las razones alegadas por Aliaga para su destierro se desvanecieron. Pero la felicidad de Sobrino es momentánea. Nuevas amarguras le esperaban, ahora por causa de su libro "Vida Espiritual y Perfección Christiana" (Valencia 1612).

Para M. Andrés, el libro de Sobrino es "preclaro y profundo dentro de la mística española", pudiéndose incluir su autor entre los grandes místicos hispanos, entre aquellos como Fran-

---

Sobrino que se alejara de Valencia y que se trasladara a algún lugar de Murcia o a Huéscar del Rey en Granada, lleva fecha del 14 de agosto de 1614. Vid., A.H.N., Inquisición, leg. 3701 núm. 1, fol. 5v.
[20] MARSHALL, *Un capítulo olvidado...*, pp. 399-401.
[21] PANES, *Chrónica...*, I, pp. 4899-490. Vid., también: A.H.N., Inquisición, leg. 3701 núm. 1, ff. 7-8, donde figura la carta de la Inquisición liberando a Sobrino de su destierro y recomendándole que a partir de ahora se comporte con mesura en todo lo referido al clérigo Simón.

cisco de Osuna, Bernardino de Laredo, Nicolás Factor, Bernabé de Palma, Juan de los Angeles, que "proceden por propia experiencia y con un extraordinario don de afabilidad para describir los procesos interiores de la unión del alma con Dios"[22].

Pero la valía mística de Sobrino, reconocida hoy en día, no fue aceptada en su época. Cuando todavía no había finalizado su destierro, tuvo que hacer frente a un nuevo contratiempo. Luis Fundoni publicó un libro en Valencia en 1614 criticando su obra "con palabras graves y muy ofensivas"[23]. Fundoni pertenecía al bando de los que se oponían a la santidad de Simón, y el libro de Sobrino era un blanco perfecto que los antisimonistas no podían desechar.

La correspondencia recogida por Marshall ilustra bien acerca de los entresijos en los que se desenvolvió la polémica del libro de Sobrino. Para Marshall, es evidente que la persecución obedeció a las controversias que tenían lugar en Valencia debidas a la beatificación de Simón. El análisis de las cartas recogidas por este autor así lo revela[24].

La primera noticia de la toma de contacto de Sobrino con la polémica que envuelve su libro es una carta suya a su hermano Francisco. La carta está escrita en Gandía el 16 de enero de 1615 y, en ella, le refiere que ha recibido noticias de que Fundoni ha publicado un libro, en el que "no citando mi nombre, sino el capítulo y página de mi libro me calumnia y confuta con palabras graves y muy offensivas el aver dicho allí que la sagrada comunión que en quanto sacramento es meritoria y da aumento de gracia la pueden en quanto sacrificio offrecer los que no son sacerdotes por los difuntos por ser en quanto tal satisfactoria, y por tanto poderles applicar a las ánimas tan gran thesoro por modo de sufragio ex opere operantis". Por último, le dice a su hermano, que su compañero Fray Juan Jiménez ha escrito una Apología de su libro, "que demuestra la ignorancia y poca piedad de los que contra doctrina tan trillada y común aora quieren privar a los fieles de

---

[22] ANDRÉS, Los Recogidos..., pp. 40 y 336.
[23] FRAY LUIS FUNDONI: *Tratado del diviníssimo sacramento del Cuerpo y Sangre de Iesu Christo Nuestro Señor*, Valencia, 1614.
[24] MARSHALL, *Un capítulo olvidado...*, pp. 395-397.

tan grandes socorros como por aquel medio le van"[25].

La Apología de Fray Juan Jiménez trajo como consecuencia, según Panes, la aprobación del libro de Sobrino y la prohibición del de Fundoni por la Sagrada Congregación del Indice[26]. Pero esto no parecía preocupar mucho a Sobrino, más molesto por el trasfondo que la polémica encerraba:

"Es cosa de compasión ver quán ciegos los trae esta negra passión, y en qué despeñaderos se precipitan. Dizen que se juntaron muchos a componer los argumentos desta calumnia, y salieron al cabo con aquello... Quál está el mundo! en el qual si a los que tanto huymos, aún llegan sus borrascas, qué será en los que más metidos en él van. He cansado a V.m. con esto porque si por allá dello se tratare esté prevenido que acá se ha dicho que los que en Valencia no me quieren ver, sabido que se me dará licencia ya para yr han dado en esa corte memorial al Rey nro. Sr. o al Consejo de la Suprema, y al Inquisidor que no conviene que vaya porque he impresso un libro lleno de heregías y a mi parecer antes por esso deverían embiarme allí pues ay Santo Officio que lo averigüe"[27].

Después de su publicación en Valencia en 1612, el libro encontró dificultades para entrar en Castilla, "porque topó con un censor sancto y escrupuloso...". Este escollo consiguió salvarlo Francisco Sobrino con la ayuda de Fray Juan Zapata y de otros teólogos "de mucha autoridad", expidiéndose, finalmente, una Cédula Real, el 17 de noviembre de 1613, que permitía que el libro pudiera venderse en Castilla[28].

Nuevas dificultades surgieron cuando se pretendió enviar el libro a América. Ahora, era preceptiva la aprobación de los inquisidores sevillanos, y resultaba difícil conseguirla.

"Aora ultimamente en Sevilla como no pueden entrar libros sin censura y registro del Santo Officio tiene esta comissión un Padre de la Compañía que se llama Pineda, el qual se sintió en nombre de su Belarmino no lo sé aunque lo sospecho. Pero dio otro título más colorado para detener el libro, que es la

---

[25] Ibid., pp. 399-400.
[26] PANES, *Chrónica*..., I, p. 490.
[27] MARSHALL, *Un capítulo olvidado*..., pp. 400-401.
[28] Ibid., pp. 402-403. Carta de Francisco Sobrino a su hermano Antonio, fechada en Madrid el día 10 de junio de 1615.

Regla 6ª del catálogo nuevo que prohibe disputar con hereges en lengua vulgar etc."[29].

Desde 1615 hasta 1618, Sobrino, sus hermanos y sus amigos buscaron afanosamente la manera de levantar la prohibición que pesaba sobre el libro.

El 21 de julio de 1615, desde Sevilla, Juan Sobrino le comunicaba a su hermano que el libro había sido recogido por los inquisidores y que estaba en la Inquisición para ser enviado al Consejo de la Suprema. Como última posibilidad restaba la de escribir directamente al Rey para que éste "mande no aya más averiguaciones en libro tan esencial"[30]. Siete días después, otras noticias desde Madrid le comunicaban a Sobrino la opinión que allí se tenía de su libro y que se le recordaba por ser amigo de Simón y por haber predicado el sermón en su funeral[31].

No sólo en Madrid y Sevilla se ocupaban del libro. En Roma hacía lo mismo el P. Francisco de San José Suessa, quien, en carta al descalzo le decía que estaba trabajando en su libro y en el de Fundoni para presentarlos al Maestro del Sacro Palacio y a la Congregación[32].

En la polémica suscitada por la beatificación de Simón y por la publicación del libro de Sobrino resalta un hecho que, sin duda, hay que atribuir al juego de influencias que simonistas y antisimonistas libraron en la Corte. No de otro modo se entiende el nombramiento de Sobrino como Predicador real[33]. El descalzo había sido exiliado de Valencia por mandato de la Inquisición, su libro estaba envuelto en la polémica, los ánimos en Valencia continuaban encrespados, el descalzo era protagonista destacado de uno de los bandos y, sin embargo, fue premiado por el Rey con el nombramiento de predicador. La razón de este nombramiento hay que buscarla en la pugna

---
[29] Ibid., 402-403.
[30] Ibid., 404.
[31] Ibid., 404-405. Francisco Sobrino le comunicaba a su hermano que el Inquisidor D. Juan de Llano Valdés era el personaje que más se preocupaba de recordar su vinculación con Simón.
[32] Ibid., pp. 406-407.
[33] PANES, *Chrónica*..., I, p. 772. La marcha a Madrid de Sobrino se produjo en el mes de diciembre de 1616.

política existente en la propia Corte.

El Duque de Lerma estaba a favor de la beatificación de Simón, el Marqués de Caracena era protector de Sobrino, Don Andrés Pacheco, Obispo de Cuenca y después Inquisidor General, estaba unido familiarmente a Caracena, y en la Corte también estaban otros partidarios de la causa de Simón como Vidal de Blanes y el Vice-Canciller del Consejo de Aragón. En el bando opuesto se encontraban el Confesor Regio y su hermano el Arzobispo de Valencia, y otros personajes no menos influyentes. Así pues, el nombramiento como predicador real fue un éxito del bando de los partidarios de Simón, que confirma como detrás de la beatificación del clérigo hubo algo más que su supuesta santidad.

La estancia en la Corte de Sobrino no pasó desapercibida para sus enemigos de Valencia. Para Panes, tuvo un gran éxito en la Corte, consiguiendo que el Rey nombrara a Don Enrique Guzmán encargado del tema de la Inmaculada Concepción. Para Gavastón, Sobrino fue nombrado predicador por mediación del Marqués de Caracena y fue a Madrid "de buena gana, sin huir la honra, antes tomando a ella y a la ocasión por los cabellos", y que para más sonrojo, predicando ante el Consejo de Aragón, "quedóse en el púlpito. Y hasta ahora está en disputa, si se perdió él o el sermón. Y lo cierto es que entrambos se perdieron: el sermón, de la memoria, y de él, su reputación. Justo castigo de soberbios y ambiciosos"[34].

Sobrino volvió de la Corte el 26 de mayo de 1617[35]. La polémica sobre su libro, lejos de amortiguarse, rebrotaba nuevamente. Tachado ya por aspectos tocantes a la eucaristía y por haber vertido en lengua vulgar controversias con herejes, ahora, dos calificadores dominicos, le encontraban también errores en el tema del purgatorio. Sobrino no ve salida fácil y le pide a su hermano Francisco, que la Madre Mariana de San José, Priora de la Encarnación de Madrid, haga gestiones en su favor[36].

---

[34] Ibid., p. 698. Para las opiniones Gavastón sobre el nombramiento de Sobrino como Predicador Real, Vid., ROBRES, *Pasión religiosa*..., pp. 333.
[35] PANES, *Chrónica*..., I, p. 772.
[36] MARSHALL, *Un capítulo olvidado*..., pp. 407-408. La carta de Sobrino a su hermano Francisco pidiendo esta intervención está fechada en Valencia el 26 de agosto de 1617.

1618 supone el fracaso definitivo del libro de Sobrino. Desde Madrid, su hermano Diego le participa que el Dr. Roco de Campofrío del Consejo Supremo de la Inquisición ha dicho que el libro, "en romance, enmendado ni por enmendar no se permitiera correr por la razón tocada de ser controversia de hereges...". También desde Madrid, D. Enrique Guzmán se muestra contrario: "pareciera dura cosa lo de las ánimas del purgatorio que penan sin saber donde están, dudosas de su salvación que aunque sea dotrina de santos, dijeron alguna cosa que agora son escusados, y más siendo opiniones de ereges como tuvo algo desto Lutero, pero que lo principal es quitarlo porque disputas no andan en lengua vulgar, que lo manda así el catálogo romano y el espurgatorio"[37].

Desde Roma tampoco eran buenas las noticias. El P.Suessa, cansado de su trabajo, le pidió a Sobrino que nombrara a otro para que se encargara de la defensa de su libro[38].

Finalmente, en el mes de junio de 1618, Fray Juan Jiménez escribió, como último recurso, una súplica al Rey: "por constarme a mí las persecuciones que al dicho nuestro hermano han movido algunos desde que predicó y autorizó las virtudes y santidad del bendito sacerdote mosén Simón de las quales persecuciones una ha sido el calumniarle su doctrina; de donde puede aver resultado la suspensión del dicho libro con tanto deslustre de la Religión y del servicio de Dios... me ha parecido suplicar como lo supplico humildemente a V. Magd. que pues el dicho nuestro hermano Sobrino está debaxo del especial amparo de V.Magd. como su Real Predicador y aver dedicado a V.Magd. aquel libro, se sirva de encargar al Inquisidor General vean la defensión de nuestro hermano Sobrino que con ésta presento. Embiándosela a V.Magd. a fin de que si constara ser justo se repare el honor assí suyo como de la Religión en la mayor parte que sea posible y que no sean religiosos Dominicos o Franciscanos los calificadores a quien se cometa porque en Valencia son los que han claramente impugnado la

---

[37] Ibid., pp. 409-411. La carta de Diego de San José Sobrino a su hermano Antonio está fechada en Madrid el 28 de febrero de 1618. La carta de D. Enrique de Guzmán lleva fecha del 14 de marzo de 1618.
[38] Ibid., pp. 411-413. La carta del P. Suessa a Sobrino fue escrita en Roma el 27 de abril de 1618.

doctrina y perseguido a nuestro hermano Sobrino"[39].

La súplica no obtuvo resultados. El libro no volvió a ser autorizado nunca. El nombramiento de Fray Luis Aliaga como Inquisidor General dio al traste con las últimas esperanzas que pudieran quedar. La causa de Sobrino y de su libro fueron identificadas siempre con la de Simón. Ambas fueron dos causas perdidas. El sambenito de simonista colgó siempre de Sobrino y el libro fue condenado al olvido.

2.- "VIDA ESPIRITUAL Y PERFECCIÓN CHRISTIANA"

"Vida Espiritual y Perfección Christiana" es clave para comprender la espiritualidad valenciana del siglo XVII. Es una espiritualidad singular, entroncada en la vía del recogimiento franciscano, que tanto arraigo tuvo en España durante el siglo XVI. La meditación, el rezo vocal, las devociones, etc., no tienen un especial protagonismo en ella. No es de eso de lo que pretende escribir Sobrino. El es un místico, y como tal, su libro es fiel reflejo de su experiencia personal. La "Vida" es "un libro preclaro y profundo dentro de la mística española". Equiparable a las obras de autores más conocidos como Francisco de Osuna, Bernabé de Palma, Bernardino de Laredo, Pedro Nicolás Factor y Juan de los Angeles[40].

La "Vida" no es una obra de juventud sino de madurez. No es un libro quietista ni prequietista. No es un avance del Molinos condenado en 1687, a pesar de que es factible que éste tuviera noticias de Sobrino y de su libro a través de sus hipotéticas relaciones con el descalzo Antonio Panes, y con las que mantenía con los miembros de la Escuela de Cristo de Valencia. Sin embargo, no hay que olvidar que el libro había sido prohibido por la Inquisición[41].

La "Vida" debió escribirse entre 1610 y 1611. De este úl-

---

[39] Ibid., p. 415.
[40] ANDRÉS, *Los Recogidos*..., pp. 40 y 336.
[41] "En buena lógica, no se puede excluir que Miguel Molinos, beneficiado en la parroquial de San Andrés, y hombre de 'espíritu', leyere la obra de Sobrino, cuya memoria estaba estrechamente vinculada a aquella iglesia. Debió impresionarle la doctrina de la perfecta e inalterable unión del alma con Dios en esta vida, por caminos tan llanos". Vid., ROBRES, *Pasión religiosa*..., p. 340.

timo año son las aprobaciones. Se publicó en Valencia en 1612, aprovechando las favorables circunstancias del fallecimiento y ulterior fama de Francisco Jerónimo Simón.

El libro señala un camino abierto a todos. No es la mística un coto cerrado para intelectuales, para teólogos y para los que viven tras los muros conventuales. Muchas veces fueron éstos los que peor comprendieron el camino místico. Atados a sus corsés intelectuales, pletóricos de ciencia escolástica, se mostraron incapaces de comprender y de asimilar el camino escondido de la Teología Mística.

En la espiritualidad hispana existió siempre un pugna abierta entre místicos y escolásticos. Si los primeros acusaban a los otros de ser incapaces de comprender el lenguaje místico, los escolásticos acusaban a los místicos de antiintelectuales. Algunos, más radicales, no dudaron en mezclar interesadamente a los místicos y a los alumbrados[42]. El problema se hizo irresoluble porque los lenguajes eran distintos, como también lo eran las experiencias vividas. Una y otra vez, los autores místicos se referirán a ello:

"Algunos Doctos, y poco experimentados en el secreto, e interior trato con Dios, pareciéndoles, que con lo que saben de Filosofía, Metafísica, y Theología Escolástica y Positiva, pueden hablar, y dar su parecer en la Mystica, notan a los Theólogos mysticos de impropriedad, e ignorancia en los términos que usan, y cosas que dizen. Pero en esta facultad deurían los que la ignoran, aunque doctos, creer a los que la saben, y hablan en ella de experiencia... Quanto más, que no hablan tan impropriamente los espirituales, que sean heregías sus dichos, aunque sean desusados en común... Y si no huviera de dar crédito, más de a lo que yo sé, o me prueuan con sylogismos infalibles, cómo tuviéramos sciencias? O cómo pudiéramos vivir los hombres en el govierno, comunicación, y comercio humano, que todo se funda en crédito, y confiança de la verdad, y Fe? Muchas cosas dixeron los santos Padres, que para las entender, más piden docilidad, y piedad, que rigor de disputas, y razones Metafísicas"[43].

---

[42] En esta posición, que puede calificarse de contraria a la mística, pueden encuadrarse autores dominicos tan ilustres como Melchor Cano y Alonso de la Fuente.
[43] Fray Antonio Sobrino, *Vida Espiritual y Perfección Christiana*, en Valencia, por Juan Chrisóstomo Gárriz, 1612. pp. 133-135.

La vida mística es, finalmente, un camino abierto también a los flacos de intelecto, a los humildes, a la gente del pueblo, a las beatas: "las muy contemplativas almas son sin letras, y simples, y excellentes en la divina caridad, y virtudes, y pureça del coraçón, que es la disposición que para contemplar se requiere"[44].

La "Vida" fue un encargo del Patriarca Ribera a Sobrino. En la introducción aclara el porqué lo escribió.

"Leí un libro intitulado "Vida del Alma", impresso en Bruselas el año pasado 1609. cuyo remate es la Apología contra los errores que aora en Flandes corren con nombre de perfección, y espíritu; y movido de la autoridad del gran Prelado Don Juan de Ribera, Patriarcha Arçobispo de Valencia de buena memoria, que con grande sentimiento, y significación de dolor me embió este libro, y ha dezir viesse quan escurecido estava ya el camino de perfección, y espiritual vida; sentí vehemente impulso, aunque tan flaco, y enfermo de escrivir sobre esto"[45].

"Vida del Alma" es obra de Gracián de la Madre de Dios, carmelita vinculado estrechamente a Teresa de Jesús. En la obra, Gracián incrustó una breve Apología refutando las doctrinas que seguían ciertos frailes capuchinos flamencos. El conjunto de estas doctrinas es conocido con el nombre de perfectismo, que, según M. Andrés, supone "el encuentro entre la mística carmelitana (teresiana especialmente), protagonizada por Tomás de Jesús, Gracián de la Madre de Dios, Ana de Jesús y las primeras carmelitas descalzas llegadas a los Países Bajos y la mística abstracta de Eckart y de los tauleristas, aceptada por un grupo de capuchinos flamencos"[46].

El libro base donde se inspiraban los perfectistas era la "Teología Germánica". Su principal idea era que la suma perfección consistía en la unión inmediata del alma con Dios, sin mediación de criatura y con aniquilación total de los actos

---

[44] Ibid., p. 50.
[45] Ibid., "Al lector", s/f.
[46] M. ANDRÉS, *La espiritualidad española del siglo XVII* (Pruebas de imprenta), p. 66. (Hacer constar nuestra impertinencia por el uso de este material en pruebas de corrección. Pedimos disculpas a M. Andrés a quien, por otra parte, tanto debe la redacción de este libro. Valgan estas disculpas para el resto de las citas utilizadas).

interiores y exteriores. Para conseguirlo, eran innecesarios los rezos vocales, el rezo del oficio divino, el Rosario, la celebración de Misas en honor de los santos, la meditación, las romerías, las indulgencias, el rogar por la propia salvación, el hacer buenas obras con la esperanza de recibir recompensas, el adorar las imágenes, etc. Bastaba sólo la oración mental: "Y que sola una oración y petición se ha de hazer. Y ésta es que Dios nos dé esta unión"[47].

Contra los perfectistas quiso escribir Sobrino, tratando de desenmascarar su errores y de fundamentar la importancia que todo lo que ellos negaban tenía en la vida espiritual. Para ello, qué mejor que señalar primero cual era esta vida espiritual.

En el inicio, Sobrino hace una distinción entre vida activa y vida contemplativa. No niega la importancia de la vida activa, pero no es de ella de la que quiere escribir. Por encima de ésta, de una vida activa donde el amor al prójimo es lo más importante, sitúa la vida contemplativa y mística.

Tienen razón los perfectistas cuando "en la inmediata unión del alma con Dios por absortivo amor, ponen la mayor excelencia, y perfección...". Pero yerran cuando afirman que sólo esta unión se ha de pedir, dejando los demás ejercicios de piedad y de devoción, aunque a ellos nos obliguen los preceptos eclesiásticos. La mayor preeminencia la tiene la vida contemplativa, y, dentro de ésta, la unión absortiva con Dios; pero la vida mixta de contemplación y acción es todavía más perfecta. Por eso, "el contemplativo, que sin dexar la contemplación sale a entender en la salud, y remedio de sus hermanos: es más perfecto que entrambos: porque el que intensamente exercita los dos amores, más ama que el que se ocupa en el uno sólo..."[48].

Poco demuestran saber de la vida contemplativa, "aquellos que la tienen por vida ociosa, holgazana, y sin provecho...". En ella, "nace la luz, a quien la noche no sucede". En ella, a su vez, ejercita el alma los actos de todas las virtudes. Pero, hay que distinguir bien para no errar el camino. Aunque, "si los Begardos, y Beguinas, y los Alumbrados, y Dexados, quisieron

---
[47] SOBRINO, *Vida Espiritual*..., pp. 180-181.
[48] Ibid., pp. 15-22.

cubrir su torpeza, y sensualidad, figiéndose en la exterior apariencia contemplativos, y espirituales, no han por esso los que de verdad lo son de dexar de serlo, ni ay que recelar la doctrina Cathólica y santa, que en la contemplación enseña a los ya aprovechados, y perfectos que se dexen a Dios..."[49].

Coetáneos de Sobrino fueron los alumbrados de Extremadura y los perfectistas flamencos. Antes de ellos existieron los alumbrados de Toledo. Estos grupos entendieron de forma muy especial la vida espiritual. Los alumbrados, pocos en número, tuvieron una enorme trascendencia en la espiritualidad hispana, en unos momentos de coyuntura general muy difícil.

"Si no hubieran existido, tampoco hubiera florecido de modo tan violento el antimisticismo en nuestra espiritualidad, ni hubieran alcanzado grado tan alto de virulencia los enfrentamientos por razones de espiritualidad dentro de la orden franciscana, dominicana, jesuítica y... dentro de la reforma carmelitana. Sin la existencia de los alumbrados, nuestros místicos, aun siendo los mismos, hubieran escrito de otro modo, con otros matices y preocupaciones, sin la existencia casi continua en resaltar la necesidad de las obras exteriores, la armonía entre acción y contemplación, la integración del cuerpo y el alma en unidad de persona para alcanzar la unión con Dios y tantos otros aspectos de planteamiento polémico en su raíz, como aparecen en las obras de Osuna, Laredo, Palma, P. Avila, Santa Teresa, San Juan de la Cruz, Bretón, Falconi, Jerónimo Gracián y tantos otros"[50].

En Sobrino hay un intento siempre presente de diferenciarse de alumbrados y dejados. El fin místico de los alumbrados y de los "buenos" espirituales es el mismo: la unión y transformación del alma en Dios. Pero, "no porque los Hereges enseñen a los que ninguna virtud tienen, a embelesarse, para que suban a la unión inmediata con el demonio, viviendo como bestias: avemos nosotros de enseñar a los ya bien aprovechados cómo se han de disponer, y preparar para la divina transformación, no dexando de todo punto la meditación, y exercicios interiores, suspendiéndose en aquella vana ociosidad

---

[49] Ibid., pp. 27-32.
[50] ANDRÉS, *La espiritualidad española del siglo XVII*, p. 11.

de los Alumbrdos, y Dexados: porque tal manera de suspensión es vana y necia"[51].

3.- LA MÍSTICA DE ANTONIO SOBRINO

Clásica es la división tripartita de la vida espiritual en vía purgativa, iluminativa y unitiva. Sobrino no se aparta de esta división, y también para él, la vida espiritual la componen tres estados. Dos de ellos, el de los principiantes y el de los aprovechantes, pertenecen a la vida activa. El tercer estado, el de los perfectos, es exclusivo de la vida contemplativa.

El primer estado, vía purgativa, corresponde a los principiantes. En él, la caridad está imperfecta, la codicia y las pasiones mal mortificadas, frescas las cicatrices de los pecados y arraigadas aún las malas costumbres. En este estado, se debe aprender a domeñar el cuerpo con trabajos, penitencias, ayunos, mortificaciones, etc.[52].

En el segundo estado, el de los aprovechantes, vía iluminativa, la caridad alumbra, las virtudes se fortalecen y los muros se fortifican. El alma advierte que avanza y mejora, pero ignora el momento en que debe ascender a un grado de mayor perfección. Los síntomas son complicados; Sobrino avanza algunos: "si ya el ánima en el exercicio de las virtudes, viene a no sentir tanta repugnancia, y comúnmente con facilidad las exercita, si tiene rendida la ira, la gula, la loquacidad, la parlería, el regalo del cuerpo, la estima de sí, la impaciencia, la soberbia, y vanagloria, la liviandad del coraçón, y sentidos, la negligencia, tibieza, e indevoción. Si ama de coraçón la castidad del cuerpo, y del alma, la limpieça del coraçón, y pensamiento, la humildad, la simplicidad, y proprio desprecio, la mansedumbre, y paciencia, el silencio, y devoción, la introversión, y recogimiento del alma, la oración, y continua memoria de la divina presencia, y la suave meditación de Christo nuestro Señor, y la imitación de su santíssima conversación, y vida: la memoria de los divinos beneficios, la veneración, y devoción con los Santos, y sobre todo con la Reyna celestial María

---
[51] SOBRINO, *Vida Espiritual*..., p. 33.
[52] Ibid., pp. 39-41.

Santíssima". Si acontece todo esto, si todas estas perfecciones adornan ya el alma, ésta está ya preparada para ser "introduzida al tálamo, y secreto del Esposo, y trasladada, y levantada al reposo de la contemplación"[53].

Vía unitiva, estado donde sólo entran los perfectos, donde el alma descansa en los brazos de Dios de tantos sufrimientos pasados[54].

En esta vía unitiva los cosas divinas se contemplan con la lumbre sobrenatural de la Fe. En ella, algunos contemplativos tienen visiones espirituales, pero Sobrino adivierte, "lo que de la vía unitiva es más proprio, es la unión y transformación que el amor haze del alma en Dios, poniéndola en aquella paz que todo sentido trasciende, y sobrepuja, y llenándola allí de admirables consolaciones, y misericordias"[55].

Así pues, vía purgativa, iluminativa y unitiva; sistema tripartito común a muchos místicos, pero no camino único y de obligado paso para todos. A veces, a los imperfectos se les comunican gracias y favores reservados a los ya muy contemplativos, con el fin de que aquéllos no se vuelvan atrás de su camino emprendido. De igual modo, a los muy experimentados y perfectos se les hace sufrir tentaciones de bajeza, "porque no se envanezcan con la divina gracia, y favores, antes se humillen, y conozcan su nada, y vileza, y vayan alerta, sin afloxar en la mortificación, y virtudes, como a los que aún queda largo camino que andar"[56].

Esta especie de atajo, de escalera con escalones que se aceleran y ralentizan, no es original de Sobrino, sino que está también presente en las obras de otros místicos hispanos. Fray Juan de los Angeles dirá que no son escalones en sentido estricto, pues, "algunas veces se mezclan y se hallan en lo ínfimo cosas del más alto, y en el más alto cosas del más bajo; y no es inconveniente, sino necesario, a tiempos y ocasiones"[57].

Pero ésta es una cuestión problemática y no siempre bien asimilada. Sobrino escribe para personas avezadas en la vida

---
[53] Ibid., p. 42.
[54] Ibid., p. 40.
[55] Ibid., p. 43.
[56] Ibid., p. 43.

espiritual, o que disponen de guías; por eso, recordando aquel pasaje de su vida de novicio, cuando su maestro le obligaba a meditar y él sentía impulsos irrefrenables que le transportaban a la contemplación, hará aquí una advertencia muy clara:

"A algunas personas suele el Señor desde los principios levantarlas a la unión, y transformación en su divina Magestad; los quales aunque quieran meditar no pueden, que luego les tira nuestro Señor a lo interior del alma. Y los Confesores poco expertos como ignoran lo que esto es, porfían que no, sino que dexada aquella suspensión como cosa ociosa, e inútil, su oración sea de consideraciones, y meditaciones, y oración vocal. Yérranlo mucho, y enojan a Dios, desbaratando las labores que su divina Magestad quiere hazer en aquellas almas"[58].

Esta advertencia no va dirigida únicamente a confesores y guías. El descalzo también tiene palabras de aviso para quienes, levantados de su estado de postración a la unión y transformación en Dios, se envanecen y les falta tiempo para ir publicando las gracias que se les han concedido.

"A los que el Señor esta gracia hiziere, se les diga tengan su oración, adonde ninguno los vea ni note, si están arrobados. Guárdense de publicar las mercedes que reciben, mas que a su padre espiritual. Digaseles también, que no dexen de rezar algo vocalmente, y de quando en quando se acuerden de hazer gracias por los beneficios de la Encarnación, y muerte del altíssimo Hijo de Dios, y que usen con templanza, y discreción de aquella gracia, y éxtasi... que embelesados allí, no falten a las obligaciones, y trabajos exteriores de su vida, y estado..."[59].

El texto anterior es importante porque muestra las diferencias tan profundas que separan a Sobrino de los alumbrados. El no rechaza nunca el rezo vocal y las meditaciones y devociones, sino que las compatibiliza con la contemplación mística. Son dos mundos, pero no excluyentes, sino complementarios[60].

---
[57] Cit. en ANDRÉS, *Los Recogidos...*, p. 283.
[58] SOBRINO, *Vida Espiritual...*, p. 44.
[59] Ibid., pp. 44-45.
[60] Ibid., p. 46. En el tema de la oración vocal, Sobrino se muestra de manera menos atrevida a como lo hacen Tauler, Ruysbroeck, Mombaer e, incluso, Bernardino de Laredo. Para el pensamiento de estos autores sobre el tema, Vid., JOAQUÍN SANCHIS ALVENTOSA: *La escuela mística alemana y sus relaciones con nuestros místicos del Siglo de Oro*, Madrid, 1946, pp. 63, 115 y 122, también: P. GROULT: *Los Místicos de*

El papel de las potencias

Cuando tiene que escoger una definición de lo que es contemplación, Sobrino no lo duda: "la divina contemplación es la preciosa, y suave obra del amor" [61]. Adopta esta definición para dejar claro que en la contemplación, el entendimiento sirve a la voluntad, y no al revés.

Sobrino aborda el papel que las potencias tienen en la contemplación, porque el tema resultaba espinoso en la espiritualidad hispana y podía dar pie a acusaciones de alumbradismo.

Fue Hugo de Balma con su "Teología Mística" quien popularizó la cuestión de la unión inmediata a Dios sin necesidad de conceptos antevenientes, que había estado muy en boga en la época medieval.

"Para Balma la unión mística es una percepción directa e inmediata de Dios, sin necesidad de conceptos, es una especie de intuición, debida a la gracia o don del Espíritu Santo. Es una experiencia sin ideas en la que el alma se excede o sale de sí misma (excessus mentis, arrobamiento), de la cual el protagonista está seguro, por lo que constituye una ciencia certísima: la ciencia del amor"[62].

Aunque Balma razonó la cuestión al modo escolástico, su traductor en España soslayó este razonamiento concluyendo que el alma podía moverse a la unión con Dios sin necesidad de pensamiento previo o concomitante[63].

De igual modo que Balma, Juan de la Cruz admite en la mística un amor sin acto previo o concomitante del entendimiento. "En estos bienes espirituales, que pasivamente se infunden por Dios en el alma, puede muy bien amar la voluntad sin entender"[64].

En la mística hispana, según Andrés, el tema del amor sin conocimiento preveniente ocasionó disputas y procesos inquisitoriales, sobre todo, en las épocas del alumbradismo y quietis-

---

los Países Bajos y la literatura espiritual española del siglo XVI, Madrid, 1976, pp. 163-164.

[61] Sobrino, *Vida Espiritual*..., p. 47.
[62] Cit. en Andrés, *Los Recogidos*..., p. 155.
[63] Andrés, *Los Recogidos*..., p. 72.
[64] Cit. en Andrés, *Los Recogidos*..., p. 649.

mo. La disputa enzarzó a los teólogos escolásticos, reacios a aceptar esto, y a los teólogos místicos, perdurando desde los grandes tratadistas espirituales como Osuna, Laredo, Ortiz, etc., hasta los últimos espirituales del siglo XVII. En la disputa se enfrentaban dos concepciones distintas de entender la espiritualidad y, también, dos metafísicas y antropologías del conocimiento[65].

Sobrino analiza la cuestión indirectamente. Es correcto afirmar que la contemplación es obra del entendimiento. Decir que la contemplación es obra de la voluntad también es correcto. Pero lo principal en la contemplación no es el acto intelectual, si fuera así, los grandes teólogos, que son los que más intelectualmente conocen de esto, serían los que tendrían más alta contemplación. Sin embargo, "las muy contemplativas almas son sin letras, y simples, y excellentes en la divina caridad, y virtudes, y pureça del coraçón, que es la disposición que para contemplar se requiere". Por tanto, "la divina caridad es lo principal effectiva, y affectivamente, aunque formal y essencialmente, también el contemplar sea obra intelectual en la contemplación que aún no llega a ser mystica Theología: porque el acto proprio desta, formalmente es de la voluntad..."[66].

Tres partes o porciones distingue Sobrino en el alma: la sensitiva, la racional y la mental o espiritual[67].

A la primera pertenecen los sentidos interiores y exteriores.

La segunda, la racional, es el entendimiento que, cuando los conocimientos los saca de los sentidos y la imaginación, se llama "porción de la razón inferior", y cuando los recibe de la "sobrenatural lumbre" toma el nombre de "porción de la razón superior".

La tercera porción del alma, la mental o espiritual, es la inteligencia, y ésta "es el mismo entendimiento quando inmediatamente es de Dios illustrado, y, o con la luz sapiencial infussa entiende sin discurso, o naturalmente concibe los primeros principios". También esta porción superior del alma es la

---
[65] ANDRÉS, *Los Recogidos*..., pp. 155-156.
[66] SOBRINO, *Vida Espiritual*..., p. 50.
[67] Ibid., p. 67. Semejanzas con Sobrino mantienen otros autores como Ruysbroeck, Juan de los Angeles y Miguel de la Fuente. Vid., SANCHIS ALVENTOSA, *La Escuela mística alemana*..., pp. 73-75, 131 y 208-213.

voluntad, o mejor, el "affecto de la voluntad, y su natural inclinación, y propensión al bien que el ánima concibe inmediatamente de Dios, o, de su sapiencial luz...".

Para algunos espirituales esta voluntad es una potencia distinta y más alta que el entendimiento y la voluntad. Pero Sobrino no cree necesario decir que es una potencia distinta, sino "que es un empinamiento de la voluntad, que mucho sube sobre el entendimiento, y assí encumbrándose, se acerca a Dios en más excelente, y levantado hábito de la divina caridad"[68].

La incomprensión de la doctrina mística, casi siempre por parte de escolásticos, dio lugar a acusaciones, disputas y prohibiciones de libros. El lenguaje místico es muchas veces oscuro para los que no tienen experiencia. Esta es una idea que los autores místicos repiten con asiduidad, pero, ellos no rehuyen el uso de expresiones como "no pensar nada", "sueño de potencias", "amor sin conocimiento anteveniente o concomitante", "contemplación quieta", etc.

Sobrino, y como él otros autores espirituales, son conscientes del problema que plantea el lenguaje místico. El trata de facilitar la comprensión de sus ideas con explicaciones, si bien, en algunos temas conflictivos, no se muestra tan explícito como lo fueron Hugo de Balma y Juan de la Cruz. Acepta la posibilidad real de que el alma ame y aspire a la unión y transformación en Dios sin que exista en el entendimiento ningún pensamiento precedente, pero lo hace escudándose en la autoridad de otros autores y en su propia experiencia. Mejor que en el libro[69], en un pasaje de su doctrina espiritual recogido por Panes se detectan sus esfuerzos por clarificar el tema y llegar a una fórmula de compromiso, diciéndolo como sin decirlo.

"En la Teología Mística (que es scientia amoris, y se aprende por ignorancia, como San Dionisio dize) cessa el entendimiento de su común manera de entender, natural y discursiva; y aun de la sobrenatural meditación, y conocimiento ordi-

---

[68] SOBRINO, *Vida Espiritual...*, pp. 66-68.
[69] Ibid., pp. 72-73. Sobre el problema que el lenguaje místico planteaba para los autores escolásticos. Vid., ANDRÉS, *La espiritualidad española del siglo XVII*, (Pruebas de imprenta), pp. 58 y ss.

nario de la fe, mas no queda en aquella assumpción, o elevación del alma privado de la inteligencia, porque en aquella quietud, y como obscuridad, es subido a otro modo de entender más alto, e inexplicable, que por esso no puede dezirse, lo que allí se entiende"[70].

Diferentes modos de contemplación

En la "Vida" no hay una exposición lineal de la experiencia mística. Las ideas se repiten muchas veces. La mística no presupone un camino único, sino un camino lleno de bifurcaciones, de atajos y de experiencias acumuladas día a día. Lo que se distingue mejor es el inicio y el final del camino. El alma muestra su disposición voluntaria a emprender el camino de perfección, y sabe que el fin al que aspira es a la unión y transformación en Dios. Pero no todos llegan a este fin, la mayoría se quedan en los intermedios. Explicar esto no es fácil, ni siquiera para Sobrino; sin embargo, en su obra hay un intento evidente de sistematizar y de clarificar al máximo las ideas.

De tres modos puede introducirse el alma por la vía de la contemplación mística.

El primer modo, más escolástico que místico, consiste en meditar las perfecciones existentes en las criaturas para a través de ellas levantarse al conocimiento de su criador. Este primer modo es el camino ordinario, por él deben ir todos, "en quanto nuestro Señor por otro no llamare, y assí sería notable yerro querer entrar por otro no los llamando"[71].

El segundo modo de levantarse el alma es ya místico. Las almas son levantadas sin comparación de las criaturas, sino "por el entendimiento ilustrado en su superior cumbre con la lumbre sobrenatural". En ambos, el conocimiento precede al amor[72].

Además de los ya referidos, hay un tercer modo, muy alabado por los místicos por su facilidad. Se le llama "sapiencia

---

[70] Panes, *Chrónica...*, I, p. 715.
[71] Sobrino, *Vida Espiritual...*, p. 69.
[72] Ibid., pp. 69-70.

unitiva", y consiste en "movimientos anagógicos, o aspiraciones, con que la voluntad aspira, y se levanta a Dios, con frequentados actos, e impulsos". En este modo, la voluntad aprovecha mucho en poco tiempo y con poco esfuerzo. Pero, no todos deben seguirlo. "Sea pues la regla, y aviso, que ya quando huvieran exercitádose razonablemente en las dos vías Purgativa, e Illuminativa, estando, como ya estará, con los exercicios de oración, y meditación, el entendimiento bien exercitado, e intruydo, déxesele descansar, y exerciten la voluntad en los dichos movimientos..."[73].

Las aspiraciones o movimientos anagógicos requieren más "impulsos de amor" que "bachillería, o especulaciones del entendimiento". Este es un modo afectivo, que no se debe practicar "a fuerça de braços, sino muy amorosa y suavemente". Es un modo simple, que consiste en "coloquios del alma, ya consigo, ya con Dios, cantándole, y haziéndole música de amor... y quien esso no sabe, con afectos de amor, y breves requiebros..."[74].

Una especie de cuarto modo, más excelente que los anteriores, refiere Sobrino. Lo llama "supremo toque de Dios". Es un modo secretísimo. La forma como acontece no sabe explicarla, y se ve obligado a recurrir al lenguaje metafórico.

"Y assí como acercando la piedra Imán a las cosas que ella atrae con su virtud (mediante la qual las toca) al punto las menea, y levanta, y las roba, y ayunta consigo. Lo mismo haze Dios con las almas que assí secreta y efficazmente toca"[75].

Otros modos de unión

Otros modos de unión preceden a la suprema unión inmediata, mientras otros "excesos" y raptos espirituales menores preparan para "el supremo, y mayor en que Dios roba el alma purificadíssima, y deiforme, y sin ningún medio la une, y

---

[73] Ibid., pp. 70-71. Sobrino ampliará posteriormente su pensamiento sobre los movimientos anagógicos y aspiraciones. Vid., Ibid., pp. 140-150.
[74] Ibid., pp. 143-147.
[75] Ibid., p. 73.

ayunta a sí"[76]. A partir de ahora, el trato que el alma tiene con Dios es ya muy íntimo. Todo lo que acontece está enlazado.

El rapto espiritual "es un trasiego que haze Dios en el ánima, sacándola de las cosas en que ella comúnmente entiende, y se ocupa, a otras tan sobrenaturales, o sobre sus fuerças, que por sí a ellas no pudiera subir; y subiendo por la divina virtud que la roba, y eleva, es enagenada no sólo de los sentidos exteriores, sino de los interiores, y de la ordinaria, y común manera de entender"[77].

El rapto es lo mismo que el éxtasis o mental exceso[78]. También el rapto es lo mismo que el arrobo[79]. Sin embargo, Sobrino diferencia sutilmente el rapto del éxtasis, porque en el primero se produce "una violencia con que el ánima enagenada del uso de sus potencias, y sentidos sube sobre sí a percibir lo sobrenatural"[80]. Esta violencia, que no sucede en el éxtasis, no es contra el gusto del alma, ni contra su libertad. La violencia no acontece en cuanto a la sustancia, sino en cuanto al modo, pues "es tan veloz, y extraordinario, y sobre su natural poder, y estilo" el alma enagenada del uso de sus potencias y sentidos, que por eso "se llama violencia la del rapto"[81].

La doctrina de Sobrino sobre los raptos y los éxtasis es originaria de Teresa de Jesús. Concretamente, de las "Moradas" y de "Camino de Perfección".

Dos especies de raptos hay. La primera recoge al alma y a sus potencias a lo interior y le retira los sentidos pero sin privarla de su uso, ni levantarla sobre el entendimiento, aunque sí sobre lo que es meditación y discurso[82]. Sobrino la llama

---

[76] Ibid., p. 74.
[77] Ibid., p. 75. Sobrino escoge la definición de rapto espiritual de Scoto. Otras definiciones de rapto pueden encontrarse en Juan de los Angeles, quien prefiere seguir a Gerson. Vid., ANDRÉS, *Los Recogidos...*, p. 307.
[78] SOBRINO, *Vida Espiritual...*, p. 75.
[79] L. MARTÍN JORDÁN, *Theórica de las tres vías de la vida espiritual, purgativa, iluminativa, y unitiva, y práctica dellas en la oración mental, vocal, y horas canónicas.* Segorbe, Miguel Sorolla, 1633, p. 44.
[80] Este sentido del "subir sobre sí" aplicado al rapto está presente en Osuna. Vid. SANCHIS ALVENTOSA, *La escuela mística alemana...*, p. 117.
[81] SOBRINO, *Vida Espiritual...*, p. 75.
[82] Ibid., p. 76.

oración de interior recogimiento. Teresa de Jesús la llamaba oración de recogimiento sobrenatural[83]. Suele causar un gran deleite, pero nadie puede experimentarlo por sus propias fuerzas, "sino es siendo a él tirado, y levantado de superior, y sobrenatural poder". "No es elevación del alma sobre sí, ni fuera de sí, sino dentro de sí"[84]. Es, en acertada metáfora de Teresa de Jesús, "como un erizo o tortuga cuando se retiran hacia sí. Mas éstos, ellos se entran cuando quieren, acá no está en nuestro querer, sino quando Dios nos quiere hacer esta merced"[85].

A la segunda especie de rapto, Sobrino la llama "espiritual embriaguez", o siguiendo a Teresa de Jesús, "oración de gustos". Se distingue de la anterior, llamada también "oración de contentos", porque en ésta, los contentos comienzan en nosotros y acaban en Dios, y los gustos comienzan en Dios y se derraman en nosotros[86].

La espiritual embriaguez es una "avenida de divina consolación... que no se pudiendo contener en sí el que tal bien recibe, rompe y sale en movimientos, y gestos exteriores, con que muestra el excessivo goço del coraçón"[87].

Las señales que siente el alma de estar en esta embriaguez son los cánticos, el júbilo, los gemidos, las voces informes, los impulsos vehementes, el correr, etc. Pero no siempre provoca los efectos dichos. Esto suele acontecerles a los principiantes, porque hay otra forma de embriaguez, "que con la abundancia de su suavidad, causa una maravillosa quietud, y paz, y como sueño no pesado...".

"Imagino —dirá Sobrino— que los fervores, y gestos exteriores los causa la espiritual abundancia en los nuevos, con la inexperiencia, y la novedad de cosa tan grande, o en los que tienen muy bullicioso coraçón, que no está en su mano sossegar, dissimular, y encubrir la gracia, y sus favores..."[88].

---

[83] P. Crisógono de Jesús: *Santa Teresa de Jesús*, Barcelona, 1942, p. 176.
[84] Sobrino, *Vida Espiritual*..., pp. 75-76.
[85] Santa Teresa de Jesús: *Las Moradas*, Madrid, col. Austral, 1981, Moradas IV, cap. 3, p. 58.
[86] Sobrino, *Vida Espiritual*..., p. 79. Vid. también: Santa Teresa, *Las Moradas*, Moradas IV, cap. 1, pp. 47-48.
[87] Sobrino, *Vida Espiritual*..., p. 78.
[88] Ibid., pp. 79-81.

A los que tienen sosegado el corazón, la embriaguez espiritual les causa una gran quietud. Por eso, Teresa de Jesús llamaba "oración de quietud" a esta forma de oración[89], que Sobrino ejemplifica con la metáfora osuniana y teresiana del niño que mama la leche de su madre.

Así, el alma es el niño, y Dios quiere que trague la leche que él le pone en la boca, y que goce de su suavidad. Por eso, la voluntad aquí está amando sin trabajo del entendimiento, "porque si va a pelear con el entendimiento para darle parte, trayéndole consigo, no puede a todo; forzado dejará caer la leche de la boca, y pierde aquel mantenimiento divino"[90].

La contemplación no termina con los gustos y los contentos, hay otras maneras, como la del amor violento, más alta que las anteriores. Ahora, el alma es tirada a un grado más perfecto de amor, "al fin amor desnudo", donde solamente ansía descansar en los brazos de Dios, sintiendo unos deleites tales, que dilatan el corazón y lo hacen desfallecer, y todo el cuerpo se desmaya [91].

Este modo de contemplación, solamente sirve para disponer para la unión perfecta, "en que muriendo el ánima, la muerte que san Bernardo llama de los Angeles, es trasladada a la vida de Dios"[92].

Los diferentes grados de unión vistos refieren uniones parciales, más o menos perfectas según la mayor o menor perfección del estado del alma, pero sin abarcar nunca a todas las potencias[93].

La vida mística es comparada, con metáforas afortunadas, a un camino, escalera o castillo lleno de moradas. El alma avanza no sin problemas, sequedades y dudas. Cada vez experimenta más fehacientemente la cercanía de a lo que aspira: Dios. El se encarga de purificarla y, en un momento determinado,

---

[89] Ibid., p. 81. Sobrino sigue fielmente a San Teresa cuando expone el papel que cada una de las potencias desempeñan en la oración de quietud. En este caso, la obra de Santa Teresa que Sobrino utiliza es: *Camino de Perfección*. Vid., CRISÓGONO DE JESÚS, *Santa Teresa de Jesús*, p. 179.
[90] Cit. en CRISÓGONO DE JESÚS, *Santa Teresa de Jesús*, p. 179.
[91] SOBRINO, *Vida Espiritual*..., p. 82.
[92] Ibid., p. 82.
[93] CRISÓGONO DE JESÚS, *Santa Teresa de Jesus*, p. 187.

siente que ella no obra nada en sus fuerzas inferiores y que está unida a Dios con todas sus potencias. En esa "gracia de gracias", cada una de las potencias está de un modo distinto.

"Allí es la memoria por su convertimiento y cercanía a Dios, y por el divino influxo, hecha tranquilíssima, clara, y serena, siendo levantada sobre todas las cosas sensibles e imaginables... que ninguna cosa puede turbar su serenidad, y apenas se acuerda allí de cosa criada".

"El entendimiento, es lleno de unos conocimientos altíssimos, e inefables de Dios, y de su grandeza, inmensidad... Y estos conocimientos no son cortos, limitados, y secos, como los que con la lumbre ordinaria suele formar el entendimiento, sino como inmensos, e infinitos... como impresos del mismo Dios...".

"La voluntad arde con subidíssimo, y encendidíssimo amor, que parece se consume. No es amor, turbulento, inquieto, y con fervores, sino puríssimo, y quieto, con que el alma goza de Dios, y se apega a él, que se llama amor fruytivo, a diferencia de otro amor, que aquí también el Espíritu sancto despierta, con maravillosos impulsos, y movimientos quietíssimos en la voluntad, con que más, y más apega, y entraña el alma con Dios, que se llama amor práctico. Y es maravilloso el duelo, y competencia que entre estos dos amores passa, en quanto al práctico da prisa para el gozar; y el fruytivo a produzir los movimientos, e impulsos que caminan a causar la mayor, y más íntima unión. En estas dos cosas, conviene a saber, operación y descanso, el varón espiritual possee su vida, estando en ambos todo él entero, e indiviso. Porque todo está en Dios, en quien fruytivamente descansa, y todo está en sí adonde ama prácticamente... Y por levantarse este amor assí sobre sí, a la manera del oleo quando yerve, es dicho super férvido amor"[94].

Sobrino coincide con Teresa de Jesús en llamar a esta forma de contemplación oración de unión propiamente. No niega que haya unión en los otros modos, pero no es igual a la de éste. Ahora, el alma y sus potencias dejan de obrar, y no hacen más que recibir, "quietíssima, y suavíssimamente los

---
[94] SOBRINO, *Vida Espiritual*..., pp. 83-85.

divinos influxos, y coloquios, o comunicaciones". Para mejor explicarlo, recurre de nuevo a la metáfora del niño que mama del pecho materno[95].

En el modo de oración de quietud, el alma está unida a Dios con la voluntad y recibe gracias y dones, pero esto no acontece sin alguna acción por parte del alma, por muy ligera que sea. En la oración de unión, estando como está el alma unida a Dios con todas sus potencias, no siente que haga otra cosa más que recibir y gozar de lo que recibe.

Este no hacer nada, o al menos no sentir que se hace nada, es un punto conflictivo en la mística, por la facilidad con que se puede dar una interpretación quietista. Sobrino, consciente de la importancia del tema, amparándose en Teresa de Jesús dirá: "según el descanso con que en esta unión el alma goza de Dios, al menos que ella lo sienta, no siente que haga cosa alguna. Mas aunque según su sentimiento lo piensa, y dize assí, impossible es, que totalmente cesse el entendimiento de entender, ni la voluntad de amar en quanto no estuvieren estas potencias impedidas, y aunque allí están suspendidas, mas no impedidas, pues goza la voluntad del summo bien; y el entendimiento sabe esto y lo entiende, aunque no lo comprehende"[96].

De todos los mentales excesos que Sobrino analiza, el rapto transformativo es el más sublime. En él, las tres potencias del alma son intimamente reducidas a la esencia y centro, "adonde Dios por ilapso de su gracia, maravillosamente aposentado, reside por inefable manera".

Quienes experimentan este rapto transformativo dicen que allí el alma se pierde como la gota que agua que cae en el mar. El alma se transforma de tal manera en Dios, que parece deja y pierde su ser, "passando toda en el divino". Pero, como precisa Sobrino, aunque el alma pierde su ser, ni "pierde su substancia, ni se aniquila, sólo es en las qualidades la mudança..."[97].

---
[95] Ibid., pp. 85-86.
[96] Ibid., p. 86. La obra de Santa Teresa a la que Sobrino se refiere es: *Camino de Perfección*.
[97] Ibid., pp. 86-87. Santa Teresa cita también a San Pablo al hablar de la transformación

Si bien los espirituales tienen claro que esta transformación del alma en Dios no es una unión esencial ni sustancial, también es verdad, que la unión es tan sublime, que algunos autores llegan incluso a afirmar que en ella el alma se deifica[98].

Para mejor explicar lo que acontece en este punto, Sobrino recurre a las metáforas de la gota de agua mezclada en mucho vino, del hierro candente hecho semejante al fuego, y del aire iluminado por la luz del sol que se transforma en su misma claridad. De igual modo, los espíritus perfectos que arriban a este punto de unión, "desecha por una inefable manera la affección humana, y como desfalleciendo en sí, passan y se transforman en Dios, hechos conformes con la voluntad divina"[99].

Llamadas pues las potencias a la estancia donde Dios reside, llegan allí con un movimiento de deseo muy veloz, quedando de inmediato en un profundo silencio. Allí llega el alma con la voluntad, pero el entendimiento, "perdida la noticia y distinción de quantas cosas ay, y todas las imágenes, y figuras en aquella diviníssima tiniebla, e ignorancia de Dios, no sabe cómo mucho más alta, y sapientíssimamente le conoce, y entiende. S. Dionysio no contento con llamar a esta manera de

---

del alma en Dios. Vid., Santa Teresa, *Las Moradas*, p. 161. El que Sobrino recurra también a San Pablo puede obedecer tanto al influjo que sobre él ejerció Santa Teresa, como a ser esta una doctrina paulina muy conocida. Respecto a esto, Sanchis Alventosa pone de manifiesto que la doctrina del "amor esencial" que está muy presente en Bernardino de Laredo, la extrae este autor de Herp. Es interesante recordar el gran ascendiente que sobre Santa Teresa tuvo el místico franciscano, para seguir una línea interpretativa que, de momento, se prolonga hasta Sobrino. Vid., Sanchis Alventosa, *La escuela mística alemana...*, p. 121.

[98] El tema de la deificación del alma es uno de los más controvertidos dentro de la Mística. Las acusaciones de Panteísmo obligaban a los autores místicos a precisar mucho esta cuestión. En España, el problema se agudizaba por el rebrote continuo de ciertos grupos de alumbrados. A pesar de todo, el fenómeno no era exclusivamente español y, como pone de relieve Sanchis Alventosa, el propio Ruysbroeck tuvo que defenderse de acusaciones de panteísmo frente a Gerson. Vid., Sanchis Alventosa, *La escuela mística alemana...*, p. 81.

[99] Sobrino, *Vida Espiritual...*, p. 88. Es curioso remarcar que el recurso a las metáforas del hierro candente y fuego, y aire iluminado y luz que hace Sobrino están presentes en algunos místicos del Norte de Europa como Ruysbroeck. Pero Sobrino, al utilizar estas metáforas, cita como fuente a San Gregorio Nacianceno. Sobre Ruysbroeck, Vid., Sanchis Alventosa, *La escuela mística alemana...*, p. 81.

conocer ignorancia, la llama amencia, e irracionalidad... para significar con estos términos lo que dista esta manera de entender tan secreta, y peregrina, del común modo de entender, por alto, y subido que sea, pues aún excede, y traciende este mystico modo de entender por aquella sapientíssima ignorancia, toda contemplación, y conocimiento de Dios..."[100].

Así pues, el entendimiento queda a oscuras, sin ver nada. No ve a Dios ni en su esencia, ni por imágenes, tal como acontece en otros grados de contemplación no tan elevados como éste. Pero el entendimiento conoce a Dios de otra manera.

"Siéntele empero, y entiéndele dentro de aquella diviníssima tiniebla, y escuridad, con una quietíssima, y serena noticia en que contempla, y percibe su infinidad, e incomprehensibilidad, y presencia..."[101].

Los Místicos afirman que ninguna cosa obra el hombre, ni en la imaginación y sentidos, ni en la memoria, entendimiento y voluntad, en esta transformación del alma en Dios. Dicen que el alma sólo recibe y padece la suave y divina operación y experiencia de Dios. También dicen que la divina ignorancia de San Dionisio es una forma muy elevada de inteligencia. De tal modo, que allí no está el alma sin entender, y menos aún sin amar, y por consiguiente, además de recibir y gozar, el alma "parece que algo haze". San Juan de la Cruz lo resume poéticamente como un "entender no entendiendo"[102].

"Cessan pues en la mystica unión los exteriores actos de los sentidos, y los interiores de la imaginación, y raciocinio, y todo discurso, y meditación del entendimiento y todo desseo, y affecto de la voluntad proprio, excepto el affecto, y amor que de la voluntad llena de Dios mana, y procede de suyo, sin cuydado del alma; y excepto aquella inefable, e incomprehensible noticia que llama san Dionysio ignorancia de Dios. Tal es la total aniquilación de sí en la contemplación más subida, y suprema unión del alma en Dios en esta vida"[103].

---

[100] Sobrino, *Vida Espiritual*..., p. 88.
[101] Ibid., p. 89.
[102] San Juan de la Cruz: *Cántico Espiritual*, ed. de Cristóbal Cuevas García, Madrid, 1983, p. 327.
[103] Sobrino, *Vida Espiritual*..., p. 91.

Casi como si hubiera sido un olvido, Sobrino alude a otra forma de rapto espiritual que denomina "Vuelo del espíritu". Este sucede de manera tan acelerada y repentina que provoca un gran temor cuando acontece. El cuerpo es arrebatado y levantado de la tierra en algunas ocasiones.

Igual como Teresa de Jesús, Sobrino conocerá el vuelo del espíritu por haberlo experimentado, si bien, ambos autores recurren para narrarlo a una forma impersonal. "Bien sé yo, quien lo experimentó, temiendo que aun el alma se le arrancara del cuerpo"[104].

4.- El problema de las fuentes en la "Vida"

Sobrino no debió tener graves dificultades para escribir la "Vida". El libro no parece el fruto de un muy arduo trabajo intelectual, sino la plasmación de una realidad cotidiana vivida y experimentada.

Cuando Sobrino escribió la "Vida" hacía ya muchos años que había aprendido las claves de la mística. En los ambientes franciscanos donde vivió, esta espiritualidad gozaba de una extraordinaria difusión. El mismo, en sus años de maestro de novicios y de superior, la fomentó. Y su trabajo de difusión no se circunscribió a los ámbitos conventuales, sino que trató siempre de enseñarla en otros teóricamente menos preparados como el de las beatas y el de los laicos.

Con un gran bagaje de experiencias a sus espaldas, Sobrino escribió la "Vida", apoyando su exposición con abundantes citas textuales. Lo hizo como un recurso científico al que recurrió por tradición intelectual.

Rastrear las fuentes utilizadas no plantea dificultades. Su autor las va señalando a cada momento, bien en anotaciones al margen del texto, o bien en el mismo texto.

Las Sagradas Escrituras, los Evangelios y las cartas de San Pablo son las fuentes que con más frecuencia aparecen. Después, al igual que otros autores espirituales hispanos, Sobrino se apoya en las doctrinas de los Santos Padres y en místicos como el Pseudo-Dionisio, San Agustín y San Bernardo. Un

---
[104] Ibid., pp. 93-94. También, Santa Teresa, *Las Moradas*, Sextas Moradas, cap. 5.

tercer nivel lo ocupan autores de procedencia diversa como Dionisio de Rijckel el Cartujano, San Buenaventura, Ruysbroeck, Ricardo y Hugo de San Víctor, Gerson, Surio, Teresa de Jesús y, sobre todo, Santo Tomás. Finalmente, otros autores son utilizados, bien para reforzar la exposición, para precisarla, o, simplemente, como objeto de controversia. En este último peldaño destacan Platón, Aristóteles, Pitágoras, Séneca, Scoto, Cayetano, Pedro de Rávena, San Francisco, Domingo de Soto, Bartolomé de Medina, Vega, Maldonado, Arias Montano, etc.

Esta extensa relación de autores prueban el nivel de conocimientos que Sobrino tenía.

Características singulares que merecen destacarse del autor de la "Vida" son: el apoyo doctrinal en fuentes seguras y poco conflictivas como la Sagrada Escritura, San Pablo y los Santos Padres; el intento por diferenciar Escolástica y Mística con el recurso frecuente a Santo Tomás; el perfecto conocimiento de los místicos más señalados; el uso casi nulo de fuentes místicas hispanas; el leve influjo de los místicos del Norte de Europa, y la interrelación que se aprecia entre la mística recogida franciscana y la nueva y pujante mística carmelitana, sobre todo a través de Teresa de Jesús.

Las dificultades que encontraban los místicos aún en fecha tan tardía como la que escribe Sobrino, dificultades provenientes básicamente del lenguaje místico y que tuvieron su plasmación reaccionaria en el Indice de 1559, hizo que muchos buscaran refugio a sus doctrinas en obras y en autores alejados de cualquier acusación de heterodoxia. Nada más fácil para ello, que las Escrituras y los Santos Padres. Así lo hace Sobrino, aunque sin llegar a los extremos de Juan de la Cruz en los comentarios al "Cántico Espiritual"[105].

De las Escrituras, Sobrino utiliza el libro de los Salmos, el Eclesiastés, los Proverbios, el Exodo, Oseas, Ezequiel, Isaías, el Cantar de los Cantares, el libro de la Sabiduría, etc. Fuentes habituales son también los Evangelios de San Mateo, San Lucas y San Juan. De San Pablo figuran los Hechos, y las cartas a los Corintios, Efesios, Colosenses, Filipenses, Romanos, etc. También tiene su lugar el Apocalipsis. Finalmente, de los

---

[105] SOBRINO, *Vida Espiritual...*, p. 87.

autores antiguos están presentes Gregorio Nacianceno, el "Exameron" de San Basilio, "Contra Juliano" de San Cirilo, Gregorio Niceno, San Ambrosio, San León, San Jerónimo, etc.

"Existe un deseo abiertamente buscado por los místicos españoles de ampararse en la autoridad de San Tomás... Ya Francisco de Osuna entra por este camino en "Ley de Amor", en 1530. También hacen lo mismo Bartolome de Carranza y el P. Granada. Pero esto se hace común a lo largo del siglo XVII"[106].

Esta afirmación de Andrés está vigente en el caso de Sobrino. Más de treinta veces recurre a Santo Tomás para apoyar su exposición. Expresiones como: "es doctrina de santo Tomás", "pues como dice santo Tomás", "y santo Tomás dice", se repiten continuamente en la "Vida". A veces, la alusión al dominico se hace por mediación de otros autores. Así acontece una vez con el P. Azor, y en otras dos ocasiones con Bartolomé de Medina.

Este recurso continuo a Santo Tomás no obedece a un intento de Sobrino por armonizar Escolástica y Mística. El es un firme partidario de la primacía de la Mística sobre las demás ciencias teológicas. La armonización de la Escolástica y la Mística tendrá lugar en fecha más tardía, cuando ya la Mística y su lenguaje han dejado de ser originales[107].

El uso iterativo de Santo Tomás debe entenderse como un intento de buscar refugio seguro a la exposición doctrinal. No deben olvidarse algunas cuestiones polémicas suscitadas en el panorama espiritual hispano como el enfrentamiento Cano-Carranza, el caso de Fray Luis de Granada, las correrías antialumbradas del dominico Alonso de la Fuente, la crítica de Báñez al autógrafo de la vida de Teresa de Jesús y las polé-

---

[106] ANDRÉS, *La espiritualidad española del siglo XVII*, (Pruebas de imprenta), p. 28.
[107] Andrés nota la existencia de un proceso de racionalización característico del Barroco en su caminar a la Ilustración. La concreción más importante de este proceso se produciría con Francisco de Suarez y sus *Disputationes metafísicas*. Para Andrés, Suarez representaría "el esfuerzo más grande y completo por incorporar la espiritualidad al escolasticismo de su tiempo". Vid., ANDRÉS, *La espiritualidad española del siglo XVII*, (Pruebas de imprenta), pp. 3 y 61. Sin negar la importancia de Suarez en este proceso, no deben olvidarse otros factores, quizás más decisorios, como la condena del quietismo y de Miguel Molinos en 1687.

micas abiertas entre teólogos escolásticos y teólogos místicos. Todo ello, sin perder de vista que la prolífica fertilidad escrituraria de Santo Tomás permitía recurrir a él para tratar de fundamentar cualquier materia de la que se pretendiera escribir, lo que también explicaría el uso repetido que Sobrino hace de él.

En la "Introducción a la Historia de la Literatura Mística en España", Sáinz Rodríguez traza un cuadro general de la evolución de la literatura mística universal que, partiendo de los filósofos orientales o de Grecia, tiene su núcleo cristiano en el neoplatonismo, se condensa en la obra del Pseudo-Dionisio, y, a través de éste penetra en toda la tradición cristiana posterior.

Con Dionisio Areopagita y con San Agustín entra la mística en el Medioveo. Después, con San Anselmo como precursor, y con San Bernardo, se bifurca en diferentes caminos, teniendo como hitos los ejemplos de Hugo y Ricardo de San Víctor, San Francisco, San Buenaventura, Eckart, Tauler, Suso y Ruysbroeck. Otros personajes ulteriores de gran significación fueron Dionisio de Rijckel, Enrique Herp, Jacobo Boehmer, Juan Gerson y Tomás de Kempis[108].

Esta sintética visión de la evolución de la literatura mística es compartida, al menos en sus líneas generales, por otros investigadores de la espiritualidad como Groult, Sanchis Alventosa, Andrés, etc. Mayores problemas supone que los estudiosos se pongan de acuerdo sobre las raíces del misticismo hispano de finales del siglo XV y del siglo XVI.

Para unos, el misticismo hispano de estos siglos debe mucho a la presencia musulmana en la Península[109]. Otros acentúan la dependencia de los místicos germánicos[110]. Hay quienes se inclinan por destacar más las originalidades autóctonas antes que reseñar las dependencias foráneas[111]. El abanico de posibilidades es amplio, y ello, sin hacer mención de otras alternativas como la perduración del influjo de los begardos y

---
[108] Sainz Rodríguez, *Introducción a la Historia...*, pp. 74-172
[109] Ibid., pp. 89-94.
[110] Las obras ya citadas de P. Groult y de Sanchis Alventosa tratan de demostrar el influjo de los autores místicos germánicos en los místicos españoles.
[111] Sin negar la existencia de otros influjos, M. Andrés parece decantarse por esta opción.

de las beguinas en la zona mediterránea, la labor de personajes como Francesc Eximenis, Arnau de Vilanova e Isabel de Villena y, sobre todo, el trabajo de reforma emprendido por Cisneros. En suma, muchas son las posiblidades y, sin duda, hay que tenerlas todas en cuenta a la hora de explicar la floración mística que se produce en España a finales del siglo XV.

La dependencia de Sobrino de los grandes místicos como Dionisio Areopagita, San Bernardo y San Agustín es un hecho constatable.

Habitualmente, el autor de la "Vida" recurre a las obras del Pseudo-Dionisio, concretamente, al "Tratado de la Jerarquía celeste", a los "Nombres divinos" y a la "Teología mística". En todos los casos, para exponer las etapas más elevadas de la vida contemplativa y para fundamentar la mayor excelencia de la Mística sobre las demás ciencias teológicas. Sobrino nunca cita otras obras atribuidas a este autor y que tienen un menor sabor místico como es el caso de sus "Epístolas" y el tratado de la "Jerarquía eclesiástica"[112].

A las obras de San Agustín recurre cuando expone las primeras etapas del camino espiritual y cuando se adentra en las más sublimes. Obras citadas de este autor son: "De Trinitate", "La Ciudad de Dios", "De Doctrina Cristiana", "De vera religione", "Serm. 27. De Verbis Domini", "De videndo deum ad Proba...", etc.

En el caso de San Bernardo, Sobrino utiliza menos a este autor, y siempre lo hace cuando expone aspectos como los de los excesos mentales, los caminos de entrada a la contemplación y la importancia de la Mística. Obras de San Bernardo que figuran en la "Vida" son: "Sermon... 44. in cantc...", "De diligendo Deo" y "Epist. ad fratres de monte Dei".

Con san Buenaventura y su opúsculo "De septem itineribus aeternitatis", completa Sobrino a lo autores antiguos que, por otra parte, figuran citados en casi todas las obras de los místicos hispanos. Todos, desde el Pseudo-Dionisio hasta San Buenaventura permiten relacionar al autor de la "Vida" con una

---

[112] Sobre las obras del Pseudo-Dionisio, Vid., Sainz Rodríguez, *Introducción a la Historia...*, pp. 104-105.

espiritualidad cuyo rasgo más destacado es la afectividad.

La existencia de un tronco de fuentes comunes a todos los autores místicos es un hecho a reseñar. El Pseudo-Dionisio, San Bernardo y San Agustín aparecen en casi todos los libros de mística publicados en España desde el siglo XVI. Sobrino se diferencia, por ejemplo, de Osuna en que éste no cita a Santo Tomás, pero en ambos están presentes San Francisco, San Buenaventura, San Bernardo, San Agustín, San Gregorio, Gerson, Dionisio el Areopagita, Hugo y Ricardo de San Víctor, etc[113]. Pero si este tronco de fuentes une a casi todos los autores espirituales, mayores dificultades plantea el desentrañar algunas peculiaridades propias de cada uno como pueden ser su mayor o menor dependencia de los místicos del Norte de Europa.

Para Sanchis Alventosa, lo que él denomina pleno influjo germánico no se detecta en las obras de los grandes maestros místicos hispanos. "No son Fray Luis de Granada, ni Santa Teresa, ni San Juan de la Cruz, los que más han apreciado a los maestros del Norte, sino Fr. Juan de los Angeles y Fr. Miguel de la Fuente, místicos también de grandes vuelos, pero algo posteriores a aquellos..."[114].

En el caso de Sobrino, el influjo de los místicos del Norte se deja sentir relativamente. Ni es tan decisivo como parece lo es en Juan de los Angeles y Miguel de la Fuente, ni tan nulo como en los autores citados por Sanchis Alventosa.

En la "Vida", además de Hugo y Ricardo de San Víctor, figuran Gerson, Ruysbroeck y, sobre todo, Dionisio de Rijckel.

Ruysbroeck es citado en relación con las diferencias existentes entre "amor fruitivo" y "amor práctico"[115]. La obra de Ruysbroeck que figura es "De ornatu spiritualium Nuptiarum". Esta obra es la más conocida del gran místico flamenco, aunque no se sabe si Sobrino utilizó la traducción hecha por Jordaens y publicada en París en 1512, o la "Opera omnia" del Maestro de Groenendael traducida al latín por Surio y publicada por primera vez en Colonia en 1552[116]. Es más posible la

---

[113] Groult, *Los místicos de los Países Bajos...*, p. 153.
[114] Sanchis Alventosa, *La escuela mística alemana...*, p. 113.
[115] Sobrino, *Vida Espiritual...*, p. 84.
[116] Groult, Los místicos en los Países Bajos..., p. 102.

segunda hipótesis, pues en la "Vida" hay una referencia a Surio en la que parece la "Opera omnia" de Ruysbroeck[117].

Dos únicas citas no son suficientes para referirse al influjo de Ruysbroeck sobre Sobrino. Si este hipotético influjo existió, tendría lugar o por mediación de un discípulo de Ruysbroeck como Dionisio de Rijckel, o de Juan de los Angeles, en quien tanto Groult como Sanchis Alventosa detectan una gran similitud de ideas con el místico flamenco[118].

Respecto a Dionisio de Rijckel, la dependencia de Sobrino de este autor es escasa. Cuatro veces es citado el Cartujano en la "Vida". Una de ellas, al comentarse los medios de que se puede disponer para acceder a la contemplación. La obra utilizada es el opúsculo "De perfecto mundi contemptu".

La segunda vez que Dionisio de Rijckel figura en la "Vida" lo hace como autor a quien se rebate por doctrina errática. Ahora la obra a la que se hace referencia es "Elucidationum" sobre el capítulo quinto de la Mística Teología del Areopagita[119].

Las dos restantes citas del Cartujano están en relación con la cuestión del papel que el entendimiento juega en la contemplación, y si éste es capaz o no de contemplar las verdades sobrenaturales en sí mismas, sin discursos e imágenes de cosas sensibles[120].

Si el influjo de Dionisio de Rijckel es pequeño, no se puede decir lo mismo del de Juan de los Angeles.

Al estudiar el influjo de Fray Juan, habrá que comenzar a ver la importancia que las fuentes místicas hispanas tienen en la "Vida". Hecha la salvedad de Teresa de Jesús, ningún otro místico hispano figura en el libro de Sobrino. Esto no permite concluir que tal influjo no se produjera. La presencia de autores como Diego de Estella, Luis de Granada, Juan de Avila, Diego Murillo, Francisco de Osuna y otros en la biblioteca de Ribera denota que todos eran más o menos conocidos en Valencia.

---

[117] Sobrino, Vida Espiritual..., p. 99.
[118] Groult, Los místicos en los Países Bajos..., p. 242; SANCHIS ALVENTOSA, La escuela mística alemana..., pp. 145-161.
[119] Sobrino, Vida Espiritual..., pp. 53-56.
[120] Ibid., pp. 60 y 131.

De igual modo, el compromiso personal de Sobrino con la mística franciscana permite suponer que sus conocimientos místicos no estaban circunscritos a autores foráneos. En igual sentido abunda la publicación en Valencia en 1602 de la obra de Juan de los Angeles, "Lucha espiritual y amorosa entre Dios y el alma"[121]. Este último dato tiene una gran importancia porque Fray Juan era franciscano descalzo como Sobrino, había sido confesor de las Descalzas Reales de Madrid junto a Pedro Nicolás Factor, y era entre los franciscanos descalzos donde mejor había arraigado la mística del recogimiento.

Si todos los datos anteriores ponen en relación a Fray Juan de los Angeles con Sobrino, tendencias comunes en ambos son también su filiación a la escuela mística afectiva de San Bernardo y San Buenaventura, su mutua estima por Santo Tomás, su dependencia de Teresa de Jesús, y, por último, el que Fray Juan fuera el primer místico español en citar a Ruysbroeck en 1585, y que éste fuera citado por Sobrino.

El análisis de la fuentes en la "Vida" estaría incompleto sin Teresa de Jesús. Cuando en 1612 Sobrino publica su libro, ya hace muchos años que ha leído la obras de Teresa de Jesús. "Pongo el sentido de la santa, no sus palabras, porque ha buenos años que leí su libro"[122]. Este conocimiento tan preciso no resulta extraño si se tiene en cuenta que una parte importante de la vida de Sobrino discurre en Castilla, que tiene cuatro hermanos carmelitas descalzos, que dos de estos hermanos se dedican a la vida contemplativa, que la "Vida" es la aclaración o el complemento a "Vida del Alma" del carmelita Gracián de la Madre de Dios, que en Valencia desarrollan su magisterio los también carmelitas Juan Sanz y Miguel de la Fuente y que, por último, los libros de Teresa de Jesús gozaban de gran aceptación en los círculos espirituales. Muchas razones se pueden pues argüir para comprender el influjo que Teresa de Jesús ejerció sobre Sobrino.

Sin embargo, de todas las apuntadas, fueron las hermanas de Sobrino, María de San Alberto y Cecilia del Nacimiento, las que más decisivamente debieron impulsarle a leer los libros

---

[121] Vid., Groult, *Los místicos de los Países Bajos...*, pp. 229-230.
[122] Sobrino, *Vida Espiritual...*, p. 79.

de Teresa de Jesús. La relación epistolar entre los tres hermanos era frecuente. Los temas que abordaban a veces eran lo bastante controvertidos como para que la correspondencia no les pareciera un refugio seguro. "Si la carta fuera viva, o presencia, ya hablaríamos más claro, y largo, mas en papel conviene hablar con tiento"[123].

5.- La universalidad de la Mística y el magisterio espiritual de Antonio Sobrino

Fue en los siglos XIV y XV cuando la mística se universalizó con los grandes espirituales del Norte como Eckart, Ruysbroeck, Dionisio de Rijckel, Ludolfo de Saxonia, Gerson, Mombaer, etc. El uso que alguno de los grandes místicos hizo de la lengua vulgar en sus escritos, y la consciencia de no encerrar su magisterio en minorías escogidas, posibilitó, junto con la imprenta, la difusión de la mística[124].

Los místicos alemanes escribían para el pueblo, y la difusión de sus escritos propició la divulgación de su espiritualidad en el pueblo. Es cierto que esta divulgación dio lugar a la aparición de los falsos místicos y de los visionarios. Pero estos casos fueron siempre una minoría respecto a la gran masa del pueblo que permeneció fiel a las doctrinas de la Iglesia[125].

Al igual que en Alemania, en España aconteció algo parecido. En fechas tan tempranas como 1482 salía de las prensas de Pedro Posa en Barcelona la "Imitació de Jesu Christ", traducida del latín a la "lengua de Valence" por Miguel Pérez, y dedicada a "la ilustre doña Isabel de Villena, abadesa del monastir de la Trinitat de Valencia". En 1491, se hizo una segunda edición de esta obra en Valencia por N.Spindeler, con el título ahora de "Menyspreu de aquest mon". Ediciones de la misma, ahora en castellano, se hicieron en Zaragoza (1490), Sevilla (1493), Burgos (1495) y Toledo (1500). Un caso parecido aconteció con la obra de Dionisio de Rijckel el Cartujano, "Los Cuatro Novísimos", también llamada a veces, "Cordial de

---

[123] Panes, *Chrónica*..., I, p. 716.
[124] Groult, *Los místicos de los Países Bajos*..., p. 46.
[125] Ibid., pp. 42-70.

las cuatro postrimerías". De forma más general, esta tendencia a publicar libros de espiritualidad en lengua vulgar, se acentuó al iniciarse el siglo XVI[126].

Pero no sólo las traducciones de los grandes místicos alemanes ayudaron a divulgar el misticismo en España. Los autores hispanos desempeñaron cada vez una labor más importante. Además de las publicaciones llevadas a cabo por Cisneros, pueden citarse: "Carro de dos Vidas" (1500) de García Gómez, "Un Brevísimo atajo" (1513) de autor anónimo, "Spill de la vida religiosa" (1515) de autor anónimo, "Arte de servir a Dios" (1521) de Alonso de Madrid, "Caballería Cristiana" (1513) de Jaime de Alcalá, "Tercer Abecedario" (1527) de Francisco de Osuna, "Via Spiritus" (1531) de Bernabé de Palma, "Subida al Monte Sión" (1535) de Bernardino de Laredo, etc.[127].

Si la literatura espiritual se divulgó y tuvo gran aceptación en todas partes, en Valencia y Cataluña hubo una especial predilección por la misma. Ejemplos a reseñar, todos ellos anteriores a 1500, son: "Contemplacions sobre la vida de Jesucrist" (Barcelona 1494) de San Buenaventura, "Escala de Paradis" (Barcelona 1495) de Antonio Boteller, "Moral consideració contra les persuasions de amor" (Valencia? 1490?) de Francesch Carroç, "Confesional" (1493), "Cordial s. quatuor novissimis" (Valencia 1495) de Dionisio de Rijckel el Cartujano y traducción de Bernardo Valmanya, "Istoria de la passió" (Valencia 1493) de B. Fenollar, "De christiana religione" (Valencia 1482) de Marsilio Ficino, "Floretus" (Valencia 1496), "Flors de virtuts e de costums" (1489), "Flors Sanctorum" (Barcelona 1494), "Omelia sobre lo psalm de profundis" (Valencia 1490) de Jeroni Fuster, "Imitació de Jesu Christ" (Barcelona 1482), "Menyspreu de aquest mon" (Valencia 1491), "Lo Primer Cartoxa" (Valencia 1496), "Lo Segon Cartoxa" (Valencia 1500), "Lo quart cartoxa" (Valencia 1495) de Ludolfo de Saxonia, "Vida de s. Caterina de Sena" (Valencia 1499) de Raimundo de Capua, "Vita Christi" (Valencia 1497) de Isabel de Villena, etc.[128].

---

[126] Ibid., pp. 81-120.
[127] ANDRÉS, *Los Recogidos...*, pp. 39 y 60.
[128] Para la relación completa de los títulos, Vid., SAINZ RODRÍGUEZ, *Introducción a la Historia...*, pp. 164-170.

Esta extensa relación de títulos, si bien corrobora la opinión de Groult de que no debían existir demasiadas posiblidades de lecturas ascético-místicas para los valencianos antes de 1490, pone de manfiesto, asimismo, que tal afirmación no es válida para el período comprendido entre 1490 y 1500[129].

Pocas dudas quedan de que la literatura ascético-mística gozó del favor popular a finales del siglo XV. La imprenta y el uso de la lengua vulgar ayudaron en gran medida a su difusión. Otro tanto hicieron los espirituales convencidos de la importancia de su divulgación. La existencia de un clima de mayor tolerancia religiosa fue también una razón importante, porque, después, cuando esta tolerancia se quiebre, cuando se inicien las polémicas religiosas, cuando se enfrenten autores místicos y escolásticos, cuando se inicien las persecuciones contra alumbrados, erasmistas y luteranos, cuando, en definitiva, ya no sea posible expresarse con tanta libertad, entonces se producirá el cambio. 1559 y la publicación del "Indice Expurgatorio" pueden ser la fecha clave. Después, los espirituales adoptarán medidas cautelares de auto-censura que les hará moderar su lenguaje. Sin embargo, estas dificultades no acabarán con la mística y su difusión. Sobrino es una muestra fehaciente de ello, y aunque su libro fuera prohibido por la Inquisición, en la espiritualidad valenciana quedó siempre su magisterio.

Sobrino hace mención muy pocas veces de los destinatarios para los que escribió "Vida Espiritual". La escribió para confutar ciertos errores que había leído circulaban por Flandes. Pero no lo hizo en latín y siguiendo el modelo escolástico de controversia con herejes. La escribió en castellano, "por aver venido de allá en nuestro romance español la Vida del Alma... porque acá la de todos estados puedan leerla, y en Flandes los Españoles..."[130].

Era voluntad de Sobrino que todos pudieran leer su libro. No tenía temor a que alguien, conociendo los errores de los

---

[129] Groult hace su afirmación tras revisar los fondos de librería existentes en casa del impresor valenciano Joan Rix de Cuba. Fondos que habían sido publicados por el P. Michel Ange. Vid., GROULT, Los místicos de los Países Bajos..., pp. 117-118.
[130] SOBRINO, Vida Espiritual..., Introducción s/f.

perfectistas, pudiera incurrir en ellos. Tampoco temía que no fuera bien asimilada la doctrina espiritual que exponía por los sin letras o poco experimentados en la vida mística. No eran los teólogos, por sus mayores conocimientos intelectuales, quienes podían tener mayor contemplación, porque, "las muy contemplativas almas son sin letras, y simples, y excellentes en la divina caridad, y virtudes, y pureça del coraçón que es la disposición que para contemplar se requiere"[131]. Sobrino quiere escribir para que todos lo entiendan, y por ello, en él se aprecia una tendencia a proclamar la universalidad de la mística.

De todo el espectro social valenciano, Sobrino sintió especial predilección por las mujeres. Más concretamente, por las beatas. En ellas, denostadas con excesiva facilidad, encontró el descalzo a sus más dilectas hijas espirituales.

En un mundo a veces oscurantista como es el de la religión, el escalón más bajo, la escoria, el lumpen, lo ocupan las beatas. Su estudio servirá para descubrir lo que hay de realidad y de incomprensión en los juicios que de él se han vertido. Servirá, también, para volver a encontrarse de nuevo con Sobrino y constatar el influjo que éste tuvo en la espiritualidad valenciana del siglo XVII.

---

[131] Ibid., p. 150.

IV
MUJERES Y ESPIRITUALIDAD: LAS BEATAS[1]

"Mujer que viste hábito religioso y vive con recogimiento, sin pertenecer a ninguna comunidad. La que vive con otras en clausura o sin ella bajo cierta regla. La mujer muy dada a toda clase de devociones", etc[2]. Cualquiera de estas definiciones cuadra bien con la idea general que se tiene de las mujeres beatas.

Las beatas no son un fenómeno social exclusivo del siglo XVII[3]. Desde los primeros tiempos del cristianismo hasta hoy en día, siempre han existido dentro de la Iglesia mujeres que han tenido un papel relevante por la forma singular de vivir su experiencia religiosa. Ejemplos así se encuentran dentro de los movimientos de reforma espiritual de los siglos XIII y XIV, destacando por la afinidad que guardan con las beatas el de las beguinas[4].

También, en el seno de las órdenes mendicantes, ante el empuje de hombres y mujeres que deseaban una vida religiosa fuera de los ámbitos conventuales, se arbitraron fórmulas como las Ordenes Terceras.

El mundo de las mujeres beatas resulta hoy enigmático y poco conocido. La carencia de obras escritas de su mano hace

---

[1] Este capítulo, con pequeñas variaciones, está en prensa para ser publicado por la revista "Anales de la Universidad de Alicante. Historia moderna".
[2] J. Casares: *Diccionario ideológico de la lengua española*, Barcelona, 1959. Acepción "Beata".
[3] Una aportación muy interesante sobre las mujeres y la espiritualidad puede verse en: M. Wade Labarge: *La mujer en la Edad Media*, Madrid, 1988.
[4] Aspectos interesantes sobre la forma de vida de las beguinas pueden verse en: Wade Labarge, *La mujer en la Edad Media*, pp. 131-157; Mariló Vigil: *La vida de las mujeres en los siglos XVI y XVII*, Madrid, 1986, p.2.

difícil su estudio, y obliga a ceñirse a las escasas biografías disponibles. En muchos casos, todo lo que de este mundo se sabe ha sido transmitido por confesores y maestros espirituales que, queriendo resaltar los grandes méritos de estas mujeres, escribieron hagiografías exageradas.

Desde siempre, la mujer ha tenido un papel poco relevante en la espiritualidad. Su misma condición de mujer ha servido demasiadas veces como excusa simple para desprestigiar cualquier proyecto en el cual ella fuera la protagonista.

En pleno siglo XVIII, y como simple ejemplo de los múltiples que podrían traerse a colación, Tomás Pérez, biógrafo de la beata de Guardamar Beatriz Ana Ruiz, dejaba su opinión, ciertamente curiosa, sobre las mujeres y su relación con los confesores.

"Es muy cierto, que en la muger ay gran disposición para la piedad, como dixo Aristóteles: y para la benevolencia, economía, y otras virtudes, aun de las más heroicas, según Eurípides. Pero también es notoria la congénita aptitud de este sexo, para la nociva curiosidad, y nimio anhelo de saber, como lamenta toda la humana estirpe; arruinada por este vano apetito de nuestra primera Madre, en común sentir de los sagrados Intérpretes. Así no es mucho, que su Divina Magestad, vincule este desorden a la índole, y condición de la mujer. Es sin duda, pensión de la flaqueza; tan afín, y conexa con su ser: pues según san Gregorio, lo mismo es mujer, que mente flaca. Con todo tienen entero alvedrío, para enfrenar su ingenio, y redimirse de la servidumbre, que rinden a su misma vanidad: que como dice el Señor, es andar sin libertad, esclavas de su ocasionada pasión de preguntar, y siempre dudosas, cansando Confesores, y consultando a los que venden sus ficciones, y sueños, por oráculos: y por esso muy expuestas a la ilusión"[5].

En un plano más específicamente espiritual, el dominico Alonso de la Fuente, incansable descubridor de Alumbrados por tierras de Extremadura y Andalucía, no dejaba de sorprenderse por el gran número de mujeres que encontraba dedicadas a la vida de oración y espiritualidad. El veía con malos ojos, "que

---

[5] Fray Tomás Pérez: *Vida de la Venerable Madre Sor Beatriz Ana Ruiz*, Valencia, en casa de Pascual García, 1744, p. 535.

una gente tan simple y de tan poco uso de las cosas de virtud tuviessen señales tan poderosas de santidad". Para Fray Alonso, como para otros muchos eclesiásticos de la época, ciertas etapas de la vida espiritual estaban vedadas a la gente común; por eso, él se sentía ofendido, "porque había entre estas mujeres tanta ignorancia en las cosas generales de la ley de Dios, que apenas sabían las oraciones comunes de la Iglesia; y siendo los sujetos de esta especie, habían subido de golpe a la contemplación divina"[6].

El dominico Fray Alonso tenía razón en una cosa: las beatas eran gente simple, del pueblo, con pocos estudios y muy humildes; sin embargo, es discutible su razonamiento de que estas mujeres no pudieran adentrarse en las etapas más altas de la escala espiritual. Para contradecir el juicio de Fray Alonso, están ahí los ejemplos numerosos de mujeres que con el beneplácito eclesiástico y, a veces, sin él, se dedicaron a vivir una vida espiritual de forma muy peculiar.

Las mujeres ocuparon un papel relevante en la espiritualidad valenciana del siglo XVII. Muchas de ellas permanecen en el más oscuro anonimato de las crónicas de las órdenes religiosas, en papeles manuscritos, o en obras impresas de dudoso interés hoy en día. Otras tuvieron más suerte, y sus nombres son conocidos, y comienza a estudiarse su influjo en el mundo espiritual. Muy conocidos son los ejemplos de Francisca Hernández y, sobre todo, de Isabel de la Cruz entre los Alumbrados de Toledo[7]. En el caso de Valencia, también se conocen los nombres de la beata Margarita Agulló, estrechamente vinculada al Patriarca Ribera, y de Francisca Llopis, quien ejerció gran influjo sobre Francisco Jerónimo Simón, sobre Antonio Sobrino y otros[8].

---

[6] A. Huerga: *Historia de los Alumbrados. I.-Los Alumbrados de Extremadura (1570-1582)*, Madrid, 1978, p.331.

[7] Sobre los Alumbrados de Toledo existe una bibliografía abundante. Para el profano en el tema pueden serle de utilidad las obras de: Antonio Márquez: *Los Alumbrados. Origen y Filosofía 1525-1559*, Madrid, 1972; Domingo de Santa Teresa: *Juan de Valdés 1498?-1541. Su pensamiento religioso y las corrientes espirituales de su tiempo*, Roma, 1957; M. Menéndez Pelayo: *Historia de los heterodoxos españoles*, Madrid, 1978.

[8] Sobre las beatas Margarita Agulló y Francisca Llopis, puede verser más información

Así pues, las mujeres beatas no son un fenómeno irrelevante en la espiritualidad, ni tampoco todas ellas fueron ilusas, hechiceras, alumbradas, etc. El ejemplo de muchas de estas mujeres sirvió de acicate para otros. Su magisterio espiritual no quedó circunscrito al mundo laico, pues fue en el mundo religioso donde mejor se dejó sentir su impronta.

1.- Mujeres beatas y emparedamientos de mujeres

Hombres y mujeres laicos tenían posibilidad de vivir su espiritualidad de manera más intensa a la común de cualquier persona. Pero las mujeres fueron quienes destacaron habitualmente por su vivencia especial de la religiosidad.

Averiguar las razones de por qué las mujeres son más conocidas como beatas nos llevaría a un estudio exhaustivo del papel que la sociedad del siglo XVII reservaba a la mujer[9].

Sin entrar en profundidades, es posible aventurar algunas hipótesis razonables capaces de explicar el porqué muchas mujeres del siglo XVII buscaron refugio en una manera peculiar de vida religiosa como era el estado de beatas.

No fue el siglo XVII un siglo fácil en España. A factores socio-económicos adversos habría que añadir la crisis política de la Monarquía. El hombre del siglo XVII tenía plena consciencia de estar viviendo unos momentos difíciles. En un marco general así siempre tenían mejor cabida las soluciones extremas. Las dificultades lanzaron a los caminos a los hambrientos, las epidemias eran frecuentes, el bandidaje se incrementó, etc. Pero hombres y mujeres no sufrían por igual las consecuencias de los malos años. La sociedad estaba organizada en función del hombre, y a la mujer le reservaba un papel secundario.

"Las crisis económicas y los cambios de coyuntura afectaban a las mujeres, en cuanto que afectaban a las familias enteras. Pero las mujeres no sólo dependían directamente de la coyuntura, sino también de la salud de sus respectivos padres o

---

en los capítulos dedicados a la espiritualidad del Patriarca Ribera y a la figura de Francisco Jerónimo Simón.
[9] Sobre el papel de la mujer en la sociedad española del siglo XVII, vid; Mariló Vigil: *La vida de la mujeres en los siglos XVI y XVII*, Madrid, 1986.

maridos. A una mujer podía irle relativamente bien económicamente y hundirse sólo por quedarse huérfana o viuda"[10]. Por eso, incluso las vías de escape propias de su sexo, convento y matrimonio, entrañaban también ahora mayores dificultades.

Los conventos de mujeres estaban saturados. "En no pocos conventos se exigen pruebas de nobleza para ingresar". Las dotes necesarias sólo podían ser satisfechas por aquellas mujeres cuyas haciendas o progenitores alcanzaban para aportar los recursos necesarios. Muchas veces, ni disponiendo de recursos era factible entrar en los conventos. En algunos casos, como ocurría en los monasterios femeninos de patronazgo real, había más ofertas de mujeres que pretendían entrar en ellos que plazas. Todo esto provocaba presiones por parte de la gente para que pudieran ingresar en los conventos hijas o familiares[11].

En cambio, los conventos de hombres continuaban manteniendo sus puertas abiertas a pesar de estar saturados. Nada o muy poco impedía a los hombres entrar en la vida conventual o clerical; su mera disposición personal era suficiente para conseguirlo.

El matrimonio era otra alternativa natural que la sociedad del siglo XVII ofrecía a las mujeres; pero, también ahora, éste tenía sus inconvenientes. Las guerras frecuentes de esta época suponían una sangría continua de hombres. A la desproporción numérica entre los sexos, habría que añadir ahora las guerras; sin olvidar que "las depresiones económicas incidían negativamente en el número de matrimonios que se contraían, o los retrasaban. Lo cual afectaba directamente a las posibilidades de supervivencia material de las mujeres"[12].

Pero, quizás, causas menos catastrofistas expliquen mejor el porqué muchas mujeres optaron por la vida religiosa de beata.

La religión impregnaba todas las facetas de la vida en el siglo XVII. Clérigos y frailes desarrollaban su magisterio entre el pueblo. Su trabajo no se limitaba al púlpito, oficiar Misa y

---
[10] Ibid., p. 114.
[11] A. Domínguez Ortiz: *Las clases privilegiadas en la España del Antiguo Régimen*, Madrid, 1973, pp. 321-324.
[12] Mariló Vigil, *La Vida de las mujeres...*, p. 114.

otros menesteres específicamente eclesiásticos. Vivían con el pueblo y sobre él ejercían su influencia. Dentro del pueblo, las mujeres eran la parte del tejido social en más estrecho contacto con ellos. Para muchas, la asistencia a los actos litúrgicos era la única vía de escape del hogar. Ellas se mostraban más receptivas a las doctrinas que se predicaban. Algunas querían cambiar de vida y la religión les ofrecía otras alternativas: vías donde dar salida a sus frustraciones, sublimar una vida matrimonial poco compensadora o, simplemente, desarrollar de manera más singular sus apetencias espirituales[13].

No sólo los aspectos socio-culturales condicionaron a las mujeres a la hora de escoger la forma de vida de beata.

M.A Orellana, refiriéndose a los abundantes casos de emparedamientos de mujeres que existían en Valencia en el siglo XVI, tras resaltar el "prodigioso fruto y buen olor de santidad que difundieron dichos emparedamientos", refiere las razones que podían impulsar a las mujeres a adoptar esta forma de vida. Según él, "era ésta una devota situación intermedia entre el riesgo peligroso del siglo, y la rígida clausura de la vida religiosa, para cuya suma austeridad de ésta, con el vínculo de los votos no siempre halla la fragilidad humana suficiente vocación, ni aún cuando la cree verdadera, está una persona libre del golpe de una inconstancia, bastando para el arrepentimiento lo invariable del estado, ni para la elección a veces ayudan o la edad o la posibilidad con el dote o el total desapego de los parientes. Descollando por otra parte la natural repugnancia a una entera subordinación con abnegación absoluta de la propia voluntad: aspirando no obstante un devoto espíritu a desviarse del tumulto y peligro bullicioso del siglo, vemos desaparecía la observancia y uso de dichos emparedamientos, que eran un virtuoso medio entre ambos a dos tan arriesgados extremos: y en algunas el de otra más tremenda resolución de perniciosísimas resultas (no pocas veces verificada) abalanzarse por despecho a un infeliz o forzado matrimonio"[14].

Para muchas mujeres entrañaba graves dificultades acceder a

---

[13] Ibid., pp. 156-194.
[14] M.A. ORELLANA: *Tratado histórico apologético de las mujeres emparedadas*, Valencia, 1887, p. 24.

la vida conventual. A la inflación de mujeres en los conventos habría que añadir la incompatibilidad entre convento y matrimonio. Pero existían otras soluciones.

No pocas mujeres, ante la dificultad de ingresar en un convento, formaban beaterios, llamados entonces emparedamientos, "congregaciones de doncellas y viudas que se recluían en una casa contigua a un templo, casi siempre una parroquia, a la que daban vista por medio de una reja o tribuna; obedecían al párroco, se mantenían de su trabajo o del producto de sus bienes, y con frecuencia guardaban la regla de S.Agustín"[15].

La propia existencia de los emparedamientos denota, según R.de Maio, la lucha de la mujer por encontrar una vía media entre el monasterio y el matrimonio que le permitiera desarrollar su propio individualismo. En este sentido, las mujeres emparedadas significarían la primera etapa de ese individualismo femenino, al que le seguiría "un movimiento de unión femenina que, aun dentro de su estatuto de vida común, defiende la soledad individual, la búsqueda de Dios a través de la contemplación, la oración como entrega social, el desarrollo de la feminidad en la maternidad espiritual"[16].

En Valencia, en el siglo XVI, existían mujeres que, bien en sus casas solas o en comunidad con otras, emparedadas o no, dedicaban el resto de sus días a la religión. A éstas se las conoce con el nombre de beatas; fenómeno social de indudable interés en la espiritualidad valenciana del siglo XVII.

M.A. Orellana, en su "Tratado apologético de las mujeres emparedadas" (Valencia 1887), pone de relieve la existencia de abundantes casos de emparedamientos en Valencia durante el siglo XVI. Junto a emparedamientos forzados de mujeres motivados por la imposición de penas o castigos; Orellana refiere casos que obedecían a motivaciones puramente religiosas. En este caso, los emparedamientos eran elegidos libremente por las mujeres.

"Como esta era una nueva constitución de vida, aunque arbitraria, era a elección de las que la abrazaban, las de mayor edad solteras o viudas como dueñas en disponer de su persona,

---

[15] Domínguez Ortiz, *Las clases privilegiadas...*, pp. 321-322.
[16] R. De Maio: *Mujer y Renacimiento*, Madrid, 1988, p. 24.

hallándose con vocación de tal retiro, elegían el que querían según y cómo les era bien visto. Pero las de menor edad, sugetas a la debida y discreta subordinación de sus Padres o parientes, que las autorizasen, solían hacerlo con previo dictamen y aprobación de los mismos, y de su Director espiritual..."[17].

La expresión emparedarse no debe ser entendida literalmente como encerrarse entre cuatro paredes sin comunicación alguna con el mundo exterior. Para Juan Bautista Corachán, recibe el nombre de emparedamiento, "por ser un encerramiento o sitio retirado en que se constituían para morar de propósito con el fin de tener oración, vivir a Dios solo, y no dejarse ver del público más que en lo muy preciso, abstrayéndose del trato y comercio del siglo, y vivir entre cuatro paredes"[18].

A pesar de estas precisiones no existe diferencia alguna entre emparedamiento, beaterio y eremitorio. Cualquiera de estas acepciones expresa la idea de que una mujer o varias vivieran retiradas del mundo dedicándose a la oración. Por eso, para Orellana, mujeres "como la Soriana, la Zucala, que observaron en su casa una vida retirada y devota, al paso que efectuaron con fervoroso celo célebres y devotas fundaciones: tampoco otras virtuosas mujeres como la María Luisa Zaragozá, la Josepha Benlloch y Albors, la Leocadia Estopina, la Gerónima Dolz, la Madre Francisca López, la Agullona, la Magdalena Llorca, la Ursula Aguiz, Ana Albuixech, Juana Ana Serret y otras infinitas valencianas, que guardando una voluntaria clausura en su casa, y algunas de éstas en su reducida mansión en algún Beaterio, pueden también llamarse Emparedadas por verificarse en ellas el vivir entre cuatro paredes y en voluntario retiro, con aquella segregación y abandono del siglo que las concilia dicho renombre..."[19].

A lo largo del siglo XVI existieron abundantes casos de emparedadas en Valencia. Adosadas a algunas parroquias había casas donde vivían mujeres encerradas dedicadas a la oración.

Un caso singular lo constituyó el de Angela Genzana de

---

[17] ORELLANA, *Tratado*..., p. 15.
[18] Cit. en ORELLANA, *Tratado*..., p. 21.
[19] Ibid., pp. 18-19.

Palomino. Esta beata se vio obligada a salir de su retiro en 1611, cuando llevaba treinta años emparedada, porque la Iglesia de San Esteban amenazaba con derrumbarse.

Especial importancia dentro de la ciudad de Valencia tuvo en el siglo XVI el beaterio de la calle Renglóns. Este beaterio se constituyó en 1528, cuando las beatas del convento de Jerusalén se trasladaron a una casa ubicada en dicha calle. Allí vivían en comunidad un grupo de mujeres sujetas a la regla de San Francisco. El beaterio era prolongación de otro que se había fundado en el siglo XIII. Muchas mujeres brillaron en este beaterio, destacando en el siglo XVI la figura de Margarita Agulló[20].

Fuera de la ciudad de Valencia, fueron muy conocidos los emparedamientos de Bocairente, Onda, El Puig y Liria.

Según narra Viciana, en Bocairente existía un monte donde había "un emparedamiento de siete honestas, y venerables mujeres emparedadas. La primera que se emparedó fue sor Cecilia Ferré: la cual vino del emparedamiento de Santa Cruz de Valencia". Esta casa se comenzó en 1537, y en 1544 se encerró la primera emparedada en esta Iglesia "so título de Monte Calvario"[21].

En el caso de Onda, la crónica de Viciana se muestra más explícita: "Y en la iglesia (de Onda) hay un emparedamiento donde están encerradas seis honestísimas mugeres Beatas, con el hábito y regla de S. Francisco, y son habidas por un dechado de virtud y santidad de vida. Y siempre suele haber en este emparedamiento algunas mugeres muy exemplares y provechosas para las honradas familias de Onda, y para rogar al Señor por el bien y conservación de la tierra"[22].

El emparedamiento de Onda fue fundado por Leonor Forés. Esta mujer, al quedar viuda, vivió en Valencia con su hija Angélica durante once años. Disponiendo de hacienda, "dedicóse al recogimiento, siendo su empleo visitar Iglesias y frecuentar Sacramentos, y para mayor perfección tomó el hábito de la

---

[20] Noticias sobre este beaterio en: E. ALCOVER: *Historia de la Congregación de Religiosas Terciarias Franciscanas de la Inmaculada. Orígenes*, Valencia, 1974, pp. 19-61.

[21] Cit. en ORELLANA, *Tratado...*, p. 12.

[22] Ibid., pp. 12-13.

tercera orden de penitencia de S. Francisco, en el cual vivió once años en Valencia, con recogimiento y grandes muestras de santidad". Esta forma de vida no debía colmar sus aspiraciones y, finalmente, decidió trasladarse a Onda para encerrarse con su hija y otra mujer llamada Leonor Masquefa[23].

Por lo que se refiere al emparedamiento de Liria, éste tenía algunas peculiaridades: las mujeres "no viven tan libres, guardan reglas y constituciones de comunidad, con Prelada que llaman Mayorala, visten cierto trage como hábito, entran precediendo pruebas de su morigerada vida, hay número determinado de solas 15 contando la Mayorala, no admiten sino doncellas; guardan total encierro de noche, y aunque no hacen voto alguno, empero no hay ejemplar que jamás haya salido Beata alguna para casarse, reciben alguna mediana asistencia de dicha villa, la que igualmente las asiste en lo espiritual"[24].

Un caso singular fue el de Inés Pedrós de Alpicat. Esta mujer, más conocida como la Venerable Inés de Moncada, huyó de la casa de sus padres siendo niña, y se refugió en una "encumbrada e inaccesible cueva en los montes de Porta-Coeli". Aquí vivió durante toda su vida disimulando su sexo con trajes de hombre, hasta que a su muerte se descubrió que era una mujer[25].

Dominga Torres es un ejemplo de ermitaña a la que se puede calificar también como beata o emparedada. Sometida, según sus biógrafos, a continuas violencias satánicas, vivió muchos años en una ermita de Masamagrell. De aquí se trasladó al beaterio que el reformador dominico Juan Micó había fundado en Valencia por los años de 1550-1555. Este beaterio fue muy importante, pues en el mismo llegaron a congregarse más de cincuenta beatas[26].

---

[23] Ibid., p. 13.
[24] Ibid., p. 31.
[25] Ibid., p. 19. Sobre la beata Inés Pedrós i Alpicat, vid: A. ROBLES: "Manuscritos del Archivo del Real Convento de Predicadores de Valencia", en *Escritos del Vedat*, vol. XIV (1986), pp. 349-402. Robles informa de que en dicho Archivo se conserva un manuscrito cuyo autor es Fray Vicente Gómez y que lleva por título: *Vida y muerte de la venerable Inés Pedrosa*, Valencia, l636.
[26] Ibid., p. 19. Sobre Dominga Torres vid: Biblioteca de la Universidad de Valencia, Ms. 159, fols. 272v-278v.

2.- Origen social

No todas las beatas tuvieron el mismo origen social. La cuna fue un factor importante que separó a unas de otras.

Los autores de biografías de beatas no pretenden esconder la bajeza social de sus retratadas, pero utilizan formas estereotipadas y barrocas para referirse a ello: "de honestos padres, no ricos, según la estimación del siglo, pero la verdad muy dichosos, pues merecieron tener tal hija"[27]; "pobres, pero honestos y trabajadores"[28].

En otros casos, cuando el origen social es relevante, los biógrafos no dudan en señalarlo: "era de lo más calificado y rico de aquella villa"[29].

Si las circunstancias socio-económicas dejaban poco margen para el ascenso social, la vida espiritual dentro del mundo no parecía el modo más adecuado para conseguir cambiar de clase.

Las beatas no fueron una excepción en esto. Mujeres de su tiempo, vivían dentro de su medio social, trabajando para ganarse el sustento y sufriendo los rigores de los tiempos.

Inés Juana García estaba tan obligada por su madre, "que de coger seda", se le lisiaron las manos. Le ocupaba tanto tiempo su trabajo que no podía dedicarse a la oración. Si algún tiempo descuidaba su trabajo y oraba, pillándola su madre, "la castigava muy ásperamente, dándole con un palo"[30].

Las hermanas Isabel y Ana de Medina, pese a que su casa "era de las bien puestas, y acomodadas que avía en Villena", ayudaban a sus padres tejiendo en un telar de su casa[31].

Beatriz Ana Ruiz, beata de Guardamar, tuvo que dedicarse a lavar ropa ajena primero y, después, a pedir limosna para poder sustentarse[32].

---

[27] Antonio Panes: *Chrónica de la Provincia de S. Juan Bautista de religiosos menores de la regular observancia de nuestro padre seráphico S. Francisco*, Valencia, 1665-1666, vol. II, p. 694.
[28] Pérez, *Vida de la Venerable*..., p. 7.
[29] Panes, *Chrónica*..., II, p. 464.
[30] Ibid., pp. 450-451.
[31] Ibid., I, p. 384.
[32] Pérez, *Vida de la Venerable*..., pp. 18-21.

Un ejemplo excepcional, aunque no parece que en este caso ella buscara su sustento con el trabajo, lo constituye la beata María de Jesús. De ella refiere Panes: "Su ordinaria comida eran hojas de verças o las cortezas de melón que se hallava por los muladares: éstas cozía con agua, y les echava un poco de pimienta y ajo con muy poco azeyte, y comía dello, y si caso le sabía bien, mezclava cantidad de ceniza, para que perdiese el sabor". No probaba nunca la carne, y el pan que comía estaba tan mohoso y duro, "que era necesario partirlo con una piedra"[33].

Pero hubo mujeres que después de un cierto tiempo de ser beatas no necesitaron trabajar para alimentarse. Conseguida una cierta fama de santidad, vivían de la caridad y regalos de personas notables.

Francisca Llopis tuvo muchos valedores a lo largo de su prolongada vida. Trabajó durante un tiempo en su casa, sin que su madre comprendiera su manera de vivir: "ni pares, ni crías, ni sirves marido, como tus hermanas"[34]. Pero la excelencia de su vida espiritual hizo que su confesor, Miguel Fuentes, dado que "el sujeto era tan delicado, y flaco para trabajar, y el exercicio de la oración continua la tenía, quanto a lo exterior, casi consumida, y desecha; y sino trabajava, no tenía con que sustentarse", a buscarle un hacedor. Su confesor "rogó a un hijo suyo muy espiritual y devoto... que cada semana le acudiesse con una limosna que vendría a ser como quarenta, cinquenta escudos al año; y con esto vivía la sierva de Dios, y su madre, que ya era viejíssima..."[35].

En la vida de Inés Juana García tuvo que intervenir San Luis Bertrán para que su madre le permitiera dedicarse a la religión. Con el fin de que no se perdiera un espíritu tan noble, San Luis le daba a la madre tres sueldos, y continuó dándoselos mientras vivió. Pero además de San Luis, la beata tuvo también la protección de la Duquesa de Frías. "Mientras estuvo la duquesa en Valencia, demás de darle todo lo necessario para ella, y una criada, le hazía otras particulares limos-

---

[33] Panes, *Chrónica*..., II, pp. 414-415.
[34] Ibid., p. 725.
[35] Ibid., pp. 717-718.

nas; y aviéndose ido, no se olvidava de socorrerla. Embióle desde Milán en una ocasión cien ducados, y otras vezes dentro de las cartas la remitía algunos doblones, rogándole no se olvidasse della, y de toda su casa"[36].

También Elena Martínez encontró su protector. Hija espiritual de Antonio Sobrino, éste consiguió que D. Francisco Calderón, padre de D. Rodrigo Calderón, privado de Felipe III, le enviara todos los años una ayuda económica[37].

Especial relevancia merece el ejemplo Beatriz Ana Ruiz, quien después de una vida salpicada de escándalos, encontró la protección del Secretario del Ayuntamiento de Guardamar, Miguel Pujalte. Este, todavía casado y con hijos, no dudó en ayudarla con todos los medios a su alcance. Después, se ordenó sacerdote, y se la llevó a ella y a sus tres hijos a vivir con él[38].

La baja extracción social de la mayoría de las beatas iba acompañada de un nivel cultural acorde a su condición social, pero no exclusivo de ella. "En la realidad, el nivel cultural de las mujeres durante el siglo XVI, y sin duda también en el siglo XVII, fue muy bajo, a pesar de que hubo una situación favorable para la educación femenina por la influencia de los humanistas. Pero las mujeres no se mostraron muy interesadas por este asunto. En los testimonios de los moralistas y de la literatura apreciamos la existencia de una fuerte pugna femenina para romper la clausura doméstica, pero no detectamos una lucha paralela de las españolas por elevar su nivel cultural... el avance que se produjo en cuanto a la libertad de movimientos no fue paralelo a un progreso en el nivel educativo"[39].

El bajo nivel cultural del conjunto de las mujeres no fue una excepción en el caso de las beatas. Estas, en su mayoría, no sabían leer ni escribir y, a pesar de ello, fueron capaces de adentrarse por caminos espirituales difíciles. Lo que no resulta contradictorio si se tiene claro que la vía espiritual no necesita tanto de conocimientos intelectuales, como de un método de aprendizaje reiterativo. Por otra parte, el nivel cultural que

---

[36] Ibid., pp. 456-459.
[37] Ibid., pp. 498-501.
[38] Pérez, *Vida de la Venerable*..., pp. 98-100.
[39] MARILÓ VIGIL, *La Vida de las mujeres*..., p. 52.

podía significar la posiblidad de lectura de los tratadistas místicos, si era de desear respecto a lo que pudiera significar de mejora en el nivel cultural de las mujeres, también entrañaba sus peligros desde el punto de vista doctrinal.

"Los efectos internos de la lección de las obras de los grandes místicos, en su época y algo después, fueron grandes. No todos positivos, ni mucho menos. Porque en una sociedad sobrecargada de clérigos, frailes y monjas, de hombres y mujeres píos, hubo de darse por fuerza, repetidas veces, el caso del hombre o la mujer sugestionado por los textos que corrían y servían de pasto espiritual, que se lanzó a lo que podría llamarse aventura mística y que fue derrotado tristemente en ella"[40].

3.- Confesores y Maestros de espíritu

Teresa de Jesús se quejaba con amargura de haber andado más de veinte años desorientada en la vida espiritual por no haber encontrado buenos maestros de espíritu. "Porque yo no hallé maestro, digo confesor que me entendiesse, aunque lo busqué, en veinte años después de esto que digo". Confesores y maestros ineptos, -iletrados los llama ella-, confundían su espíritu; "lo que era pecado venial, decíanme que no era ninguno; lo que era gravísimo mortal, que era venial"[41].

La guía espiritual resulta imprescindible para quienes pretenden adentrarse en la contemplación mística; pero la elección del confesor o maestro no siempre es fácil. Miguel Molinos planteaba la elección como algo trascendente. "Antes que se elija el Padre espiritual, se ha de pensar bien y se ha de hacer oración, porque es materia gravísima y ha de venir de la mano de Dios"[42].

En cuanto a la disyuntiva entre maestros espirituales o libros de espiritualidad, los grandes teóricos del siglo XVII se

---

[40] J. Caro Baroja: *Las formas complejas de la vida religiosa. Religión, sociedad y carácter en la España de los siglos XVI y XVII*, Madrid, 1985, p. 53.
[41] Cit. en: Crisógono de Jesús Sacramentado: *Santa Teresa de Jesús. Su vida y su doctrina*, Barcelona, 1942, pp. 35-36.
[42] M. Molinos: *Guía Espiritual*, ed. a cargo de J.I. Tellechea Idígoras, Madrid, 1975, p. 202.

decantan siempre por la primera opción. "Hay una gran ventaja en tener maestro en el camino místico, a servirse de los espirituales libros; porque el maestro práctico dice a su tiempo lo que se debe hacer, y en el libro leerá aquello que menos convendrá, y de esa manera falta el documento necesario"[43].

Una vez elegido confesor o maestro, hay que mantenerse fiel al mismo. Nada de querer averiguar si otro irá mejor o de consultar con otros la elección: "no te andes más de consulta en consulta, queriendo saber de este confesor, y del otro, o Maestro, si va bien en este modo de oración, porque te dirá cada uno un consejo diferente, y aún te perturbarán harto, sino entienden mucho de ello, y te dirán, que vas perdido y que es tentación, con que te harán gran daño..."[44]. Sólo una serie de causas deben inducir a cambiar de maestro. "El no ser, pues, experimentada la guía, es la principal causa para dejarle y elegir otra, que lo sea, porque sin ella no se aprovechará el alma"[45].

La fidelidad de las beatas a sus confesores o maestros es una dato contastable. Inés Juana García mantuvo como confesor durante doce años a Pedro Nicolás Factor. Teniendo en cuenta los años que vivió, "más de noventa", tuvo otros confesores[46].

Francisca Llopis tenía más de ochenta años cuando murió. Muchos confesores gobernaron espiritualmente su vida; pero su fidelidad hacia ellos no fue cosa de pocos años. Siete años tuvo como confesor al P. Gerónimo Mur de la Compañía de Jesús; después, confesó catorce años con otro jesuita, el P. Miguel Fuentes. "Tratóla también muchos años el P. Miguel Julián...". Finalmente, tuvo como maestro a Antonio Sobrino, quien gobernó espiritualmente su alma hasta su muerte en 1622. Fallecido Sobrino, Francisca continuó el trato con otros espirituales, pero ya entonces, su fama de santidad era tan grande en Valencia, que pasó a ser más maestra que hija espiritual[47].

Tema conflictivo y no exento de peligros, sobre todo te-

---

[43] Ibid., p. 205.
[44] Fray Juan Falconi: *Camino derecho para el cielo*, ed. a cargo de Elías Gómez, Barcelona, 1960, p. 293.
[45] Molinos, *Guía*..., p. 202.
[46] Panes, *Chrónica*..., II, pp. 451-452.
[47] Ibid., pp. 687-689.

niendo en cuenta los casos frecuentes de solicitaciones, abusos, posesiones diabólicas, etc., que se daban en la época, era el de la preparación que debían tener aquellos que se dedicaban a la guía de almas[48].

Para Molinos, tres requisitos debían reunir quienes quisieran dedicarse a este trabajo: luz, experiencia y vocación.

"Te parecerá, y con satisfacción, que eres a propósito para guiar almas por el camino del espíritu, y quizás será soberbia secreta, ambición espiritual y conocida ceguedad, porque a más de pedir este alto ejercicio superior luz, total desapego y las demás calidades..., es necesaria la gracia de la vocación, sin la qual todo es vanidad, satisfacción y propia estima"[49].

4.- VIDA ASCÉTICA

Penitencias y mortificaciones corporales están presentes en la vida de las beatas. Este aspecto es interesante porque la mayoría de las biografías estudiadas fueron escritas por el franciscano descalzo Antonio Panes, a quien algunos identifican con el quietismo[50]. Es importante resaltar esto, pues una de las características que se utilizan para diferenciar a alumbrados y quietistas de los espirituales "ortodoxos", es el poco apego de los primeros por las mortificaciones y penitencias en el camino de la contemplación mística.

Miguel Molinos, autor espiritual condenado en 1687 por sus doctrinas quietistas, analiza en uno de los capítulos de su "Guía Espiritual" el tema de las penitencias y mortificaciones.

"El sustento del alma, es la oración, y el alma de la oración es la interior mortificación: porque aunque las penitencias corporales y todos los demás ejercicios con los cuales se castiga la carne, sean buenos, santos y loables (mientras sean con discreción moderados, según el estado y calidad de cada uno, y por el parecer del espiritual director), sin embargo, no granjearás virtud alguna por estos medios, sino vanidad y viento de

---

[48] Sobre el nivel cultural del mundo eclesiástico, vid: A. DOMÍNGUEZ ORTIZ: "Aspectos sociales de la vida eclesiástica en los siglos XVII y XVIII", en *Historia de la Iglesia en España*, vol. IV, Madrid, 1979, pp. 5-72.
[49] MOLINOS, *Guía*..., pp. 217-218.
[50] Esta es, al menos la opinión de R.Robres. Vid: ROBRES: *En torno a*..., pp. 353-465.

vanagloria, si no nacen del interior[51].

Para Molinos la mortificación corporal sin más no tenía sentido. Debía ser el director espiritual, como persona experimentada, quien dijera cuándo y qué penitencias debían hacerse. Si se carecía de director espiritual, sólo interiormente podía saberse si se necesitaba o no mortificar el cuerpo; de lo contrario se incurría en vanidad, cuando no en cuestiones más graves como los de fingimientos de "llagas, azotes, coronas de espinas y Cristos en los pechos..."[52].

Las penitencias corporales no siempre son válidas en el camino espiritual. "Cuando el alma comienza a retirarse del mundo y del ocio, debe domar el cuerpo con rigor para que se sujete al espíritu y siga la ley de Dios con facilidad. Importa entonces jugar las armas del cilicio, ayuno y disciplina, para arrojar de las carnes las raíces del pecado. Pero cuando el alma se va entrando en el camino del espíritu, abrazando la interior mortificación, se deben templar las penitencias del cuerpo, por estar bastantemente trabajado del espíritu: el corazón se debilita, el pecho padece, el celebro se cansa y todo el cuerpo queda pesado e inhábil para las funciones del alma"[53].

Toda una gama de penitencias y mortificaciones figuran en las biografías de las beatas.

Francisca Llopis, que "no pudo lograr las ansias, que siempre tuvo de hazer penitencia tan rigurosa como demandava su fervoroso espíritu", dormía vestida sobre unas tablas, "no se desnudava, y que siempre dormía abraçada a un Crucifixo"[54].

El crucifijo es un utensilio penitencial de uso común por las beatas. Margarita Agulló hacía oración abrazada a una cruz de madera que se había hecho a propósito[55].

María de la Concepción, conocida con el nombre de Ginesa de la Rosa, además de cilicios, disciplinas, ayunos y otros penitenciales utensilios, "tenía una Cruz grande, mayor que la

---
[51] Molinos, *Guía...*, pp. 260-261.
[52] Cit. en Caro Baroja, *Las formas complejas...*, p. 60.
[53] Molinos, *Guía...*, p. 261.
[54] Panes, *Chrónica...*, II, pp. 720-721.
[55] J. Busquets Matoses: *Idea exemplar de prelados delineada en la vida y virtudes del venerable varón el Illmo. y Exmo. Señor D. Juan de Ribera*, Valencia, 1683, pp. 356-365.

estatura del cuerpo arrimada a la pared, un poco sacado el pie afuera, con tres clavos grandes; de los quales todas las noches estava pendiente tres horas, y muchas vezes perseverava las noches enteras; puestos los pies en el clavo inferior, y colgado el cuerpo de los otros dos, enlaçando las manos en unos cordeles". Era tanto el dolor y la "dulzura" que al mismo tiempo experimentaba, que apostilla su biógrafo: "No pueden dezir los testigos más que la penalidad exterior, pero la dulçura que, su alma sentía, siendo transformada por el compasivo afecto, y piedad en los dolores de nuestro Redemptor, queda el ponderarlo a juizio del varón espiritual, pues tanto aliento en el padecer, no es dado a la flaqueza humana sin grande embriaguez, y olvido del penoso sentir, en el contemplativo gozar"[56].

Los sufrimientos padecidos por Cristo también son utilizados penitencialmente por las beatas. Ana García Rubia "se ponía en la cabeza una corona que avía hecho de agudas espinas"[57].

El carácter imitativo que en algunos casos tenían las mortificaciones de las beatas, llevaba a éstas hasta el extremo de cuantificar los sufrimientos padecidos por Cristo, para así poder domar su cuerpo con los mismos.

Cinco mil azotes creía Ana García Rubia que había recibido Cristo cuando estuvo atado al poste del martirio, y cinco mil azotes procuraba darse en sesiones espaciadas de días. La intervención de su hijo, fraile franciscano, la disuadió de práctica tan peregrina[58].

Cilicios de todos los tamaños, modelos y formas fueron utilizados por las beatas.

Ana García Rubia, no satisfecha con llevar un traje áspero y grosero arrimado a sus carnes, llevaba a menudo distintos tipos de cilicios, "uno era de cadena de hierro con agudas puntas, de que se ceñía muy apretadamente; otro (a mi ver) no menos penoso, de pleita de esparto, que le cogía el medio cuerpo de la cintura arriba; y otro en la misma forma texido de cerdas; otro de cerdas más despiadado, y cruel (que tam-

---

[56] PANES, *Chrónica*..., II, p. 160.
[57] Ibid., p. 432.
[58] Ibid., p. 432 y ss.

bién le cogía el medio cuerpo) y apretávasele de manera a vezes, que le traía con las carnes unido, y al quitarsele, se llevava tras sí los pedaços della, dexando el cuerpo lastimadíssimo, lleno de llagas, y vertiendo sangre; y quando assí la sierva de Dios le veía, se gozava, y complacía mucho, como quien se ha vengado de un fiero amigo"[59].

Ana de Medina usaba de muchos modos de penitencia. Para mejor sujetar su sensualidad al dominio de la razón, inventaba formas distintas para mortificarse: "traía en los braços unas manillas de hierro, o de áspera soga, en las piernas unas abraçaderas de carda, para el cuerpo lo más suave era el esparto, o cerdas". Además, ceñía su cuerpo con una "faja de lienço de la anchura de un palmo toda colchada de piedrecillas agudas, puestas azia dentro de punta, que pesava tres libras; imitando la prudente culebra, que para desnudarse la camisa vieja, se estrecha entre las piedras ásperas"[60].

La brutalidad inhumana con que algunas beatas castigaban su cuerpo, no excluía la práctica de otras formas penitenciales que podrían denominarse más normales como el silencio, la huida de las vanidades mundanas, el temor a la fama, el retiro, el cuidado de enfermos y necesitados, etc. Aunque, también en estos casos se daban ejemplos extremados como el de Elena Martínez.

"Aconteció una vez, que llegó a la puerta un pobre, que tenía muy llagadas las piernas, y como le viesse la santa donzella (que de su natural era en extremo asseada, y limpia, qualquiera cosa asquerosa la causava gran repugnancia, y la rebolvía el estómago) sintió grande horror, más reprehendiéndose de su delicadeza, y poca caridad con el próximo, se concertó con él, que la dexasse lamer las llagas, y que le daría limosna, y assí lo hizo: y saboreóse de suerte en esta grande mortificación, que las veces que podía después ir al hospital... entrávase a la quadra del hospital, que dizen la goleta, donde no ponen, sino a las mugeres llagadas de bubas, y de otras asquerosas enfermedades, lugar donde raras personas se animan a entrar, por el asco, y mal olor, que ay, y haziendo a aque-

---
[59] Ibid., p. 431.
[60] Ibid., I, p. 383.

llas miserables las camas, y limpiando sus inmundicias, passava a tanto su caridad, que con la lengua les lamía las llagas podridas, y exprimiéndolas, chupava la asquerosa materia, y algunas vezes se tragava los trapillos, y hilos empapados della... Quál sería la dulçura, que abundava en su alma, pues redundava assí en la parte exterior, y gustava su paladar, y lengua las destilaciones del panal dulcíssimo, que avía la misericordia, y piedad fabricado allá en sus entrañas"[61].

La excepcional mortificación de Elena Martínez no debe servir para confirmar algunos juicios que se han vertido contra las beatas. El ejemplo referido no es único en la espiritualidad española. De Ribera se dice que curaba las llagas y se las lamía y besaba a su amigo Luis Bertrán[62]. También, Pedro de Ribadeneyra en la "Vida de Ignacio de Loyola", al referirse a la santidad de vida de Francisco Javier dice: "Señalábase entre todos... en la caridad y misericordia con los pobres y en la entera y perfecta victoria de sí mismo, porque no contento de hacer todos los oficios asquerosos que se podían imaginar, por vencer perfectamente el horror y asco que tenía, lamía y chupaba algunas veces las llagas llenas de materia a los pobres"[63].

5.- Religiosidad precoz

El rigor histórico está ausente de la mayoría de las biografías. Escritas con fines hagiográficos y didácticos, resulta difícil precisar dónde termina la veracidad de la anécdota narrada y dónde comienza el relato de hechos inverosímiles o, cuando menos, poco creíbles. Así, cuando el biógrafo de Elena Martínez narra que "siendo niña aún no de cinco años, le dio el Señor luz, y deseo para conocerle, y amarle; y de aquella edad començó su Magestad divina a regalarla, y favorecerla con muy especiales misericordias", no se sabe si creerlo, o considerar, por contra, que es un recurso formal para exagerar la excelencia y la calidad de esta mujer. Lo mismo acontece, cuando se lee que Ana de Medina se retiraba sola a orar a los

---

[61] Ibid., II, p. 495.
[62] R. Robres: *San Juan de Ribera*, Barcelona, 1960, p. 457.
[63] P. Ribadeneyra: *Vida de Ignacio de Loyola*, Madrid, 1967, p. 84.

cuatro años de edad, y, "de cinco años tenía grandes arrobos, que le solían durar todo un día"[64].

Si excesiva parece la edad de cuatro o cinco años para iniciarse en la vida espiritual, más verosímil resulta el que muchas beatas dejaran traslucir su intención de dedicarse a la religión a partir de los diez años de edad. Es evidente que su decisión no sería todavía firme; pero mostraban ya síntomas, como la frecuencia en ir a la iglesia, en recibir el sacramento de la comunión y el trato continuo y familiar con personas espirituales, que permitían deducir que, a la hora de elegir forma de vida, se decantarían por retirarse del mundo y dedicarse por entero a la religión. Este es el caso de Elena Martínez, quien, "desde edad de diez años comenzó a comulgar, sin que se supiese en su casa. Iva por la mañana a aprender de costura, y antes de esto a San Juan del Mercado, donde le aguardava el licenciado Aznar, muy siervo de Dios, y reconciliándola brevemente, la dava luego la comunión..."[65].

El trato frecuente con personas espirituales influyó también en la vida de muchas futuras beatas, decidiéndolas a cambiar de vida.

Inés Juana García, maravillada por un sermón que había oído predicar a Fray Cristóbal Moreno, determinó apartarse del mundo cuando tenía sólo doce o trece años de edad. Su decisión fue tan firme que, de vuelta a su casa tras el sermón, se cortó el cabello de raíz y obligó a que Pedro Nicolás Factor pidiera licencia a sus superiores para que le permitieran vestir el hábito de beata[66].

No siempre se podía vestir el hábito de beata a edad tan temprana, pero cuando esto no era posible quedaba al menos el recurso a la promesa o voto personal. Ya se ha aludido a la extremada precocidad de Ana de Medina; desde muy niña, dio signos inequívocos de querer dedicarse a la religión. No satisfecha con abrazarse a Cristo interiormente, quería también conformar su exterior a él. "Y en este santo deseo, siendo de diez años, hizo votos de traer el hábito de Nuestro Padre san

---

[64] Panes, *Chrónica...*, II, p. 491 y I, p. 381.
[65] Ibid., II, pp. 492-493.
[66] Ibid., pp. 451-452.

Francisco, de quien era en extremo devota, pareciéndole que desta suerte se vestiría de unas fuertes armas, con que resistir las saetas venenosas del mundo, del demonio, y la carne"[67].

Es posible que la mayor fama de santidad de unas beatas respecto a otras obligara al biógrafo a exagerar las notas de precocidad y los "favores" alcanzados en la vida espiritual. La fama de Francisca Llopis es incuestionable en el panorama espiritual valenciano. Según su biógrafo, "a los doce años ya tenía oración muy quieta, y frequentava los Sacramentos muy a menudo gozando de mucha devoción, y paz interior, y algunos favores muy especiales de Nuestro Señor..."[68].

No todas las mujeres fueron tan precoces como los ejemplos detallados. Las circunstancias personales, el simple deseo, el desconocimiento de la manera de vivir de las beatas hizo que muchas adoptaran esta forma de vida ya en plena madurez. La muerte fortuita de una pedrada de la hija de Isabel Juan hizo que ésta, ya viuda, repartiera su hacienda entre los necesitados y se retirara a vivir como beata a una casa que había comparado en Gandía junto al convento de los franciscanos[69].

6.- PROYECCIÓN SOCIAL

Las beatas y el mundo eclesiástico

Las beatas representan una manera de entender la religión que, pese a estar vinculada a ciertas órdenes religiosas, puede considerarse como marginal al aparato eclesiástico de la Iglesia. En este sentido, es comprensible que su espiritualidad estuviera fiscalizada por la Inquisición y por la Iglesia.

El recuerdo de los alumbrados de Toledo pesaba como una losa sobre la conciencia colectiva de la espiritualidad hispana[70]. Cuando todavía no se habían apagado los rescoldos de aquel triste caso, el rebrotamiento del alumbradismo en Extremadura y Andalucía puso a la Inquisición en guardia ante la posibili-

---

[67] Ibid., I, p. 385.
[68] Ibid., II, p. 695.
[69] Ibid., p. 465.
[70] Vid: MÁRQUEZ, *Los alumbrados*...

dad de que aquellos hechos se reprodujeran[71].

En los casos de Toledo, Extremadura y Andalucía estaban implicadas mujeres, conocidas genéricamente con el nombre de beatas. Pero a pesar de que no fueron éstas las responsables últimas de las doctrinas condenadas —tal como refiere J.Caro Baroja[72], siempre había una personalidad masculina algo desequilibrada sobre la que echar las culpas—, la realidad es que algunas mujeres jugaron un papel destacado en dichas prácticas heterodoxas.

Parco en noticias se muestra Antonio Panes sobre los roces o supuestos procesos inquisitoriales existentes contra las beatas por él biografiadas. De Isabel de la Paz, cuenta que el demonio la llevó con otras dos compañeras ante la Inquisición. Allí se las examinó, y no encontrándose nada en ellas contrario a la buena doctrina se las volvió a enviar a sus casas[73].

El caso de Isabel de la Paz es interesante porque tenía ciertas inquietudes intelectuales y gozaba de un gran prestigio espiritual en Cartagena. Isabel escribía discursos morales que eran aprovechados en el púlpito por personajes destacados como el Doctor Cámara, que después sería obispo de Salamanca. Para la beata, debía predicarse una doctrina que no tuviera "sutilezas de ingenio, y conceptos curiosos que ningún fruto hazen en las conciencias". La predicación debía estar dirigida "a la reformación de vida, huyendo los vicios, y procediendo de virtud en virtud, por la imitación de nuestro redemptor Iesu Christo, viviendo pía, sobria, y cástamente en humildad, mortificación, y obediencia, y ajustamiento con el gusto de Dios, para conseguir el dichoso fin de verle, y gozarle por los siglos de la eternidad"[74].

Pero, Isabel no se quedaba aquí en sus orientaciones, sino que consideraba necesaria una reforma a fondo del mundo eclesiástico: "de quien más se quexava el Señor, era de sus ministros, y estado Eclesiástico, que deviendo por su buena elección ser más santos, y reconocidos a su Magestad, y edificar al pueblo con su buen ejemplo, vivían con más libertad,

---

[71] Vid: HUERGA, *Historia de los Alumbrados...*
[72] CARO BAROJA, *Las formas complejas...*, p. 68.
[73] PANES, *Chrónica...*, II, p. 343.
[74] Ibid., p. 367.

desahogo, y descuido, de que la Justicia divina se hallava indignada, y llovían tan severos castigos, trabajos, y calamidades"[75].

Francisca Llopis tuvo también que hacer frente a graves acusaciones procedentes, en su caso, de los frailes dominicos de Valencia. Estos, que no sabían cómo desacreditar la figura del clérigo Simón, trataron de hacerlo propagando que el clérigo y la beata vivían y, a veces, dormían juntos en la misma habitación. No importaba mucho que las cosas no hubieran sido así en la realidad, la simple propalación del rumor era suficiente para hundir la credibilidad personal y espiritual de cualquiera, mucho más si la protagonista era una mujer[76].

El recelo del mundo eclesiástico hacia las beatas puede resultar comprensible por la proliferación de casos de mujeres que se pretendían espirituales, y que utilizaban su fama en provecho personal, o para divulgar ideas bastante estrafalarias. Ahora bien, no puede aceptarse que fueran sólo las mujeres las estrafalarias, porque igual o superior número de casos podrían citarse donde los protagonistas fueron hombres.

Las beatas tenían no sólo que parecer espirituales sino, además, estar continuamente demostrando que lo eran.

Beatriz Ana Ruiz, con una vida personal bastante atormentada, tuvo que soportar que un predicador que la visitó en su casa, para probar su virtud, comenzara a acariciarla "y dezirle estava buena, y llena de virtud, y muy adelantada en el servicio de Dios"[77].

Mayores problemas de recelos eclesiásticos se producían cuando las beatas escribían sobre cosas espirituales.

Tomás Pérez, biógrafo de Beatriz Ana Ruiz, acierta cuando refiriéndose a los escritos o revelaciones de mujeres, dice: "Otra duda anda en estas causas como imprescindible, y conexa con la entidad de la persona; fundada en la condición, y sexo del sugeto que recibe la Revelación; y tan perentoria de examinarse, que sólo por el artículo de ser algunos libros dic-

---

[75] Ibid., pp. 367-368.
[76] Sobre la figura de Simón y la polémica que se suscita a su muerte, ver el capítulo de este libro dedicado a ello.
[77] Pérez, *Vida de la Venerable...*, p. 36.

tados, y escritos por muger, aunque de asuntos útiles, y graves, les impugnaron varones juiciosos, y peritos. Assí lo refiere Martín del Río. La inevitable sospecha de estas personas, estriva: parte en la índole mugeril, dispuesta, y pronta a engañarse, y engañar; y parte estriva en la prohibición iterada de san Pablo, negando a toda muger no sólo el plácito, si también el permisso de enseñar"[78].

Como casi siempre ocurría, también ahora, Tomás Pérez se veía en la obligación de recurrir a los casos fuera de toda sospecha de Santa Brígida, Santa Hildegarda, Santa Catalina, etc., advirtiendo: "pero siempre que expongan su doctrina sin ostentación"[79].

Magisterio espiritual

En líneas generales, las beatas fueron mujeres solitarias que vivieron su espiritualidad de forma muy íntima o, como mucho, en comunidad con otras mujeres. Asimismo, tuvieron trato espiritual únicamente con sus maestros y confesores; se relacionaron de modo familiar con sus vecinos y no lograron dejar una fuerte impronta entre ellos. En muchos casos, sus mismos convecinos las repudiaron considerándolas gentes extrañas y de poco juicio. Sin embargo, hubo beatas que fueron estimadas y que alcanzaron una notable fama. Este es el caso, por ejemplo, de Isabel de la Paz.

"Tan grande era el fuego del divino amor, que contínuamente ardía en el pecho desta sierva de Dios (dize su bienhechor) que robava los coraçones de quantos la hablavan, tratavan, y comunicavan: cosa muy notoria en toda la Ciudad, y no era menester más de oirla una sola palabra, para quedarse enagenados de sí por muy largo tiempo, especialmente religiosos, y gente de espíritu"[80]. Su fama llega a ser tan notoria que "jamás sale de casa a visitar, sino siempre se está en un rincón y viendo ella, que tantos la ivan allí a buscar se afligía muchíssimo, y dezía a Dios: Señor no haríades, que no fuesse

---
[78] Ibid., p. 270.
[79] Ibid., p. 271.
[80] PANES, *Chronica...*, II, p. 364

nadie a mi casa? no ay otros que les traten mejor que vos?..."[81].

Francisca Llopis era muy conocida en Valencia en 1612. Este año, la muerte del clérigo Simón, con el que le unía una estrecha relación personal y espiritual, la catapultó a la fama. A partir de ese momento, ya no tuvo sosiego.

"Como con la manifestación del Venerable Mosén Gerónimo Simón, no ha podido traslucirse algo de lo que es Francisca su madre fidelíssima (como él la nombró en su testamento en que la instituyó heredera) toda Valencia la busca, todos la desean conocer, y hablar".

Francisca trata de rehuir esta fama, no sabe ya adonde ir, "todo es buscar traças como esconderse, y huir de los señores, y señoras, que la buscan, yéndose fuera de Valencia, ya a un lugarcillo, ya a otro, ya ocultándose por diversas iglesias, porque no atinen adonde va". La beata no busca la fama y el favor del pueblo, pues si fuera esto lo que deseara, "bien a manos llenas pudiera ganarlas en esta ocasión". Pero para ella importan poco las glorias del mundo. Intenta vivir su espiritualidad de forma personal e íntima, y, por eso, cuando toda Valencia estalla en fiestas en honor de su ahijado espiritual, "ella no se alegra en otra cosa más que en verse sola, y que todos la dexen y olviden"[82].

La soledad buscada y anhelada por Isabel de la Paz y Francisca Llopis no siempre fue compartida por otras beatas. Hubo algunas que buscaron y fomentaron el aplauso y el favor del pueblo, incluso sobrepasando los límites de sus humanas posibilidades, también de las espirituales, y que hicieron el más estrepitoso ridículo cuando quisieron convertirse en pitonisas, sanadoras milagrosas y otros quehaceres bien poco espirituales.

En algunas ocasiones, las beatas, o sus cuerpos, fueron utilizados. No es extraño encontrar disputas entre órdenes religiosas por conseguir enterrar en sus iglesias los cuerpos de algunas de estas mujeres, que gozaron en vida de cierta fama de santidad. Con ello se pretendía atraer, no tanto a los fieles, como las limosnas de éstos con el señuelo de tener enterrado

---

[81] Ibid., p. 365.
[82] Ibid., p. 709.

en la iglesia del convento un cuerpo u otro de beata.

Pero la mayoría de la veces, el pueblo distinguía bien unas beatas de otras. Por eso, las autoridades eclesiásticas, ya de por sí recelosas de estas mujeres, trataron de cortar las muestras de fervor que el pueblo les tributaba. Esto fue lo que ocurrió a la muerte de Elena Martínez, cuando el Arzobispo de Valencia ordenó que se la enterrara "más aprisa de lo que quisieron los fieles"[83]. Lo mismo aconteció con Francisca Llopis, que, fallecida el 18 de mayo de 1650, la enterraron al día siguiente pues el Arzobispo ordenó que no se dilatara más su entierro porque tenía miedo que se volvieran a producir las extraordinarias muestras de fervor popular que habían tenido lugar a la muerte de Simón en 1612[84].

Alrededor de casi todas las beatas merodeaban personas eclesiásticas. En la mayoría de los casos eran confesores y maestros espirituales; pero es difícil discernir hasta qué punto éstos se limitaban solamente a guiarlas espiritualmente. Los hechos inducen a pensar, que al igual como en los monasterios de monjas existían las "devociones", también las beatas tenían sus devotos que las visitaban y les pedían consejos espirituales.

Entre los nombres más significativos de aquellos que, de una manera u otra, se relacionaron con las beatas, están presentes todas las principales figuras de la espiritualidad valenciana del siglo XVII.

Unidos a Margarita Agulló figuran el Patriarca Ribera, Rodrigo de Solís, Pedro Nicolás Factor, Luis Bertrán, Cristóbal Moreno, Jaime Sanchis, etc. El Patriarca, como ya se ha visto, mantuvo una singular relación con esta beata. Escribió el prólogo de su vida, la llevó a vivir a una de sus casas y la enterró con grandes muestras de devoción en la Iglesia de los Capuchinos, hasta que estuviera terminada la Iglesia del Colegio del Corpus Christi, donde está hoy enterrada[85].

El magisterio espiritual de Francisca Llopis sobresale del resto de las beatas estudiadas. Para muchos espirituales de

---
[83] Ibid., p. 528.
[84] Ibid., p. 793.
[85] Un análisis detallado de las relaciones de Ribera con la beata Agullona puede verse en el capítulo dedicado a Ribera.

Valencia, Francisca era su madre y su maestra espiritual.

El jesuita Gerónimo Mur fue confesor de Francisca durante siete años. La beata era todavía muy joven, pero esto no fue óbice para que dejara una huella profunda en el jesuita, hasta el extremo de hacerle manifestar: "si estuviesse con las personas más principales del mundo, y con la misma Reyna..., las dexava a todas para confessarla a ella, tanta era la pureza, y gracia, que descubría en su bendita ánima, y lo que estimava su trato"[86].

Al surgir en Valencia la polémica de la santidad de Simón, Francisca Llopis vivió momentos muy amargos. Se cuestionó su espiritualidad y la acusaron de haber mantenido relaciones con el clérigo Simón. En esos momentos, muchas personas que decían estimarla la abandonaron. Otros, en cambio, mantuvieron su fidelidad hacia ella, como el jesuita Miguel Julián: "Si supiesse Francisca lo que en su favor la Compañía ha escrito, defendiendo los nombres más insignes della su inocencia, y seguridad de espíritu, la causaría grande confusión". Los jesuitas la estimaban, como lo demuestra que llegaran a sacar una licencia para poder enterrarla en su Iglesia[87].

Otros personajes que trataron a Francisca Llopis fueron los frailes jerónimos Bartuli, Romeu y Montalván, el dominico Domingo Anadón, los mercedarios Nolasco y Gralla, los carmelitas Carranza y Roca, los capuchinos Eugenio de Oliva y Luis de Valencia, los clérigos Juan García, Barberán, Felipe Pesantes, Nauri y Jacinto Maya y, finalmente, varias generaciones de franciscanos descalzos del convento de San Juan de la Ribera[88].

La huella que dejó Francisca Llopis en la espiritualidad valenciana fue profunda y se prolongó hasta finales del siglo XVII. Varias generaciones de espirituales valencianos vieron en ella una madre y una maestra. Si la beata bebió en Antonio Sobrino su espiritualidad, después, cuando éste faltó, ella fue capaz de transmitir sus más íntimas vivencias a otros espirituales como Antonio Panes y Miguel Molinos[89].

---

[86] PANES, *Chrónica*..., II, p. 687.
[87] Ibid., p. 687.
[88] Ibid., pp. 687-689.
[89] Información sobre estos personajes que se mueven en torno a Francisca Llopis puede

Formas de espiritualidad

Las beatas, en general, eran gente del pueblo, con nivel cultural nulo. Por tanto, se hace difícil creer que pudieran acceder a la lectura de los libros de espiritualidad que proliferaban en la época. Y si no sabían leer, es evidente que la práctica metódica de muchos años y las enseñanzas que les facilitaban sus confesores fue lo que les permitió adquirir un método espiritual capaz de satisfacer sus inquietudes.

Desde los tiempos remotos de aquel gran primer maestro místico que fue Dionisio Aeropagita, hasta las primeras décadas del siglo XVII, la espiritualidad se había visto enriquecida con las aportaciones teóricas de grandes autores. Autores y escuelas espirituales rivalizaban entre sí por exponer el método más adecuado y más seguro para acceder a la espiritualidad. Ascética y mística, oración vocal y oración mental, etc., eran algunas de las fórmulas que podían aceptar quienes se adentraban por este camino.

Sin embargo, las beatas no sabían de estas teorías y rivalidades entre escuelas, y lo que hacían era conjugar diferentes modos de oración en su vida espiritual. De este modo, oración vocal, meditaciones sensibles, sacrificios y mortificaciones, movimientos anagógicos, visiones, revelaciones, desposorios espirituales, arrobos, éxtasis, etc., estaban presentes, en mayor o menor medida, en su vida espiritual.

En algunos casos, algunas se decantaban por un sistema específico de oración, pero eran las excepciones, pues la mayoría no eran capaces de discernir entre un sistema u otro.

Los confesores y maestros tuvieron un papel destacado en la elección espiritual que las beatas hacían. En muchas ocasiones es por medio de ellos como se conocen sus sistemas de oración. Pues fueron ellos los que escribieron o les ordenaron a las beatas que lo hicieran, la manera como vivían su espiritualidad y las experiencias que tenían. Así es como Antonio Sobrino fue capaz de escribir tres gruesos volúmenes sobre los favores divinos que le fueron concedidos a Francisca Llopis, o

---

verse en el capítulo dedicado a analizar "La espiritualidad valenciana y Miguel Molinos".

como Tomás Pérez pudo comentar las visiones simbólicas que Beatriz Ana Ruiz le había dictado a su confesor Miguel Pujalte. De este modo es como se conoce también la espiritualidad de Margarita Agulló, ya que fue el Ribera quien le ordenó que escribiera sobre ella[90].

Si tuviera que esbozarse un sistema de oración común a todas las beatas, se vería cómo la mayoría comenzaban su andadura espiritual con la práctica de la oración vocal, se adentraban después en la meditación sensible de los misterios de la humanidad de Cristo, hasta ascender, por medio de la oración mental, a las cotas más altas de la contemplación mística. Una vez aquí, disfrutaban de revelaciones, visiones, éxtasis, etc. Pero esto sería sólo un esquema general, que casi nunca se cumpliría, porque cada beata era un mundo distinto a las demás.

Ana García Rubia, al iniciar su vida espiritual, "su oración frecuente era la vocal, rezando casi continuamente, y trayendo siempre el rosario en la mano"[91]. Más adelante, "fue el Señor servido de darle un Padre espiritual, que la metiesse por camino interior...", y éste la instruyó en el modo y orden que debía seguir en sus ejercicios espirituales cotidianos. La beata debió gozar de elevados deleites místicos, pero como precisa su biógrafo, "como sólo los comunicava con sus padres espirituales, los quales faltaron no pueden saberse, mas no ay duda fueron muy grandes..."[92].

Isabel de la Paz escribió ella misma las experiencias espirituales que vivía.

"La compostura interior con que mi alma está de continuo, y sin apartarse ni un punto de la presencia de este Señor, es tener un gran conocimiento, del qual procede una gran reverencia, y de aquí un grande amor, que siempre ama con silencio, y tranquilidad de los sentidos, y potencias, aguardando, que

---

[90] Uno de los volúmenes escritos por Sobrino sobre las revelaciones de Francisca Llopis está en la Biblioteca del convento franciscano de Santo Espíritu del Monte (Gilet). Las revelaciones espirituales de Beatriz Ana Ruiz en: PÉREZ, *Vida de la Venerable...* Finalmente, los escritos espirituales de Margarita Agulló a los que se alude están en: ALCOVER, *Historia de la Congregación...*
[91] PANES, *Chrónica...*, II, p. 429.
[92] Ibid., p. 483 y 441.

este Señor mande, y esto todo con gran claridad en este Señor, sin que a esta claridad, silencio, y tranquilidad le impida cosa alguna exterior, ni el ruido, ni el comer, ni el bever, ni el hablar. Esto me enseñó el Señor (que siempre ha sido, y es maestro de mi alma)..."[93].

Más metódico era el sistema que seguía Ana de Medina. En ella todo era precoz y desmesurado. A pesar de gozar de deleites místicos desde edad muy temprana, no por eso descuidaba el tiempo que dedicaba a la oración. Las diez horas que cada día tenía de oración le servían de preparación para ascender por las diferentes moradas del castillo interior.

"De la frecuencia de la oración, vino a elevarse tanto su espíritu, que eran muy continuos en ella, quanto extraordinarios, y vehementes los arrobos, y éxtasis, assí estando sana, como enferma: que como el accidente más grave, de que adolecía, era de amor, ningún otro impedía su excessiva, y amorosa passión. Demás de aquel tiempo, que de propósito orava, todo lo restante era otra disimulada oración, porque en cualquier ocupación y exercicio, no sólo iva en la presencia de Dios; pero sabiendo, que el centro, y fondo del alma es trono, y paraíso suyo, donde tiene sus más regaladas delicias, allí con ansiosas aspiraciones le buscava, y abraçándole con íntimo gozo, assí se suspendía en sus pacíficos, y quietos braços, que andava casi siempre absorta"[94].

Francisca Llopis no despreciaba la oración vocal, le gustaba la meditación sensible y sentía una devoción particular por el Santísimo Sacramento y por la Virgen; pero tenía mayor predilección por la oración mental, porque en ella gozaba de los mayores deleites místicos. Estos eran tan elevados, que su biógrafo no encontraba palabras para narrarlos.

"Querer dar alcance mi pluma a esta garza, o Aguila caudal, para dezir el eminente grado de elevación mental, donde llegó su arrebatado espíritu, fuera presunción vana: pues ella misma, aunque lo experimentava, no hallava modo con que declararlo: porque bien puede el alma con el ímpetu del inflamado amor calarse a los profundos senos del piélago inmenso

---

[93] Ibid., p. 353.
[94] Ibid., I, p. 382.

de Dios: bien puede gustar la infinita suavidad, y dulçura en su manantial, y fuente: bien puede contemplar la inaccessible luz, mas no dezir lo que oyó, ni vio"[95].

El ejercicio espiritual de Francisca Llopis era diferente "del que nuestro modo humano acostumbra". Habiendo sentido desde muy joven el llamamiento de Dios, su espíritu permanecía de continuo elevado; y aunque sufría momentos de confusión en su vida cotidiana, "en la otra región suprema que confina con lo celestial, y divino, siempre reverberava, como en limpio cristal la soberana lumbre; y era encendida de su ardiente rayo; tirando con tan dulce fuerça las potencias del alma, que no podían casi ordinariamente dexar de inclinarse a aquel centro, con una propensión vehemente, y un suavíssimo, y deleitosíssimo peso"[96].

Francisca Llopis era instruida en la oración por medio de revelaciones intelectuales. Así fue como descubrió la oración mental y los frutos que en la misma podía esperar.

La espiritualidad de Francisca Llopis se encuadra de lleno en la mística. No hay rechazo de métodos ascéticos como sacrificios, mortificaciones, devociones, etc. Todo ello lo acepta la beata, pero sólo como preparación para la contemplación mística. En este sentido, pues, es como resulta comprensible que para Francisca aproveche más un quarto de hora de oración mental "con recogimiento de los sentidos, y potencias, y con resignación, y humildad", que cinco días de "exercicios penales, de cilicios, disciplinas, ayunos, y dormir en tablas", porque con esto se aflige el cuerpo, y con lo otro "se purifica, y perfecciona el alma". De igual modo, más agradable resulta a Dios una hora de quieta y devota oración, que el ir a romerías y peregrinaciones, porque "en la oración aprovecha a sí, y a aquellos por quien ora; es de grande regalo a Dios, y merece gran peso de gloria; en la peregrinación de ordinario se distrae el ánima, y derrama el sentido, enflaqueciéndose la virtud"[97].

Los espirituales han intentado explicar el ascenso del alma

---

[95] Ibid., II, pp. 735-736.
[96] Ibid., p. 736.
[97] Ibid., p. 736.

en la oración con diferentes metáforas. Como moradas de un castillo interior lo explicaba Teresa de Jesús y como cielos lo hizo Francisca Llopis en una gradación de uno a once, que no son sino repetición de las clásicas tres vías: purgativa, iluminativa y unitiva[98].

En definitiva, muchas y variadas eran las maneras con que las beatas vivían su espiritualidad y entendían debía ser su vida, como para superar esa cierta facilidad que todavía subsiste por los juicios descalificadores hacia ellas. Es evidente que existieron casos de mujeres que motivaron estos juicios, pero fueron los menos, y resultan injustas las generalizaciones peyorativas que se han hecho hacia este mundo singular y enigmático de las beatas.

Para muchos espirituales y doctos varones de la época, aquellos que no tenían "conocimientos" no debían adentrarse por los caminos difíciles de la contemplación mística. Los errores cometidos por algunos hizo que se mirase con aversión que gentes laicas y, sobre todo, mujeres se dieran a la contemplación y en ella disfrutaran de arrobos, éxtasis, revelaciones, etc. Parecía no importar demasiado que dichas personas accedieran a dichos deleites guiadas casi siempre por confesores o guías espirituales experimentados; en el fondo, persistía siempre el temor a que todo derivara en formas espirituales contrarias a la ortoxia. Para estos temerosos, los laicos debían conformarse con las formas más asequibles de la oración vocal, de las meditaciones, de los sacrificios y penitencias y de toda la parafernalia litúrgica existente. La oración mental y la contemplación mística estaban reservadas para los eclesiásticos, sobre todo para los religiosos que, en conventos y monasterios, se dedicaban a Dios exclusivamente.

Sin embargo, a pesar de las prohibiciones y de los temores de algunos, las beatas demostraron que con su forma de vivir podían ser un ejemplo para el resto y, lo que parece más importante, podían desarrollar su propia individualidad de mujer al margen de rígidas ataduras eclesiásticas.

---

[98] Ibid., pp. 737-738.

V
LOS ALUMBRADOS VALENCIANOS DEL S. XVII

EN sus estudios sobre la espiritualidad valenciana del siglo XVII[1], Robres utilizó los sucesos acaecidos después de la muerte de Francisco Jerónimo Simón para acusar de alumbrados o prequietistas a personajes como Sobrino, Francisca Llopis, Panes y otros. Robres, queriendo encontrar las raíces espirituales de Miguel Molinos en Valencia, se excedió en su celo. Los personajes aludidos no fueron alumbrados. Su idea de considerarlos prequietistas para así probar mejor el humus donde Molinos bebió el quietismo, también está poco fundamentada. Tellechea Idígoras, que no duda en valorar como positiva la investigación de Robres, pone reparos a "la facilidad con que califica de prequietistas, menos seguras y heterodoxas las doctrinas en curso"[2].

Huerga ha probado la existencia de alumbrados en Valencia. Sin ser la espiritualidad valenciana objeto básico de sus investigaciones, sacó a la luz unos legajos inquisitoriales que, bajo la etiqueta de alumbrados, hacían referencia a personajes de Valencia[3]. El estudio superficial de estos legajos, le hizo arremeter contra García Cárcel por no haber éste constatado la existencia de alumbrados al estudiar la Inquisición valenciana entre 1530 y 1609[4]. En realidad, Huerga emitió su juicio contra García Cárcel con escaso fundamento. Este tenía razón al afirmar "que en el siglo XVI en Valencia no hay alumbrados

---

[1] Los estudios de Robres a los que se hace alusión son: *En torno a...* y *Pasión religiosa...*
[2] J.I. TELLECHEA IDÍGORAS: "Molinos y el Quietismo español", en *Historia de la Iglesia en España*, IV, Madrid, 1979, p. 482.
[3] HUERGA, *La escuela de San Luis...*, pp. 138-144. Vid, también, B. LLORCA, "La Inquisición española y los alumbrados", *Salmanticensis*, 32 (1980), pp. 194-195.
[4] Ibid., pp. 137-139.

o iluminados"[5]. Huerga también tenía razón al probar la existencia de alumbrados en Valencia, pero éstos eran de los siglos XVII, XVIII y XIX, y ninguno era del siglo XVI.

Tres grupos de alumbrados estudió Huerga para demostrar su existencia en Valencia. En el primero, figuraban acusados de alumbradismo Margarita Agulló, Fray Jaime Sánchez y Fray Bartolomé Simón. En el segundo grupo estaba Fray Pedro de Santa María. Por último, en el tercer grupo había cinco casos distintos y distantes en el tiempo. Tres correspondían al siglo XVII, uno era del siglo XVIII y el otro pertenecía al siglo XIX.

Los casos de Margarita Agulló y de Fray Pedro de Santa María han sido ya estudiados en páginas atrás. Respecto al tercer grupo, conviene hacer algunas precisiones.

El caso del siglo XIX tuvo como protagonistas a la monja dominica Teresa Vidal y al fraile de la misma orden Vicente Mir. La monja se autodenunció a la Inquisición por unas malas acciones habidas con su padre espiritual. Aunque los dominicos consiguieron paralizar el proceso contra la monja, el verdadero inculpado no era ella, sino Vicente Mir.

La monja debía ser bastante ingenua, pero no su compañero de hábito y padre espiritual que la utilizaba para sus fines sexuales. Ella ya había observado en su compañero algunos "cariños y agasajos", pero hasta marzo de 1805, con ocasión de entrar el fraile en la clausura para atender a una monja enferma, no comenzaron realmente las torpezas:

"... la solicitó a tocamientos torpes, a descubrimientos de carnes, y a actos carnales, persuadiéndola que aquello era lícito con el P. espiritual, que devía obedecerle en todo puesto se havía entregado toda entera a él, y a su obediencia, y que tanto las carnes de ella, como las de él estaban consagradas a Dios, y que tocando él las carnes de ella, y ella las de él, se juntaban dos cosas que eran de Dios. Más, que a los reparos que la expontánea le ponía la respondía para aquietarla, que él la miraba a ella como a una Esposa de Christo, y que ella devía mirarle a él como a su mismo Esposo Jesu Christo, y por consiguiente que juntándose con él, era lo mismo que si

---
[5] García Cárcel, *Herejía y Sociedad...*, p. 335.

se juntava con el mismo Christo. Más, en el confesionario algunas veces la mandaba descubrir los pechos, y las partes vergonzosas de su cuerpo, y que en casi todas las confesiones la provocaba a deshonestidad, y la mandaba que por las noches en la cama se tocara sus partes vergonzosas, y se deleytara pensando en él, dando con aquello una prueba y testimonio de que era toda suya, y se sugetaba a su obediencia..."[6].

En la Inquisición se siguió proceso contra Vicente Mir "por solicitación y mala doctrina". Teresa Vidal fue absuelta "ad cautelam", advertida y amonestada, y su proceso quedó en suspenso. Este caso de supuesto alumbradismo tardío, más parece un típico caso de solicitación.

Otro caso de los estudiados por Huerga, "cuya doctrina y los hechos despiden inconfundible olorcillo a la fase podrida o degenerada de los Alumbrados"[7], sucedió en Cabra de Aragón y tuvo como protagonista a un beneficiado llamado Miguel Abad. Este, más que un alumbrado, era un degenerado sexual, que, amparándose en su ministerio, se aprovechaba de las mujeres del pueblo. Sus víctimas más señaladas fueron Margarita Lizondo y Cecilia Navarro. El proceso inquisitorial no tiene desperdicio por la frescura del lenguaje y del propio mosén. Y aunque éste pretendía cobijar bajo cierta apariencia doctrinal sus acciones, no parece un caso de alumbradismo, sino de solicitación múltiple[8]. Añadir, finalmente, que teniendo en cuenta la fecha de los hechos, 1714, fueron relacionados por la Inquisición con el quietismo de Molinos. La sombra del heresiarca hispano perduraba fresca más de veinticinco años después de su condena en 1687.

Pertenecientes al marco cronológico del siglo XVII, solamente existen tres casos de alumbrados.

El primero tuvo como protagonistas, desde 1646 a 1650, a Juana Asensi y al lego franciscano Vicente Orient. En torno a la beata había un pequeño grupo que la aceptaba como maestra espiritual. Los hechos que el proceso relata guardan similitudes con los de los alumbrados de Extremadura.

---

[6] A.H.N., Inquisición, leg. 529-3 núm. 11 s/f.
[7] Huerga, *La escuela de San Luis...*, p. 143.
[8] A.H.N., Inquisición, leg. 529-3 núms. 7 y 9. Los procesos que se conservan son los de Margarita Lizondo y Cecilia Navarro.

El mercedario Pablo Cenedo es el protagonista del segundo caso de alumbradismo en Valencia durante el siglo XVII. Los problemas del fraile con la Inquisición se prolongaron desde 1650 hasta 1657. Este caso es interesante por las brillantes y extensas defensas que el fraile escribió.

El tercer proceso, el que tiene un mayor sabor alumbrado, tuvo como protagonistas, desde 1668 a 1674, a un grupo de personas, una especie de "conventículo" espiritual, nucleado en torno a Gertrudis Tosca. La Inquisición procesó a todos los integrantes del grupo compuesto por tres clérigos y unas cuantas mujeres.

Hasta aquí los diferentes casos que Huerga aportó para probar la existencia de alumbrados en Valencia, y que él mismo calificó como "ni muy numerosos, ni de mucho fuste"[9]. Pero, al menos otro caso de alumbradismo hubo en Valencia del cual se tiene alguna información.

Ch. Lea refiere el ejemplo de una ninfomaníaca que en 1688 causó gran perplejidad en la Inquisición valenciana. "Francisca García fue encarcelada el 28 de marzo como una alumbrada, una de aquellas místicas contra las cuales la Inquisición mantuvo campaña incesante". Esta mujer admitió sus excesos sexuales, que dijo haber cometido por "obedecer la voz de Dios". Los calificadores no consiguieron precisar si era una alucinada, una demente o una posesa. Su causa, tras varias interrupciones, se prosiguió hasta el final por orden expresa de la Suprema[10].

Todos los ejemplos referidos tienen como característica común el llevar en los papeles inquisitoriales el título de alumbrados. Y seguramente lo fueron porque en todos, al margen de cuestionarse doctrinas de la Iglesia, existieron semejanzas con los casos de alumbradismo más conocidos, concretamente con los de Extremadura y Andalucía. Sin embargo, los diversos avatares por los que ha pasado el término alumbrado y los diferentes ejemplos de alumbrados existentes en la historiografía hispana hacen necesaria alguna precisión conceptual.

Domingo de Santa Teresa afirma que bajo el apelativo de

---
[9] Huerga, *La escuela de San Luis...*, p. 143.
[10] Lea, *Historia de la Inquisición española*, vol. II, pp. 564-565.

alumbrado quedan registrados muchos nombres o focos espirituales, "entre los que existen tantas vallas de separación cuantos lazos de unión". "El alumbrado se somete difícilmente a una definición y clasificación escuetas; en cada momento en que aparece su inquietud religiosa, presenta cambiantes diversas, que sintonizan en parte con la inquietud religiosa del momento histórico circundante"[11].

Domingo de Santa Teresa distingue cuatro tendencias o tipos de alumbrados, matizando las diferencias y semejanzas entre ellos. Pero algunas de las tendencias, más que alumbradas cabría denominarlas como recogidas, dada su afinidad con el franciscanismo y con la doctrina del recogimiento.

Menor interés reviste la distinción que Huerga hace de una acepción buena y otra mala del término alumbrado. Tampoco aclara mucho cuando distingue tres tipos de alumbradismo. Uno, "de buena ley, emprendedor y purificador", sospechoso para algunos, pero sin salirse de la ortodoxia. Otro, "que rompe los moldes y da de bruces en la heterodoxia", pero que, según Huerga, "es típico exponente del alma hispana". Finalmente, un tercer tipo, "el degenerado", es el que "va a hacer famoso ese nombre en todos los libros de espiritualidad"[12].

Este último tipo de alumbrado que Huerga refiere es el más fácil de detectar. Es aquel que sustentándose en una supuesta doctrina iluminada por Dios, o considerando que en el camino espiritual ha llegado ya al punto culminante de la unión, en ese punto, todo deja de ser pecado, incluso, como ocurrirá en uno de los alumbrados valencianos, ya no es pecado ni el matar. Rasgos comunes de este tipo de alumbrado son las acciones sexuales libres, la realización de las mismas por los clérigos o frailes con las mujeres pertenecientes al grupo, la obediencia ciega a los maestros o maestras, el agrupamiento en círculos reducidos, en "conventículos espirituales", etc.

El resto de tipos de alumbrados a los que alude Huerga se encuadran mejor en una forma de espiritualidad que se ha convenido en llamar del recogimiento. De este modo cobra sentido la afirmación de que el alumbradismo fue una degeneración de

---

[11] Domingo de Santa Teresa, *Juan de Valdés...*, pp. 16-17.
[12] Huerga, *Historia de los Alumbrados*, I, p. 8.

la mística recogida, y se evita el entrar en diferenciaciones y matizaciones que pueden generar confusión.

La espiritualidad del recogimiento, siendo una llamada a la interioridad y al ejercicio espiritual, compaginando las formas más tradicionales de la piedad con la mística, pudo propiciar, y de hecho así lo hizo, algunas soluciones extremas al margen de la Iglesia, o, más simplemente, malas interpretaciones doctrinales, aceptadas por algunos, interesada o ilusamente, como tapadera para desahogar sus impulsos sexuales.

M. Andrés tiene razón cuando afirma que el alumbradismo es la expresión concreta de una mística degenerada: la del recogimiento[13]. Las acusaciones no tan desinteresadas de Melchor Cano, involucrando en el alumbradismo a personajes y temas propios de la espiritualidad mística recogida, sembraron de dudas el panorama espiritual hispano. De igual modo aconteció con las correrías extremeñas del dominico Alonso de la Fuente.

Pero, al final, a pesar de los problemas planteados a algunos espirituales, —los ejemplos de Teresa de Jesús, Luis de Granada, Juan de Avila, Juan de Ribera, Francisco de Borja son los más ilustrativos—, en Extremadura, en Andalucía, en el caso tardío de las monjas de San Plácido de Madrid y en alguno de los casos de alumbrados valencianos a estudiar, el rasgo más común en todos fue el de las acciones sexuales. Al afirmarlo así no se niega la posibilidad de otras semejanzas de tipo doctrinal como el escaso valor que los alumbrados daban al rezo vocal y al esfuerzo ascético, la obediencia ciega en los maestros o maestras, el dejamiento o rendimiento, la impecabilidad, etc.

1.- EL GRUPO DE JUANA ASENSI

Demonios, comuniones frecuentes, desprecio por los consejos espirituales de los confesores, tocamientos y besos, visiones místicas habidas por gentes laicas de escasa o nula preparación, percepción sensible de Cristo hasta el punto de "gustarle" físicamente y llegar a la unión corporal con la divinidad, etc., son

---

[13] ANDRÉS, *Los Recogidos*..., p. 359.

algunas de las experiencias que el dominico Alonso de la Fuente comprobaba en los alumbrados de Extremadura. Algunas de estas experiencias, al repasar la pequeña historia del grupo de Juana Asensi, estarán presentes también ahora. Por tanto, semejanzas doctrinales existen entre este grupo valenciano y los alumbrados históricos de Llerena.

Por otra parte, el poco recato que Juana y el lego franciscano Vicente Orient mantuvieron, fue un elemento en su contra, que sirvió para que se les denunciara a la Inquisición.

Juana Asensi y Fray Vicente Orient representan un tipo de alumbradismo. Ellos se dieron a ciertas experiencias espirituales desoyendo los avisos que les daban otras personas espirituales de mayor autoridad. De proseguir en sus experiencias hubieran podido originarse peligros de mayor trascendencia. Con todo, el grupo de Juana Asensi, teniendo en cuenta la buena fe que guió sus acciones y su ignorancia, puede considerarse como un tipo de alumbradismo de poca monta, representativo de una época de nuevo auge de la mística, donde los límites doctrinales eran difíciles de precisar y donde no eran raros estos casos.

El caso de Juana Asensi

Juana Asensi nació en Betxí. A los doce años marchó a Valencia, trabajando como criada. Contrajo matrimonio con un sastre, y tuvo un hijo que se hizo fraile en el convento de San Juan de la Ribera. Al enviudar, tomó el hábito de beata franciscana. Cuando en 1649 testificó ante la Inquisición, tenía cuarenta y dos años y hacía nueve que era beata.

Juana sabía leer, pero no escribir. Tenía preferencia por los libros de devoción. Iba con frecuencia al convento de San Juan de la Ribera, ocupando su tiempo "en tratar cosas de Dios, de devoción y oración"[14].

Sus problemas con la Inquisición provienen, según ella, de haberse confesado con el jesuita Garrigues, que "no entendía ni alcançava a conocer el camino que ésta llevava"[15].

---
[14] A.H.N., Inquisición, leg, 529-1 núm. 1, fol. 33.
[15] Ibid., fol. 33.

Garrigues denunció a Juana porque ésta había dicho que no tenía necesidad de oír a predicadores, que las mortificaciones estaban reservadas sólo a los principiantes, que ella había alcanzado tal grado de perfección que podía librar a las personas de sus torpes y molestas tentaciones, que los demonios levantaban contra ella falsos testimonios, que Dios le había mostrado su predilección por medio de una visión espiritual de modo "que todo el cuerpo de nuestro Señor Jesucristo se midió, y unió con el suyo, rostro con rostro, ojos con ojos, boca con boca, y así en los restantes del cuerpo", que daba a besar sus manos y la bendición, etc.

Juana fue acusada de "haber cometido delitos de acciones jactanciosas, vanas, malsonantes con color de alumbramiento, sospechosas en la fe, e irreverencia a las ymágines". Por todo ello, se pidió que fuera encarcelada, sobre todo, porque "la culpa de alumbramiento está suficientemente probada"[16].

Junto con Juana, el fiscal de la Inquisición pidió que también fuera encarcelado Vicente Orient, por considerarle sospechoso en la fe y estar "tocado" de la secta de los alumbrados[17].

Hechas las acusaciones, los calificadores las calificaron casi todas de jactanciosas, malsonantes, alumbradas e irreverentes. Otras no tenían "calidad de oficio".

El 16 de enero de 1649, la Inquisición ordenó que fueran encarcelados Juana y Vicente Orient, y que las causas de ambos se "prosiguieran en forma". Pero, "por intervenir y estar culpado el dicho Religioso profeso antes de executarlo se consulte con los SS. del Consejo". La respuesta llegó el 26 de enero, aprobándose la prisión de los dos inculpados[18].

El 10 de febrero de 1649 fue llamada a declarar Juana. Dio sus datos biográficos y explicó que sus problemas con la Inquisición provenían de haberse confesado con el jesuita Garrigues y haber tratado cosas espirituales con Luisa Casares. Tras su primera declaración prestó otras los días 12 y 13 de febrero, sin que se incorporara cosa alguna a su proceso.

---
[16] Ibid., fol. 1.
[17] Ibid., fol. 2.
[18] Ibid., ff. 29-30.

Tampoco en la audiencia para la acusación que se celebró el día 1 de marzo, sólo afirmó que siempre había actuado sin mala fe[19]. Después nombró defensor de su causa al Doctor José Palomares.

El proceso contra Juana prosiguió. El 17 de marzo fueron calificadas las nuevas acusaciones. Ninguna lo fue de alumbrada, alguna de vana y jactanciosa y la mayoría "sin calidad de oficio"[20]. El mismo día tuvo lugar la lectura de la información de los testigos y las respuestas de Juana. Esta explicó algunos testimonios, confirmó que casi todos eran verdaderos y no fue capaz de concretar, salvo en un caso, a quién pertenecían[21]. Por último, Palomares expuso la defensa de la beata[22].

Agotado el proceso, se decidió la sentencia. En resumen, los inquisidores de Valencia y los del Consejo, "dixeron que ésta sea advertida y reprehendida y conminada para adelante y desterrada de la ciudad de Valencia y quatro leguas en contorno y de esta corte por un año preciso y se le mande que en público, o en secreto no trate ni comunique con persona alguna de qualquier estado que sea en materia de espíritu sino con sus confesores, con apercibimiento que haziendo lo contrario será castigada gravemente y se le impongan algunas penitencias espirituales a arbitrio del Tribunal"[23]. Además, el Consejo añadió: "y que en el distrito de las quatro leguas de el destierro se le señale un lugar donde aia de residir, el que pareciere al tribunal, y en él se le nombre confesor con quien confiese y comunique las cosas de su conciencia, para que la desengañe; y se encargue al Comisario que huviere en el lugar donde fuere puesta, que cuide de el modo como procede y vive y dé cuenta de ello al Tribunal"[24].

La sentencia le fue leída en la sala de la Inquisición de Valencia. Además, se le ordenó que ayunara todos los viernes y que rezara el rosario los sábados. Como lugar de su destierro se le señaló Betxí, su pueblo de origen. Allí debía visitar

---

[19] Ibid., ff. 34-41.
[20] Ibid., ff. 42v-45.
[21] Ibid., ff. 43v-56.
[22] Ibid., ff. 57-59.
[23] Ibid., fol. 65.
[24] Ibid., fol. 66.

una ermita un día a la semana, y de no existir ermitas, cinco altares de la Iglesia parroquial. Como confesor se le señaló el rector o el vicario del pueblo.

Dictada la sentencia, la Inquisición de Valencia continuó el seguimiento de Juana. El 3 de agosto de 1650, el notario de Betxí certificó que la sentencia se había cumplido. Desde ese momento, el rastro de Juana Asensi se difumina. Seguramente, continuó siendo una más de las muchas mujeres que buscaban un camino específico para vivir su espiritualidad.

Fray Vicente Orient o la responsabilidad compartida

Fray Vicente Orient fue procesado junto a Juana. De su proceso, interesa resaltar que fue acusado de ser sospechoso en la fe y de "estar tocado" de la secta de los alumbrados. De sus declaraciones ante los inquisidores, sobresale su convencimiento de que su procesamiento obedeció a algunas mercedes espirituales que había tenido de suspensiones y arrobamientos[25].

La Inquisición dictó sentencia contra Fray Vicente el 14 de junio de 1649. Los inquisidores "dixeron que a este reo en la sala de la audiencia se le lea su sentencia sin méritos donde sea reprehendido y advertido y sea recluso en un convento de su orden de los que están en despoblado por tiempo de un año, y sea desterrado de la ciudad de Valencia y de esta corte por tiempo de dos años y que jamás trate ni comunique con Juana Asensi, ni con otra muger en materia de espíritu, sino con su confesor y Prelado, y que se le señale confesor que encamine su espíritu por donde sea más seguro"[26].

Leída la sentencia, se le fijó como lugar de su destierro el convento franciscano de Santo Espíritu del Monte.

El poco espacio dedicado a analizar el proceso contra Fray Vicente Orient no obedece a que él fuera menos importante que la beata Juana. Tuvo su importancia en la espiritualidad valenciana, pero no por las razones que le hacen estar junto a la beata en las cárceles inquisitoriales, sino por otras que le relacionan con Molinos y con la Escuela de Cristo.

---
[25] A.H.N., Inquisición, leg. 529-2 núm. 5, ff. 13-16.
[26] Ibid., fol. 41.

Sánchez-Castañer publicó en 1965 "Miguel Molinos en Valencia y Roma"[27]. Allí se demostraba la vinculación de Molinos con las Escuelas de Cristo de Valencia y Roma.

Sánchez-Castañer afirmaba que, a pesar de la relación de Molinos con la Escuela de Cristo, no se podía concluir que allí fuera donde el heresiarca bebió las doctrinas quietistas que posteriormente darían lugar a su condena.

Aunque en páginas posteriores se estudiará la relación de Molinos con la espiritualidad valenciana del siglo XVII, de momento, el artículo de Sánchez-Castañer es interesante porque entre los nombres que recoge como fundadores de la Escuela de Cristo de Valencia en 1662 figura el de Fray Vicente Orient[28]. El hecho no sorprende demasiado. Un estudio biográfico exhaustivo de los más significados espirituales valencianos de esta epoca demostraría que entre todos ellos hubo relaciones de estrecha dependencia.

No interesa atizar el fuego de si era o no quietista la espiritualidad de la Escuela de Cristo; por decirlo de alguna manera, ésta era una congregación o asociación de personas con un marcado carácter espiritual.

Siendo evidente que Fray Vicente Orient perteneció a la Escuela como miembro fundador, sabiendo que fue condenado por la Inquisición por delitos considerados de alumbrados, no por ello se puede enjuiciar negativamente la espiritualidad de la Escuela. Incluso es posible aceptar la nota tan laudatoria que en los libros de la Escuela existe sobre él.

"El Hermano y V. Fr. Vicente Orient, religioso de la obediencia del seráfico Padre Francisco en el convento de la Corona de Recoletos. Fue penitentísimo y de singulares éxtasis. Escribióse su vida, aunque no está impresa"[29].

Habían pasado trece años desde que Vicente Orient fue condenado por la Inquisición hasta su ingreso en la Escuela de Cristo. Es posible que muchos conocieran su condena y que, a pesar de ella, fuera admitido como hermano fundador y consi-

---

[27] F. SÁNCHEZ CASTAÑER: *Miguel Molinos en Valencia y Roma. Nuevos datos biográficos*, Valencia, 1965.
[28] Ibid., p. 25.
[29] Cit. en SÁNCHEZ CASTAÑER, *Miguel Molinos...*, p. 25.

derado por los demás miembros como varón muy espiritual. Todo pudo pasar. El lego pudo arrepentirse de su pasado juvenil y, continuando con sus "singulares éxtasis", ser un dechado de virtud y ejemplo. También pudo suceder que, satisfecha su condena, continuara con sus maravillosismos espirituales sin entrometerse en temas escabrosos con beatas y, por tanto, no volviera a ser molestado por la Inquisición. Por último, cabe incluso la posibilidad, remota por cierto, de que al ser admitido en la Escuela se ignorara que hubiera tenido problemas con la Inquisición. De cualquier modo, lo cierto es que en la Escuela de Valencia, además de Molinos, hubo otros miembros cuya espiritualidad no se limitó a las meras prácticas ascéticas.

2.- FRAY PABLO CENEDO: UN ALUMBRADO SINGULAR

Fray Pablo Cenedo nació en Valencia en 1613. Profesó como religioso en el convento de la Merced. Se graduó de bachiller en Teología en Gandía. En el convento de Zaragoza, regentó un año la cátedra de Teología y tres la de Filosofía. Allí se graduó como maestro y bachiller en Artes. De regreso a Valencia, leyó Teología en su convento. Más adelante, opositó y obtuvo una cátedra de Filosofía en la Universidad de Valencia. Por último, accedió al grado de maestro en su religión.

Durante mucho tiempo, Cenedo compaginó sus estudios con la predicación, alcanzando fama por sus sermones. Como sacerdote, oficiaba misa todos los días, y cumplía con el confesonario. Se consideraba un confesor poco dispuesto a plegarse a los antojos de sus penitentes y que huía de las familiaridades.

Los PP. Marigó, Catalá y Pons, Luis Crespí, el Doctor Tahuenga y Felipe Pesantes fueron sus confesores y guías espirituales, sin conseguir con sus enseñanzas mostrarle al mercedario su camino y colmar sus ansias de perfección. Su espíritu alcanzó la tranquilidad y paz interior cuando, de manera singular, le fue revelado que debía descansar su alma en Oliver.

La relación con Oliver marcó la vida de Fray Pablo, abocándole a la Inquisición, precisamente en el momento de mayores logros personales, y cuando su espíritu parecía haber encontrado la quietud que ansiaba.

Razones para el procesamiento

Estando Cenedo en Enguera, oyó que una mujer decía herejías contra la Santísima Trinidad. Quiso delatarla a la Inquisición, pero el rector de Enguera le disuadió, diciéndole que estaba loca. Poco convencido, mandó llamarla y le dijo: *Verso poplite fugite osculum in pedibus Sacerdotis ministri Domine mei Jesuchristi.* Al oírle, la mujer se arrodilló a sus pies y se los besó. Fray Pablo le ordenó que fuera al día siguiente a confesarse y a comulgar. La mujer se confesó con él, "diziéndole a gritos que le havía de llevar a la Inquisición por hechizero".

En días sucesivos ocurrió lo mismo, hasta que un día, no queriendo ir la mujer a la iglesia, y habiéndola llamado Cenedo sin resultado, fue a su casa, "y la halló con un cuchillo en las manos, que limpiava unos nabos. y le dixo éste: qué no as (de) obedecer vil canalla al ministro de Christo? porqué no dexays venir la criatura que confiesse y comulgue? y le respondió la dicha Madalena, no se llegue a mí que le degollaré con este cuchillo. Y con el primer movimiento sin reparar en la acción se adelantó un passo, y le franqueó éste la garganta y haviéndole puesto ella el cuchillo en la garganta a éste, éste le detuvo a ella la mano diziéndole degüéllame, y que el detenerle éste la mano no fue impidiéndole la acción, sino para sosegarla y que no la apartara. Y ella dixo cómo quieres que te degüelle? éste le respondió degüella al ministro de Dios, y entonces se puso a temblar y le cayó el cuchillo de las manos. Y finalmente le hizo poner el manto, y a soplos la hizo yr a la Iglesia, y en ella havía un religioso dominico que sirve de Vicario llamado Fr. Thomás el qual dixo a vozes, esto lo ha hecho Dios por mí, porque no creía"[30].

Las peripecias de Cenedo en Enguera no acabaron con el asunto de la endemoniada. Se le ocurrió decir que tenía gracia de conocer si alguien estaba endemoniado, y de sacar los demonios del cuerpo[31]. Cuando se le pregunte de dónde le

---
[30] A.H.N., Inquisición, leg. 529-1 núm. 2, ff. 69-69v. Respuestas de Cenedo a las primeras acusaciones del Fiscal.
[31] Ibid., fol. 67. Primera acusación del Fiscal contra Cenedo.

viene esta certeza, afirmará que "conoce si están o no impedidas del demonio para hazer algunas funciones xprianas, y que no se atreve a explicar, aunque le vaya la vida de donde le viene este conocimiento"[32].

Cuando se le acuse de comportarse de modo inadecuado por haber tolerado que la endemoniada de Enguera le pusiera el cuchillo en el cuello, su respuesta será desconcertante: "estas son mis locuras y arrojamientos, pero mi intención es buena porque allí me parece que ay diablo"[33].

Todas las acusaciones de la Inquisición contra Cenedo pueden agruparse en dos grandes temas: el Diablo y su presencia en el mundo, y el siempre espinoso tema de la espiritualidad.

El Diablo está obsesivamente presente en la mente del fraile. Llega un momento en el que ve diablos por todas partes. Cualquier comportamiento anómalo es obra del Diablo. Valencia parece una ciudad endiablada. Todos los santos tuvieron su diablo. En el fondo, lo que plantea Cenedo es la vieja y tradicional dualidad del Bien y del Mal, del Angel bueno y del Angel malo. En su caso, la peculiaridad reside en haberse obsesionado con la presencia del Mal y en considerarse favorecido con un don especial para detectar su presencia.

El otro tema, el de la espiritualidad, siempre resultaba polémico en cuanto alguien se alejaba del camino trillado. En realidad, Cenedo no era un analfabeto en cuestiones espirituales. Era un intelectual preparado y, además, religioso. A él le estaba permitido adentrarse por caminos espirituales más elevados que a los laicos. El practicó la oración de contemplación y fue un firme defensor de ella. En su sistema espiritual no se aprecian desviaciones. Si participó en congregaciones o grupos donde la espiritualidad que se enseñaba iba contra la ortodoxia habrá que comprobarlo. Baste decir ahora, que de su proceso no se deduce nada en este sentido.

La personalidad de Cenedo

Fray Pablo escribió dos extensas defensas. Su caligrafía es

---
[32] Ibid., ff. 69v-70. Respuesta a la primera acusación.
[33] Ibid., fol. 70.

excelente; su estilo, brillante a veces, y escabroso y retórico otras. El pide disculpas "por la bronquez de estilo, y después, el no seguir el hilo a veces en una materia". Obedece a la celeridad con que escribe. No sigue ningún método, escribe tal como las ideas le surgen, sin importarle mucho el dar nuevos motivos para la ampliación de su procesamiento.

En 1648, cuando tenía treinta y tres años, Cenedo había escrito una confesión general de su vida y buscaba el momento de llevarla a cabo. Un día, después del almuerzo, tuvo una gran turbación, y estando en la cama sin poder reposar, dio un golpe sobre la almohada exclamando: "Es posible Señor, que no acabo de daros lugar para serviros de veras!"[34]. Salió de su celda, y encontrándose con el estudiante que ese día debía acompañarle a la Universidad, le pidió que le condujera a casa de una mujer endemoniada. Confesará, que su intención era averiguar el modo como los sacerdotes ejercían su potestad sobre las criaturas malignas.

El estudiante lo condujo a casa de Ursula Ana Visiedo, viuda, en cuya casa vivía su hija Concordia que en aquellos momentos estaba siendo exorcizada por un fraile. El miedo se apoderó de Cenedo cuando entraron en la casa. Envió recado al exorcista para que atase los demonios, "porque tenía miedo, no me revelassen mis culpas públicamente". Mientras tanto, la endemoniada, a sus espaldas, comenzó a decirle cosas particulares, no de pecados, sino de poesía. "O este Padre que entra es grande poeta!". Animado por lo que oía, todavía temeroso, se sentó en una silla y les dijo a los demonios: "Yo os mando como Ministro de la Iglesia, que me reveleys mis pecados sin nombrar el cómplice, si assí importa para mi salvación". La doncella, o quizás el demonio, le respondió: "No tenemos licencia para tal", y, sollozando, prosiguió: "Ha traydor y quán grande fruto le has de hazer a Dios en su Iglesia, si le das lugar! qué aguardas? qué aguardas? Mira, que yo seré el que te acusará el día del juizio, para que te condenen: dale lugar a Dios: dale lugar a Dios". Después, la doncella comenzó a morderse las manos, y mirando con gran indignación una imagen de Cristo dijo: "O desdicha mía, que me haya de obligar

---

[34] Ibid., fol. 119v.

éste, a que yo haga y diga esto". "Ha traydor, y qué camino es este para tu natural! Y qué padre que tendrás?". Cenedo, al oir esto, notó que una luz se encendía en su interior y comprendió que debía hacer la confesión general de su vida con el confesor de la endemoniada[35].

Al día siguiente, va en busca del Doctor Oliver. Este se muestra remiso a confesarle. Se considera un pobre estudiante al que todos le ponen reparos por el modo de su espíritu. Es mejor que elija como confesor a alguno de los muchos varones espirituales y doctos que existen en Valencia. Sin embargo, ante la insistencia del mercedario, Oliver accede a su petición[36].

De regreso a su convento, Cenedo averigua detalles particulares de Oliver. Los informes que recibe son negativos. A pesar de ello no desiste de su empeño. Pensaba que "había leydo Theología; y assí tenía mucha obligación de saber lo que era contra nuestra Santa fe", quizás, "hauría dispuesto N.Sor. aquello para que yo le delatara a la S.ª Inquisición si le oiya dezir cosa mal-sonante"[37].

Oliver se presentó en su celda el día convenido. El mercedario permanecía atento a sus palabras, y quedó tan impresionado, que pidió y obtuvo permiso de sus superiores para realizar con él la confesión general de su vida.

Cenedo se confesó con Oliver, y le pidió que demorara algunos días la absolución. Mientras tanto, continuaba visitando la casa de la endemoniada. En una de las visitas, la doncella se acercó hasta él, diciéndole en voz baja: "Qué aguardas a que te absuelvan? Qué esperas para acabar de salir? Qué quieres tener certeza de contricción? Acasso (pues eres docto) no has leydo en Santo Thomás, que la contricción espiritual pura, es más perfecta que no la que tiene más de sensibilidad y menos de dolor espiritual?"[38]. Estas palabras le dejaron tan impresionado que fue en busca de Oliver para que éste le diera la absolución.

---

[35] Ibid., ff. 119v-120.
[36] Ibid., fol. 140.
[37] Ibid., fol. 120v.
[38] Ibid., fol. 120v.

Su relación con Oliver prosiguió hasta el procesamiento inquisitorial. El rumbo de la vida de Cenedo varió sustancialmente con el trato del clérigo. Hasta ese momento, había llevado una vida dedicada a los estudios y a la docencia. Oliver le enseñó nuevas formas de oración que, a pesar de algunas sequedades, colmaron sus ansias espirituales.

"Preguntéle al Dr. Oliver, me dixera, cómo havía de tener la oración, el qual me preguntó que a qual passo de la passión de mi Sr. Jesuxpo, sentía más inclinada mi alma; díxole, que al passo de el Huerto: y entonces me enseñó de esta manera. Haga un acto de fe, creyendo, que mi Sr. Jesuxpo. estuvo en el Huerto de Getsemaní, quando y como la iglesia cath. Rom. lo cree y lo manda que lo crea, y después quédesse amando aquella obediencia, rendimiento, y resignación con que sujetó su voluntad, y que la ofrezca también a su Padre, para que assí dessee su alma en todo que se haga la Voluntad de Dios"[39].

Este método sencillo operó un cambio radical en la espiritualidad de Cenedo: "jamás supe que era oración y tenerla, hasta que este sacerdotc (Oliver) me lo dixo"[40].

Asimilado el método espiritual de Oliver, Cenedo comenzó a ponerlo en ejecución. Al principio, durante siete días perseveró en la oración sensible, iluminándose tanto su imaginación que le parecía palpaba aquello que imaginaba.

De repente, todas las luces de su imaginación se apagaron. Sufría y no entendía nada. Se sentía desconcertado y solo. La oscuridad le impedía ver el camino y no sabía si abandonar o no la experiencia.

Fray Pablo continuó con su método de oración durante treinta días. Su imaginación ya no trabajaba y su entendimiento entró en una oscuridad donde, sólo por medio de la fe, comprendía lo que meditaba. Quería volver a la meditación sensible, pero oía una voz que le ordenaba: "arrójate a la fe sola en el centro de el alma". Fue un momento duro y delicado. Acudió en busca de ayuda a Oliver quien le dijo que, puesto que no tenía voluntariamente ocioso el entendimiento y

---

[39] Ibid., fol. 121.
[40] Ibid., fol. 121.

la voluntad (bien creyendo, bien amando), debía continuar hacia adelante[41].

Al cabo de unos meses, sólo tenía oración de fe oscura. No desechaba la oración sensible, pero se sentía impelido hacia el otro modo. Todavía tenía dudas. Ignoraba si era bueno o malo, no sabía si quien le impulsaba hacia este modo de orar era Dios o el Diablo; pero, poco a poco, se fue convenciendo de la bondad del camino espiritual emprendido.

La contemplación es una forma de oración a la que se accede mediante una práctica metódica. Es una experiencia personal donde no faltan interrogantes, dudas y sequedades. Cenedo no fue en esto una excepción. El experimentaba que cuando pretendía forzar el método no recibía la misma satisfacción. Después, con la práctica, todo se hacía más fácil[42].

Cenedo confesará que si en un principio creía que su experiencia espiritual era única, después, cuando pudo leer los libros de Juan de la Cruz, de Tauler, del jesuita Gaspar de la Figuera, de Teresa de Jesús, de Ruysbroeck y de Dionisio Aeropagita encontró en ellos las mismas experiencias.

Cuando redactó su defensa, su experiencia espiritual se encontraba en un momento donde al alma parecía que le quitaban la advertencia de lo que hacía, a veces sentía que no hacía nada, pero, "aunque el alma no advierte, que está en Dios, pero tampoco puede asegurar, que haya estado en criatura alguna; y como es doctrina constante, que el pensamiento jamás puede estar vacante, de aquí se saca por muy cierto, que antes estava ocupado en Dios; pero que no lo advertía, no porque le faltasse la dicha ocupación, sino porque le quitan la reflexa, que es la advertencia de lo que haze". Más aún, el alma no advierte por el conocimiento lo que hace, pero tiene constancia por la voluntad, con lo que encuentra algún alivio, "porque aunque no conoce, que conoce; pero advierte que ama"[43].

Cenedo era escrupuloso en su trabajo espiritual. La experiencia le había enseñado que personas consideradas como

---
[41] Ibid., fol. 123.
[42] Ibid., fol. 123v.
[43] Ibid., fol. 124.

avezadas en la virtud, eran incapaces de conocer algunas de las doctrinas básicas de la Iglesia. El mercedario se atreve a pedir al propio tribunal inquisitorial que le juzga, "que en esto procure poner el remedio, que fuere posible; porque estas son las zorrillas, que con buena intención, pero cargadas de ignorancia crasa, talan la viña de la esposa; y a las colas de éstas ata el Demonio el fuego de la ignorancia, para que vayan abrasando las miesses de la Iglesia: aunque ya he dicho, que tienen buena intención; pero no es suyo el ministerio, sino nuestro, que somos Varones y Sacerdotes".

La misoginia del mercedario se acentuaba en el caso de las beatas. Era contrario al magisterio espiritual de éstas por un doble motivo: porque eran mujeres y porque no podía sufrir el ver cómo varones doctos y gentes de grandes conocimientos intelectuales sujetaban sus espíritus a ellas[44].

Paso importante en la relación espiritual es encontrar la guía adecuada. En esto Cenedo mantenía una actitud muy escrupulosa, porque entendía que podía darse el caso de que él no fuera la guía adecuada. Y así, "yo no sé porque se ha de encargar un confesor de un alma (que es cosa tan pesada, aunque es espíritu) sin que primero, por los ruegos y oraciones explore la voluntad de Dios"[45].

Cenedo no era contrario a las penitencias. Pero en el camino espiritual, éstas no deben hacerse "quando quieran, como quieran, y porque quieran... porque hay penitencias hechas con propia Voluntad y contra la del confesor, las quales sirven de veneno para el alma... pero hechas a tiempo son la llave maestra, aque abre los cielos, y son armas, que parece, que hazen violencia a los cielos..."[46].

La actitud hacia la oración vocal sirve a veces de señal a los historiadores de la espiritualidad para enjuiciar ésta, marcando una pretendida frontera entre la ortodoxia y la heterodoxia. Negar de modo absoluto el rezo vocal en el camino espiritual podía dar lugar a enjuiciamientos negativos. Cenedo era cons-

---
[44] Ibid., fol. 133.
[45] Ibid., fol. 132v.
[46] Ibid., ff. 133-133v.Cenedo ampliará su pensamiento sobre las penitencias en los capítulos 62-65 de su primera defensa.

ciente de los peligros que esto encerraba, y fijará su posición con mucha claridad.

"Acuerdo de passo a los Padres Espirituales de la heregía de los alumbrados, que dezían; no era buena la oración vocal; y esto se ocasionó, de que a las personas, que tratan de recogimiento interior les suele suceder, que parece les atan la lengua y cierran los labios, para la vocal. Esto a los principios, no es del todo malo porque nace de que como el alma se va recogiendo a lo interior, parece que se halla con algún entorpecimiento para acudir a la función exterior como antes: Pero llegó la miseria de su ceguera a tal, que dexándose llevar de este astío, que con medianía no es del todo malo, se passaron a un estremo, que fue aborrecer totalmente la vocal; lo qual es heregía formal: Y assí mi sentir es, que quando se experimenta esta advertencia, en la missa, en el rezo de obligación, en las devociones, que una alma tiene vocales, con licencia de su Padre espiritual, y en el rosario; que si se hallan las personas con alguna dificultad, para pronunciar esto dicho, lo tengan por tentación de el enemigo más clara que el sol. Sola la Iglesia tiene autoridad de dispensar en estas ocasiones, como lo hizo con S. Ignacio"[47].

Cenedo estaba convencido de que su labor como confesor y guía espiritual no era estéril. A él le habían dicho: "son más los ayunos a pan y agua, que se hazen en Valencia, y algunas partes del reyno, por consejo de V.P.; que no por el consejo de cien confessores...". El mismo, reflexionando sobre su trabajo, será capaz de contar hasta más de mil personas que ayunan gracias a su consejo. Su firmeza en este punto llega a la exageración: "si las madres, que crían los hijos a los pechos, se governaran por mí, y me preguntaran mi sentir en esta materia, las dixera, que si cada día acostumbran a dar los pechos seys vezes a los hijos, que estos días se les dieran sólas quatro; y les quitaran dos, en honrra de la passión de el hijo, y de su madre..."[48].

---

[47] Ibid., fol. 135.
[48] Ibid., ff. 136v-137.

El Diablo

La vida de Cenedo sufrió una profunda transformación desde su primera visita a casa de la endemoniada. Una parte de su vida quedó atrás, y una vida nueva, llena de experiencias se abrió para él. Fue una auténtica conversión, algo que él sentía y palpaba, que transformaba su vida.

Pero si el trato con la endemoniada operó este cambio, a su vez, le permitió llegar a tener un convencimiento tácito de la presencia real del Diablo. El observó en la endemoniada fenómenos que no eran explicables de modo natural; después descubrió fenómenos análogos en otras criaturas que trató, y ello le permitió convencerse de que la existencia del Diablo en el mundo era real. En esto, Cenedo se aparta poco de la tradición historiográfica coetánea suya.

"Son legión los autores que en obras de piedad narran los actos más terroríficos, las acciones y castigos más espeluznantes, las intervenciones diabólicas en la vida humana más humilde"[49]. Palabras de Caro Baroja que confirman cómo Cenedo participa de toda una tradición que atribuía las acciones negativas inexplicables al Diablo, del mismo modo que otras acciones se atribuían a la intervención divina. Es la explicación dualista de la vida. El Bien y el Mal, el Espíritu bueno y el Espíritu malo, Dios y el Diablo.

Frente a una tradición clásica que representa plásticamente al Diablo en forma de sapo o sabandija, "en forma de un hombre negro y fiero, en pie, los brazos delgados, como jumento, con muchos cuernecillos en la cabeza y una cola muy larga, que llegaba hasta el suelo", en forma de toro y de otras variadas formas, Cenedo no ha visto ninguno "en cuerpo satánico, ni en figura horrible". No lo ha visto porque su conocimiento del Diablo no ha sido por los sentidos materiales ni por representaciones de su imaginación, "sino por un modo de certeza obscura, que hay allí (sea donde fuere) asistencia del angel malo"[50].

Esta certeza oscura hace que Cenedo advierta también la

---

[49] Caro Baroja, *Las formas complejas*..., p. 86.
[50] Ibid., p. 85 y A.H.N., Inquisición, leg. 529-1 núm. 2, fol. 147v.

presencia del Diablo "en personas que tratan mucho de espíritu y oración". El no creer que Dios se pueda valer del espíritu maligno como elemento purificador es un error muy extendido en Valencia y que hay que desterrar. Por eso, demanda la ayuda de la Inquisición.

"Sepan V.Sᵃs. que hay más mal en la aldea de lo que se suena, en esta materia; y pues yo no quiero defenderme dañando a nadie... pero no me eximo de usar de la caridad que devo con mi próximo si le veo peligroso en un mal sentir. Y quiçá si mi espíritu no es diabólico, ni engañador, ni hypócrita, podría ser, que estén obligados V.Sᵃs. en conciencia a escudriñar el remedio a esta llaga, aunque sea mandándole dar desde los púlpitos"[51].

Cenedo no acababa de comprender por qué se le acusaba de detectar la presencia del Diablo. Las actuaciones diabólicas no eran ilusiones quiméricas de su mente. El había leído en innumerables ocasiones referencias a encuentros con el Diablo en la vida de Cristo y en las de los santos. Si estos encuentros eran ciertos, por qué no era también posible que el Diablo estuviera actuando en Valencia. Se angustiaba: "díganme por reverencia de Dios, en qué deve estrivar, que haviendo tantas copias de almas santas y buenas, y que tratan de espíritu en Valencia; no haya uno si quiera, que se ajuste un poco a creer que algunas personas están vexadas de el Demonio?; nada ha de ser Demonio? Si yo tengo buen espíritu (júzguelo el Sº Tribunal) O desdichada Valencia! O desdichada Valencia!".

La doncella endemoniada ya le había advertido a Fray Pablo que no le iban a creer cuando planteara el problema del Diablo. "Porqué piensas que hazemos que te contradigan tanto; porque no te crean, porque si te creyessen, nos quitarías con el camino de fe, que enseñas, grandes pressas: advierte, advierte que hay más mal en los espíritus de Valencia, que los que haveys tenido en los cuerpos, no lo es en comparación de aquesta: y me mandan que te lo diga: que a mí harto me pena"[52].

En el fondo, Cenedo veía claro que los problemas que

---

[51] A.H.N., Inquisición, leg. 529-1 núm. 2, fol. 154v.
[52] Ibid., ff. 154v-155.

tenía con la Inquisición eran consecuencia de su lucha particular contra el Diablo. El ya había previsto estos problemas cuando, después de hacer la confesión de su vida, le dijo a la doncella endemoniada "y a una prima suya llamada feliciana Trilles, y a una tía llamada eufemia Visiedo, que antes de muchos años me verían examinar por la Inquisición, pues yo dava en haverlas contra los Demonios..."[53].

Menos original se muestra cuando refiere los remedios que aplica para librar a los vejados. Su técnica es simple, demasiado vulgar incluso, teniendo en cuenta las negras tintas que contra el cierne el fiscal de la Inquisición. Primero, confesión y comunión los domingos y los jueves, después, tener oración de rodillas delante del crucifijo. Esto último, le costaba mucho conseguirlo, pero era el remedio más eficaz. "No me acuerdo, de muchas personas que me han traydo vexadas, que haya avido quien perseverasse en la meditación de la passión, sin que haya curado"[54].

En otras ocasiones, Fray Pablo seguía técnicas distintas. Su natural arrojo, le hacía contemplar cada caso de posesión diabólica de manera singular. Si en el caso de la endemoniada de Enguera no dudó en colocarse en el cuello el cuchillo de ésta, en otro momento, su comportamiento será distinto, aunque no menos descabellado.

"Llamáronme por una doncella en la calle de las barcas; la qual dezía que havía unas malas figuras, que la amenaçavan: fui y hallé, que apenas la podían tener siete hombres; enfurecióse quando me vio, huyendo el cuerpo porque no la tocasse; procuré ponerle la mano sobre la cabeza, y apenas la tuvo, quando quedó hecha un tronco. Y luego enseñáronme un coleto de un dedo de gordo, el qual havía passado con una dentellada: y al punto con mi acostumbrada indeliberación, arrojamiento y locura, le puse en la boca el dedo pulgar por ser el de la consecración; ... quando abrió la boca de modo, que nos pasmava y no me mordió, gracias a Dios. Preguntóme su madre. Padre, qué es esto? Dixe casi indeliberadamente esto es falta de frequencia de Sacramentos: apenas oyó esto la donce-

---
[53] Ibid., ff. 171v-172.
[54] Ibid., fol. 168v.

lla, quando pidió confessión a vozes. Saliéronse: confessela: y al punto se sossegó, sin haver visto jamás cosa de éstas"[55].

El Diablo y su presencia en Valencia es una idea que obsesionó a Cenedo. Su odio por los demonios le hizo pensar que el Diablo estaba presente en los infieles y en los herejes. Por eso, quiso ir a predicarles: "y me fuera al purgatorio por una eternidad... sólo por hazer caer... un demonio y derribarle de aquellos ídolos, en que son adorados"[56]. A él no le preocupaba su proceso inquisitorial, únicamente temía que ello le impidiera luchar contra la presencia del Mal [57].

La beata Angela Ferrer

El proceso inquisitorial contra Fray Pablo Cenedo tiene dos partes, diferenciadas por las dos defensas que el mercedario escribió para defenderse de las acusaciones que se le hicieron. La primera ha servido para conocer su manera de pensar, su espiritualidad, su conversión, su trabajo como confesor y guía y, finalmente, el influjo que en su vida ejerció el tema del Diablo. La segunda está protagonizada por una beata, Angela Ferrer, y en ella quedan al descubierto los pormenores por los que transcurrieron sus tormentosas relaciones.

Las acusaciones de Angela Ferrer contra Cenedo no tienen una motivación clara. Despecho, orgullo personal o, simplemente rencor son motivos que parecen explicarlas.

Extensa es la lista de acusaciones que el fiscal de la Inquisición extrajo contra Cenedo después del testimonio de la beata. Entre otras, conviene destacar las siguientes.

"Que yo la he dicho, la diría si el espíritu santo la havía traído a mis pies". "Que yo la confundía y turbava el entendimiento". "Que le ha dicho que los actos hyperbólicos suelen ensobervecer las almas". "Que a todos los podía sujetar sino a ella". "Que quisiera más que tuviera dos legiones de Demonios, que no el espíritu que tenía". "Que en los actos de la oración simplicíssima se expone el alma a la adoración de las

---
[55] Ibid., fol. 169.
[56] Ibid., fol. 172.
[57] Ibid., ff. 172-172v.

criaturas". "Que la contava mis mocedades, y que havía tenido tres o quatro hijos, que he hecho lo mismo con otras". "Que la dixe que la trahería a estado en que aborrecería al Santíssimo Sacramento y a Dios". "Que Dios dexaría de ser Dios sino me seguía". "Que no hay otro espíritu en la Iglesia de Dios sino el mío". "Que todos los esfuerços que yo hazía eran para que confessara que estava vexada". "Que se la juré haziendo (una cruz en la frente) que me la pagaría; y que dixe que aunque la viera en el féretro no crehería que era muerta, porque yo no lo había pedido a Dios que la matasse". "Que aquellas rabias que passa el alma son purgación, y que sólo enseño la oración con el acto de la inmensidad de Dios". "Que yo la dixe que tenía quatro processos en la Inquisición y que en duzientos años no havía havido tal persecución; y que cada día salían falsos testimonios contra mí: y que tenía mucha caridad: y me dixo: calle Padre apéese de esse sentir, que esso lo tiene perdido: y yo dixe agora habla el Diablo. Y que yo había revelado una confessión"[58].

Un día cualquiera, cinco años antes de 1655, comenzaron las relaciones de Cenedo y Angela Ferrer. Ese día, estando Cenedo en el confesonario se le acercó la beata y le dijo que quería ser guiada espiritualmente por él. Los motivos eran claros. Su confesor ya no tenía recursos suficientes para guiarla, porque ella había ascendido a un modo diferente de oración[59].

Las palabras de la beata sorprendieron a Cenedo, que las atribuyó a excesiva autoestima, orgullo y satisfacción personal. Sonrió, y con ironía le respondió: "Si Vm. dentro de breve tiempo, quiere que la responda quien la ha traydo a mis pies: tema (quando truene el cielo) los rayos, como la más vil pecadora. Desconfíe de sí, y crea que será la muger más deshonesta, que tendrá el mundo (en quanto es de su parte) si Dios no la ayuda. Que no entiende palabra en materias de espíritu, y que aún no sabe tener oración. Y si Vm. va entrando en este estado, la diré dentro de breves días, que es el Espíritu santo quien la ha traydo a mis pies"[60].

---

[58] Ibid., ff. 397-427v.
[59] Ibid., fol. 397.
[60] Ibid., fol. 398.

La historia del fraile y de la beata tuvo mal comienzo, no prosiguió bien cuando se entremezclaron en ella actores secundarios, y terminó desastrosamente.

Dos frailes capuchinos, frailes mercedarios, un clérigo acusado erróneamente de solicitante, un clérigo solicitante, una tía y dos compañeras de Angela conforman el mundo de esta historia que más parece un sainete con final inesperado. Todos ayudaron a enturbiar las relaciones de la beata con Cenedo, y todos, asimismo, son fiel reflejo de una realidad social que sirve para comprender el entramado espiritual de la época.

Apuntado el panorama, no conviene ser severos con Fray Pablo. La realidad social mostraba multiplicadas relaciones semejantes a las del fraile y la beata. Cenedo tuvo simplemente mala fortuna, porque por en medio se cruzó la Inquisición.

Tras el comienzo poco afortunado, las relaciones prosiguieron. Hubo momentos en que todo iba bien. La beata sentía gran alegría por haberlo escogido como confesor, y así se lo testimoniaba a un compañero de Cenedo: "Padre, por lo que me ha enseñado el P. Cenedo, le seguiré hasta morir; porque no me ha enseñado, ni un ápice contra la ley de Dios"[61]. Abundando en lo mismo, le dirá a Bibiana Sanz: "en cinco años, que me confiesso con el P. Cenedo, no le he podido advertir un ápice contra la ley de Dios, ni buenas costumbres. Si voy al Santo Tribunal yo sola soy bastante para sacarle de trabajo diziendo la verdad"[62].

No siempre era todo tan fácil. En otras ocasiones, las relaciones se tensan y las palabras fuertes aparecen. Así, cuando Angela le decía: "Padre alábeme; por amor de Dios, no me quite esta seguridad y satisfacción de que soy santa, que me quitará la vida"[63]. El mercedario no podía sufrirla, "y como las llagas encanceradas han menester remedio fuerte", le respondía: "Dígame Hermana a qué va a la oración a adorarse a sí misma? a idolatrarse? a embelesarse, y enamorarse de sí misma?... Déxesse de esas suspensiones y altíssima contemplación, que dize, que tiene; que esso no es otro, que amor proprio, y ido-

---
[61] Ibid., fol. 397.
[62] Ibid., fol. 397.
[63] Ibid., fol. 398v.

latría espiritual: humíllesse, humíllesse, y llore sus desvanecimientos"[64].

Cenedo trató de rebatir, una a una, todas las acusaciones de Angela Ferrer. Confesará, que el carácter de la beata era tan peculiar que pretendía decirle a él cuándo debía ordenarle que comulgara o no. Su intento de sujetar a un método la espiritualidad de la beata no tuvo resultado, y ella trató de chantajearle amenazándole con acusarle ante la Inquisición o ante otros frailes[65].

Ejemplo esclarecedor de la personalidad de Angela Ferrer y del tenor de sus acusaciones contra Cenedo es el de la supuesta paternidad múltiple del fraile mercedario.

Angela le contó a Cenedo que había oído decir que él anduvo divertido en su mocedad con versos y músicas. Y que si esto lo hubiera sabido antes no hubiera aceptado confesarse con él. Cenedo le respondió: "huviera hecho muy bien, porque conmigo antes perderá, que gane siendo tan malo, y haviendo tanto confessor santo en Valencia mejor fuera haverse ido a uno de éstos. Pero créame, que esso es una grande sobervia; porque al penitente, no le toca examinar la vida passada de el confessor, (ni aun la presente) sino los consejos, y dotrina, que le da en el confessionario, y si ésta es recta, y sana, callar y obedezer...". Para mejor hacerle comprender lo que le decía, le contó los ejemplos de vida disoluta de San Pablo y de San Agustín antes de su conversión. Pero los ejemplos no convencieron a la beata, que continuaba dudando si se hubiera confesado con tan grandes Padres de la Iglesia. Fray Pablo le dijo: "Mire Hermana si un Sacerdote estuviesse amancebado (que dudo pueda haver tal) y se levantasse de el lado de la amiga, y se fuesse al confessionario, y allí le rogasse a Dios, que mirasse, que aquel puesto y ovejas son de su Divina Magestad y que no atendiesse a su culpas; y diesse sana doctrina, y consejo a las almas; éstas se criarían muy santas y buenas, tomando sólo lo que las enseñasse, y no examinándole la Vida".

Las "atrevidas" aclaraciones no convencieron a la beata, que

---
[64] Ibid., fol. 401.
[65] Ibid., ff. 398v-399.

continuaba importunándolo. Finalmente, un poco harto, "viendo la tenacidad, que tenía en su aprehensión", le respondió: "Aora señora, al cabo somos; yo doy por constante, que he hecho versos, músicas, que no soy Virgen, que soy un deshonesto, que he vivido amancebado, que he tenido uno, dos, tres, y quatro hijos. Quién la mete a Vm. en todo esto, si yo en el confessionario le doy buenos documentos, y la exhorto, a que guarde la ley de Dios? A lo qual me respondió: Huélgome de saber todo esto, y que haya tenido tantos hijos; y yo la dixe: mire que se lo havía dicho; y luego la despedí diciéndola. Por amor de Dios que de estas materias no me hable más, ni conmigo, ni con nadie, porque somos de tal calidad, que si refiere a alguien la conversación que hemos tenido luego darán por constante qualquier palabra que dixere"[66].

La relación de Angela con Cenedo está llena de sobresaltos. El fraile se desanima muchas veces al no encontrar el modo más adecuado de guiar a la beata. Cuando la relación parece estabilizarse, el carácter difícil de Angela y la inexperiencia de Cenedo o su poco tacto, lo echan todo a perder.

Algunas historias particulares se entrecruzan en las relaciones de Angela y Cenedo. De todas, destaca por su interés la que refiere unas supuestas solicitaciones de un clérigo de Valencia a algunas hijas espirituales de Cenedo.

La historia del supuesto clérigo solicitante se remontaba a 1651. Ese año, al ser llamado Cenedo a declarar por segunda vez a la Inquisición, dijo que sabía algo de algunos confesores, pero que ya procuraría enterarse bien y corregirles en secreto. Los inquisidores le advirtieron de su obligación de decir los nombres, y Cenedo pidió licencia a Isabel N. que se lo había dicho, con tan mala fortuna que se equivocó de nombre y acusó al Dr. Díaz. Cuando días después Cenedo habló con Isabel y le contó lo que había pasado, ésta le dijo: "Qué ha hecho Padre que no es el Dr. Díaz, sino mossén Ferrando el del Collegio!".

Mosén Ferrando no se satisfacía únicamente solicitando a Isabel N., sino que hacía lo mismo con Angela Ferrer y con Paula Arsilla. Tan exagerado era el comportamiento del clérigo

---

[66] Ibid., ff. 407-408.

que la tía de Angela tuvo que echarle de su casa "porque no le agradavan aquellas acciones de venir a hazerme fiestas, y a abraçarme, siendo mi confessor"[67].

Semejante a la anterior es la historia de Margarita Tudela y el P. Font. Cenedo tuvo que denunciar a la Inquisición el comportamiento de Font "porque Margarita Tudela se confessó conmigo, y con muchas lágrimas me comunicó, lo que con el dicho P. Font, le havía sucedido diversas vezes en el confessionario...". Los motivos que impulsaron a Fray Pablo a denunciar a Font no están muy claros. Según parece, a Margarita Tudela le sobrevenían unos fervores tan grandes después de haber comulgado, que la impulsaban a realizar acciones inmodestas, "echándose sobre qualquier hombre quando le davan dichos fervores". Los fervores de Margarita tenían un origen demoníaco para Cenedo, sobre todo, cuando se enteró que Font abrazaba a la beata en el confesionario tratando de convencerla del origen divino de dichos fervores.

Antes de concluir el análisis de la enrevesada relación mantenida por Angela Ferrer con Cenedo, cabe preguntarse el porqué el fraile mantuvo esta relación durante cinco años, estando como estaba ya procesado por la Inquisición. La respuesta no es fácil, entre otras razones porque la única versión disponible es la de Cenedo. Con todo, conviene tener presente que el mercedario admitió a la beata como hija de confesión seis veces después de haberla despedido otras tantas. Caridad, intercesión de familiares y de otros religiosos, convencimiento personal de Cenedo de ser capaz de dominar el carácter indómito de la beata, temor al escándalo, temor a que la beata le acusara a la Inquisición, etc., son motivos que podrían haber inducido al fraile a proseguir su peculiar relación. Finalmente, después de despedirla de nuevo, "me la juró delante el Altar de la Virgen de la misericordia"[68], y lo denunció a la Inquisición.

---

[67] Ibid., fol. 432. Testimonio de Angela Ferrer.
[68] Ibid., fol. 396.

Sentencia y consideraciones finales

Cuatrocientos sesenta y un folios tiene el proceso inquisitorial contra Fray Pablo Cenedo. Siete años necesitó la Inquisición para acumular pruebas, practicar diligencias, sustanciar acusaciones y llevar a cabo otras actuaciones procesales. Por fin, el seis de febrero de 1657 se emitió desde Madrid la setencia.

Después de las burocráticas fórmulas de rigor, el Consejo de la Suprema y General Inquisición ordenó que al reo "se le lea la sentencia sin méritos en la Sala de la Audiencia, y sea reprehendido, advertido y comminado, y suspendido de confesar, predicar y exorcizar asta tener licencia del Illmo. Sor. Obispo Inquisidor General y Ses. del dicho Consejo y resida por espacio de dos años en el convento que le señalare el Tribunal, y en ellos se confesará con el confesor que assí mismo se le señalare por los Inquisidores. Y antes de executar esta sentencia se le recorrerá su celda y recogerán todos los papeles y libros que se hallaren tocantes a materia de espíritu"[69].

Conocida la sentencia del Consejo por los inquisidores de Valencia, se le comunicó a Fray Pablo el día 23 de febrero de 1657, señalándosele el convento mercedario del Puig como residencia obligatoria durante dos años.

Fray Pablo Cenedo fue acusado, procesado y condenado por la Inquisición. El negó siempre que fuera alumbrado y, además, intentó explicar las diferencias que le separaban de los alumbrados en aquellos temas que más podían asemejarle a ellos. Su inclusión como alumbrado, obedece a que así fue considerado por la Inquisición. Lo que fue de él después de cumplida su condena, se ignora, pero no debió irle muy mal, porque V. Ximeno lo incluye entre los escritores ilustres valencianos[70].

---

[69] Ibid., fol. 460.
[70] XIMENO, *Escritores*..., II, fol. 71.

3.- El "conventículo" de Gertrudis Tosca

En 1668, once años después de haber sido condenado Fray Pablo Cenedo, la Inquisición descubrió un nuevo foco de alumbrados en el hervidero espiritual que era la ciudad de Valencia.

Desde la Pascua de Resurrección de 1668 hasta la festividad del Corpus del mismo año, la historia del "conventículo" espiritual de Gertrudis Tosca es breve. Pero, la brevedad de la experiencia espiritual no fue óbice para que ésta alcanzara una gran intensidad, hasta el punto de poderse hablar de la existencia de una bien estructurada base doctrinal.

Todos los integrantes de este foco espiritual valenciano están bien definidos. Todos tienen nombres y apellidos, y todos, asimismo, cumplen de manera más o menos relevante su papel dentro del grupo.

Gertrudis Tosca es la madre y maestra espiritual. Dos clérigos, Remigio Choza y José Torres, son los teóricos y valedores de la doctrina. Unas cuantas mujeres, aportan con su presencia el elemento femenino tan común en estos grupos de espiritualidad[71].

Los protagonistas

Gertrudis Tosca tenía 28 años cuando se autodenunció a la Inquisición. Estaba casada y era madre de cuatro hijos. Su marido, Vicente Lligasa, era "pelayre" de oficio. Vivían en una casa de la calle de la Corona de Valencia, de donde, después, se mudaron a otra a las espaldas de la Iglesia de San Juan[72].

Vicente Lligasa no formaba parte del grupo de su mujer, porque "no seguía, ni entendía aquel camino..."[73]. Sólo en algunos momentos, debido a ciertas acciones de su mujer receló de su conducta[74].

La vida espiritual de Gertrudis se inició bajo la guía del

---
[71] "No faltó a la secta su Priscila, que nunca se ha visto congregación de alumbrados sin influjo femenino". MENÉNDEZ PELAYO, *Historia de los Heterodoxos...*, II, p. 193.
[72] A.H.N., Inquisición, leg. 529-2 núm. 3, fol. 54.
[73] Ibid., ff. 3-3v. Testimonio de Teresa Benajes.
[74] Ibid., fol. 6v.

Doctor Oliver, beneficiado en la iglesia de San Miguel, y ya conocido por su protagonismo en la historia de Cenedo[75].

Gertrudis frecuentó a Oliver durante tres años. Después se desligó de él y decidió caminar sola. Animada por José Torres, personaje también del entorno de Oliver, comenzó a considerarse maestra, iniciándose en la guía espiritual de un grupo reducido. Para ello, Torres y Gertrudis urdieron la idea de que a ella se le conservaban en el pecho las especies sacramentales. Después, estructuraron una doctrina simple, sustentada en la idea anterior. Ella acabó por creerse su papel, llegando a considerarse un ser perfecto, dotado por Dios de dones extraordinarios y capaz de dispensar en el cumplimiento de los preceptos eclesiásticos.

José Torres era, junto a Gertrudis, el máximo responsable de este grupo espiritualista. Natural de Valencia, tenía 28 años en 1668. Vivía con su padre, sastre de oficio, en la calle de Calatrava. Su historia particular corre pareja a la de Gertrudis. Ambos tenían como guía espiritual a Oliver, se conocieron en casa de éste, y Torres quiso que ella fuera su maestra. No existen razones para explicar esta relación espiritual. Las alegadas por Torres de que Oliver le dijo que Gertrudis iba bien por el camino de la virtud, y de que fue el mismo Oliver quien le pidió a Gertrudis que admitiera a Torres como hijo espiritual, son poco convincentes[76].

La responsabilidad de Torres como autor de la doctrinas del grupo es reconocida por él mismo: "pues en muchas cosas ha sido éste el promotor y el que les introduxo a los sobredichos, a los referidos errores, y entiende que sino fuera por las instancias déste muchos de los dichos errores no los huvieran creído ni seguido las dichas personas cómplices..."[77].

Esta culpabilidad admitida choca con la afirmación del mismo Torres de que las acciones y creencias del grupo no contravenían la fe Católica, ni la doctrina de la Iglesia, ni la voluntad divina. Para él, todas las acciones del grupo eran

---

[75] Este Doctor Oliver es el mismo que figura citado en el proceso contra Cenedo. Debió ser un personaje importante de la espiritualidad valenciana de la segunda mitad del siglo XVII, pero, se tienen muy pocas noticias de él.
[76] A.H.N., Inquisición, leg. 529-2 núm. 3, fol. 57. Testimonio de José Torres.
[77] Ibid., fol. 66v.

meritorias y perfectas, siendo Gertrudis quien gobernaba sus espíritus. El la tenía "por maestra, y tenía rendida su voluntad pareciéndole alto camino el del dicho rendimiento"[78]. Su estima llegaba a tal grado, "que él tenía por pecado no executar la fornicación con la Gertrudis, y por mayor perfección el acto carnal con ella sólo porque Dios quería que dicha Gertrudis pasasse por aquellas miserias para purificarla más..."[79]. Se mostraba dispuesto incluso a cometer un homicidio, pues confiaba ciegamente que Gertrudis podía absolverle de su culpa, "porque tenía ella tanto poder como el Sumo pontífice, y que para manifestar Dios su grandeza se había valido de ella..."[80].

La vida de Torres después de autodenunciarse a la Inquisición es imposible seguirla por no disponer de su proceso. En 1674 seguía preso en las cárceles inquisitoriales[81].

Mosén Remigio Choza tuvo un papel destacado dentro de este grupo de heterodoxos. Natural de Benaguacil, tenía 35 años en 1668. Había sido Vicario de la parroquia de San Miguel y ahora disfrutaba de un beneficio en la Seo.

La relación de Choza con Gertrudis era reciente cuando ambos, junto al resto de sus compañeros, decidieron denunciarse a la Inquisición. Solamente hacía tres meses que se conocían, y en ese breve tiempo se produjo una gran intimidad entre ellos.

Choza era quien tenía mayor autoridad en el grupo, y el responsable de dar por buenas las doctrinas espirituales. El no fue el autor de ninguna de ellas, pero sí que fue el primero en aceptarlas y en estar presto para ponerlas en ejecución. Además, él era el confesor del grupo y, por tanto, el encargado de disipar las dudas que se pudieran presentar.

Mosén Choza o era ignorante, o cínico, o simplemente, tenía un convencimiento ciego en aquello que hacía y creía. A pesar de la gravedad de acciones como revelar el sigilo de la confesión, tener trato carnal con Gertrudis incluso en la Iglesia, aceptar los dicterios de ésta, etc., declarará ante los inquisido-

---

[78] Ibid., fol. 66v.
[79] Ibid., ff. 35v-36. Testimonio de Josefa Climent.
[80] Ibid., fol. 37v.
[81] Ibid., fol. 68.

res, "que aunque éste tuvo y creyó los dichos errores con ceguedad y engaño nunca entendió apartarse de lo que tiene y enseña la Sta. Madre Iglesia Cathólica Romana, y ésto con tal ánimo y voluntad que si ubiera entendido que las sobredichas cosas que ha confesado y creydo o alguna de ellas ser contra nuestra santa fe o pecado no lo ubiera seguido ni creído como luego que supo que lo eran acudió al dicho Arcediano para que por su medio tuviesse éste remedio y saliesse de sus escrúpulos y pecados..."[82].

Remigio Choza ingresó en la cárcel de la Inquisición el 3 de marzo de 1672, permaneciendo allí hasta abril de 1675. En su proceso, reconoció todos sus errores, pidió un trato favorable por haberse autodenunciado y solamente matizó algunas acusaciones que se le hicieron. Su sentencia, con méritos, le fue leída en la sala de la audiencia, en un auto particular, en presencia de los trece rectores de las parroquias de Valencia y de seis religiosos, y "estando en forma de penitente sin sanbenito". Fue privado de sus bienes y del ejercicio de sus órdenes sacerdotales, y condenado a servir a los pobres dos años en un hospital. Pena que no llegó a cumplir, pues murió en Alicante el 26 de mayo de 1675[83].

Tres visitas a casa de Gertrudis bastaron para que mosén Navarro fuera procesado y preso por la Inquisición, y para que acabara sus días loco de remate. Sin duda, la historia de Navarro es la más triste de todas las de los integrantes del círculo espiritual.

Navarro tenía 28 años en 1668. Era presbítero, y ostentaba un beneficio en la parroquia de San Miguel. Era devoto de Francisco Jerónimo Simón[84].

La primera vez que Navarro fue a casa de Gertrudis observó que todos los que estaban allí le besaban las manos y la abrazaban. El estaba turbado y Gertrudis le preguntó qué le ocurría. Navarro no supo responderle y ella se le sentó en sus rodillas, y comenzó a abrazarle y besarle, diciéndole que tenía gracia de quitar las turbaciones. El "no sintió en dichos besos

---

[82] Ibid., ff. 90v-91. Testimonio de Remigio Choza.
[83] Ibid., Sentencia contra Remigio Choza, s/f.
[84] Ibid., fol. 76.

y abrazos en su cuerpo ningún sentimiento venéreo"[85].

Al día siguiente, volvió a casa de Gertrudis. Ella le preguntó si había tenido trato carnal con alguna mujer. Le respondió negativamente y ella le pidió que lo tuviera con ella, "y que no tuviesse escrúpulo de que fuesse pecado, porque decía que de esse modo la mortificava nro. Señor". Todos los que estaban en casa de Gertrudis le animaron a que accediera a su petición; incluso, Choza le dijo que copular con Gertrudis quitaba los movimientos sensuales. Por fin, Navarro accedió, "entendiendo ser verdad que no sentiría movimientos sensuales en adelante".

Consumado el acto carnal, Torres le preguntó a Gertrudis cómo le había ido con Navarro. Ella respondió, "que éste no era para casado que era medio capón y otras obscenidades". Navarro no se arredró y la misma noche volvió a casa de Gertrudis y tuvo de nuevo relaciones sexuales con ella.

No hay más visitas. Al día siguiente, cuando escuchó la áspera reprimenda que Fray Francisco de Valencia, hermano de Gertrudis, lanzó contra el grupo y sus prácticas, comprendió su error, y con sus compañeros, se autodenunció a la Inquisición.

Mosén Navarro permaneció en las cárceles inquisitoriales desde el 3 de marzo de 1672 hasta el 18 de agosto de 1676, en que fue trasladado a una jaula del hospital de Valencia con el mandato expreso de la Inquisición de que se le aplicaran remedios "combenientes para su curación y se encargue al Padre de los locos cuide mucho de él"[86]. Navarro se volvió loco durante su proceso y no sanó nunca de su locura. Murió en el hospital el uno de mayo de 1693.

Josefa Climent tenía 27 años en 1668. Natural de la Alcudia, vivía en Valencia en la calle de la Puridad con su madre viuda. Conoció a Gertrudis en la reuniones espirituales que tenían lugar en casa de Oliver. Allí comenzó a sentir una especial devoción por ella, deseando poder tratarla más familiarmente. La oportunidad se le presentó en 1667, cuando estando ambas en el convento de la Puridad, Gertrudis le dijo "que conocía el interior y exterior de ésta". A partir de enton-

---
[85] Ibid., fol. 73v.
[86] A.H.N., Inquisición, leg. 529-2 núm. 4, fol. 173.

ces, Josefa se dejó guiar espiritualmente por ella. Sus consejos fueron muy claros: nada de oir sermones, ni de ayunos voluntarios, ni de ir a la iglesia por las tardes; "más le valdría el ir a casa de ella, y privarse de aquel consuelo, que era más perfección porque era mayor gusto de Dios el servirle con sequedad"[87].

Josefa obedeció ciegamente los consejos. Segura de la virtud de su maestra, cuando Torres la besó en la mano, en la boca y en el pecho desnudo, ella hizo lo mismo. No sintió escrúpulos, porque Gertrudis le dijo que los besos los reservaba ella "para los que seguían su camino y no para otros que a los sobredichos les havía dado Dios luz y no a los otros"[88].

Un día, Josefa presenció como copulaban Torres y Gertrudis. Decidió no volver más a casa de ésta. Aquello no encajaba en sus creencias. Sin embargo, el repudio momentáneo cesó cuando Gertrudis se aseguró su fidelidad, diciéndole: "que aunque ésta quisiesse no dexaría de ir porque ya está hecha la garba, como quien dice que estava ésta ya atada como con vínculo de amor de Dios..."[89].

Josefa no dormía presa de tentaciones recordando el acto sexual presenciado. Decidida a poner fin a su angustia, fue a casa de Gertrudis y le dijo que si fuera un hombre también tendría trato sexual con ella. Sentía una terrible frustración que necesitaba desahogar, y le pidió a su maestra que le enseñara "sus verguenzas". Satisfecho su deseo, Gertrudis le dijo, que "eso sí que era amar a Dios, y perfección pasar por dichas cosas que son contra la propia voluntad"[90].

Josefa presenció y tomó parte activa en casi todas las prácticas sexuales del grupo. Sin embargo, a pesar de las presiones que soportó, nunca accedió a tener relaciones sexuales con los varones-clérigos. Mantuvo con extraordinaria firmeza su posición, dejando claro, que "primero dexaría aquel camino que tal hiziesse...". Su actitud contrasta con la de su maestra, que "no se resistía a la voluntad de Dios, y que si a ella en medio del

---

[87] A.H.N., Inquisición, leg. 529-2 núm. 3, ff. 32v-33.
[88] Ibid., fol. 34.
[89] Ibid., ff. 34-34v.
[90] Ibid., fol. 35.

mercado la quisieran conocer carnalmente no resistiría por no yr contra la voluntad de Dios"[91].

Poco más se sabe de Josefa Climent. Junto con el resto de sus compañeros se autodenunció a la Inquisición, se le instruyó proceso y fue encarcelada. En 1674, todavía permanecía presa en las cárceles inquisitoriales[92].

Como en otro tiempo Mari Sánchez[93], Teresa Benajes desempeña en esta historia de alumbrados el papel de delatora.

Teresa era vecina de Valencia, y tenía 33 años. Estaba casada con el "ministro" del Gobernador Pedro Porta, y vivía en la calle de la Garrofera, "a las traviessas del Carmen"[94]. Conocía a Gertrudis desde 1654 por haber servido de criada en su casa. No pertenecía al grupo espiritual, pero siempre estaba en casa de Gertrudis, "porque le dan algún pedazo de pan pero también por algún género de curiosidad". Denunció al grupo "por haver hecho escrúpulo de lo que había visto", y también, por seguir los consejos de su confesor, y conseguir de esta forma que su conciencia quedara tranquila[95].

Si Teresa fue la delatora, Angela Sinisterra, por su avanzada edad, era el personaje más atípico del grupo. Tenía más de 60 años, era viuda, y vivía cerca de la parroquia de San Esteban, en casa de un ciego llamado Don Luis de Calatayud[96].

Angela formó parte del "conventículo" desde el primer momento. No puso impedimento a las acciones que vio realizar, y lloró enternecidamente cuando Torres se arrodilló a los pies de Gertrudis y le besó las manos en señal de veneración. Una de las veces en las que Choza tuvo relación sexual con Gertrudis, Angela estuvo con ellos en la cama.

Cuando la fama de santidad de Gertrudis fue en aumento, sus compañeros comenzaron a creer en la posibilidad de que pudiera hacer milagros. Entonces, Angela le ofreció a Gertrudis la posibilidad de curar de su ceguera a Don Luis de Calatayud.

---

[91] Ibid., ff. 35-35v.
[92] Ibid., ff. 41v-42.
[93] Mari Sánchez fue la mujer que denunció a la Inquisición a los denominados alumbrados de Toledo.
[94] A.H.N., Inquisición, leg. 529-2 núm. 3, fol. 2.
[95] Ibid., ff. 2-9v.
[96] Ibid., ff. 5v y 22-25.

Al final, Gertrudis aceptó curarlo, pero sin resultado alguno[97].

El círculo espiritual de Gertrudis Tosca queda completo con Luisa Choza y Vicenta Giberto. La primera era hermana de mosén Choza, y formaba parte del grupo por la presencia en el mismo de su hermano. Vicenta Giberto no tuvo especial relevancia, si bien, aceptó como buenas todas las acciones que en el grupo se hicieron y creyeron.

De todos los personajes que formaban el grupo espiritual de Gertrudis Tosca, sobre tres de ellos recaen las mayores responsablidades: Gertrudis, José Torres y Remigio Choza. Mosén Navarro y Angela Climent son los más ilusos y los más fáciles de manejar. El resto, actuaron de corifeos, aceptando de buena fe lo que los demás les decían.

Doctrina del "conventículo"

Un principio teórico básico dio lugar a las creencias que sustentó el grupo espiritual de Gertrudis Tosca: "debemos rendir nuestra voluntad a la voluntad de Dios, tanto a lo permisivo como a lo volitivo".

José Torres, protagonista destacado del grupo y principal teorizador, entendió este rendirse a la voluntad de Dios, como que "se ha de rendir de modo nuestra voluntad a la voluntad de Dios que aunque sea cosa de pecado tanto lo adverso como lo próspero que se passe por ello precisamente porque Dios lo ha ordenado, y si es malo pesarle de la ofensa de Dios por oponerse a su divina voluntad, y amar aquella mesma voluntad conque Dios a permitido que suceda el pecado"[98].

Aceptado este principio, entendible dentro de una compleja visión de la espiritualidad mística, el grupo espiritual se inició en determinadas prácticas y creencias que, sintéticamente, pueden resumirse de la manera siguiente.

Gertrudis es santa porque en su pecho se conservan las especies sacramentales. Para venerar esta santidad, sus compañeros mantienen siempre encendida en su casa una lámpara, queman en su presencia incienso, se arrodillan y postran ante

---
[97] Ibid., ff. 2-9v.
[98] A.H.N., Inquisición, leg. 529-2 núm. 3, fol. 57v. Testimonio de José Torres.

ella, y le besan las manos, los ojos, la boca y los pechos[99].

Gertrudis, como una gracia concedida a su santidad, tiene el don de "penetración de espíritus". Ella conoce los interiores de las personas y tiene potestad divina para dispensar en la leyes de la Iglesia y en la Ley de Dios[100]. Sus compañeros no deben tener escrúpulos para llevar a cabo cualquier acción que ella les ordene. No es error ni pecado si Gertrudis comulga tomando ella misma la hostia, si da la comunión a los demás, comulgar sin respetar el ayuno, oficiar misa en su casa, comer carne los viernes, etc. Por idénticos motivos, los "tocamientos" y las relaciones sexuales con Gertrudis no son pecado, sino perfección. Pecado comete el que no se aviene a realizarlos[101].

La santidad de Gertrudis, santidad omnipotente depositada por Dios en ella, le permitía conocer el sigilo de la confesión y hacer lícito cualquier acción, incluso la de matar. Con Gertrudis Dios había creado otros Dios en la Tierra. Ella es una santa, la más santa y perfecta de toda la Iglesia. En sí misma siente el gozo que sintió la madre de Dios al encarnarse su hijo en ella[102].

Gertrudis se considera y es considerada por los miembros de su círculo como una santa, pero, al mismo tiempo, es su maestra espiritual. Todos sujetan sus espíritus a ella. Todos abandonan a sus confesores, porque sólo ella sabe guiar por un camino espiritual riguroso y alejado de todo interés. El resto de los confesores de Valencia no saben enseñar oración y trabajan por intereses particulares. El camino espiritual de Gertrudis es una camino de fe, donde la humanidad de Cristo no se ha de meditar, sino solamente creer y adorar[103].

Doctrinalmente herética y socialmente peligrosa hay que considerar la doctrina y los principios sobre los que se asienta la vida espiritual de este grupo tardío de alumbrados. Herética, porque negaban y dudaban de "cualquiera de las verdades de

---

[99] Ibid., ff. 58-59.
[100] Ibid., ff. 59v-60.
[101] Ibid., ff. 60-61.
[102] Ibid., ff. 62v-66.
[103] Ibid., fol. 76. Testimonio de José Navarro. Lo mismo puede verse en el testimonio de Remigio Choza, fol. 133.

la fe divina y católica"[104]. Peligrosa, porque su divulgación podía quebrar alguno de los principios fundamentales sobre los que se asentaba la estructura jerárquica de la Iglesia. En este sentido, los principios más corrosivos podían ser los alusivos al magisterio espiritual de Gertrudis, y al hipotético sacerdocio femenino que parece vislumbrarse.

El breve tiempo de vida del grupo, tres meses escasos, induce a pensar, que si bien la mayoría de sus miembros tenían una experiencia espiritual escasa, alguno de ellos -Gertrudis y Torres serían los ejemplos más significativos-, habían tenido tiempo para madurar los principios doctrinales que después defienden y enseñan.

La hipotética existencia de una pasión personal entre Torres y Gertrudis queda en la duda. Aunque podría desecharse ésta dada la promiscuidad sexual que el grupo mantiene.

Por último, la facilidad con que sus componentes se desentienden de sus creencias, hace pensar que éstas estaban todavía en una fase de construcción. Persisten recelos y dudas en algunos, y bastó que alguien más autorizado espiritualmente, al menos más que los clérigos del grupo, atacara sus creencias para que todos buscaran una fórmula poco traumática para salir airosos de su experiencia.

Heterodoxia doctrinal

La calificación de alumbrados cuadra bien al grupo espiritual de Gertrudis Tosca. Evidentemente, en el grupo no se dan fielmente las mismas doctrinas, ni los mismos comportamientos que se daban en el heterogéneo grupo de alumbrados castellanos reflejados en el Edicto de Toledo de 1525. Tampoco ocurre lo mismo si comparamos al grupo de Gertrudis con el más homogéneo de alumbrados extremeños condenados por la Inquisición de Llerena en 1579. Sin embargo, en los tres grupos aludidos son perceptibles algunas semejanzas. Mayores, entre los alumbrados valencianos capitaneados por Gertrudis y los alumbrados de Extremadura. Más difusas, entre los alumbrados valencianos y los de Toledo.

---

[104] Cit., en MÁRQUEZ, *Los Alumbrados...*, p. 156.

La espiritualidad tuvo un fuerte arraigo social en el sentir hispano. Al margen de períodos de mayor o menor brillantez de la mística, fenómenos considerados heréticos como el alumbradismo y el quietismo se repitieron con frecuencia. La razón de ello parece clara. Toda experiencia espiritual es una experiencia individual; por tanto, difícilmente encorsetable en normas prefabricadas. Por eso, a pesar de los excelentes libros de espiritualidad, a pesar de los peligros reales o imaginarios que la Inquisición y la propia Iglesia trataron de evitar, era suficiente que alguien diera un paso más adelante en su experiencia espiritual, para que, automáticamente, cayera en la heterodoxia, en cualquier otro desviacionismo o en la herejía.

Un somero análisis de las creencias de los españoles de los siglos XVI y XVII muestra, como también es perceptible hoy, la existencia de numerosísimos grupos heterodoxos e, incluso, herejes a los ojos de la Iglesia. Quizás por eso, tienen tanto interés los alumbrados de Toledo, de Extremadura y de Andalucía, el quietismo de Miguel Molinos, los ejemplos particulares como el de Juana Asensi y, por supuesto, el grupo espiritual de Gertrudis Tosca. En todos ellos, de manera más o menos brillante, más o menos precisa, más o menos escandalosa, existió un rasgo común, la búsqueda de un camino espiritual particular que, sin pretender alejarse de los caminos más estereotipados y ortodoxos, acabó traspasándolos llegando a provocar un peligro real o imaginario de enfermar la ortodoxia oficial de su momento histórico.

Desde la anterior perspectiva, tanto Juana Asensi como el grupo de Gertrudis se caracterizaron por su particularismo a la hora de enfocar sus experiencias espirituales. Su caracterización fue negativa a los ojos de la ortodoxia del momento, y por esta razón fueron procesados y condenados.

El principio básico del cual parte la heterodoxia doctrinal del grupo de Gertrudis Tosca afirma que el alma ha de rendir su voluntad a la voluntad de Dios tanto a lo permisivo como a lo volitivo. Este principio, culminante en la espiritualidad mística, daba lugar a la transformación del alma en Dios, a su deificación, según el lenguaje de los místicos.

Francisco de Osuna, en el "Tercer Abecedario", dirá: "Llegándose el hombre desta manera a Dios, se hace un espíritu con él, por un trocamiento de voluntades, que ni el hombre quiere otra cosa que lo que Dios quiere, ni Dios se aparta de la voluntad del hombre, mas en todo son a una, como las cosas que perfectamente están unidas, que casi se niegan de sí y se conforman totalmente a un tercio. Lo cual acontece en este negocio donde si antes Dios y el hombre tenían diversas voluntades, después concuerdan en uno, sin quedar ninguno descontento"[105].

También San Juan de la Cruz narró esta singular aventura de la transformación del alma en Dios por la voluntad.

"Pero sobre este dibuxo de fee ay otro dibuxo de amor en el alma de el amante, y es según la voluntad, en la qual de tal manera se dibuxa la figura del Amado, y tan conjunta y vivamente se retrata en él quando ay unión de amor, que es verdad dezir que el Amado vive en el amante y el amante en el Amado. Y tal manera de semejanza haze el amor en la transformación de los amados, que se puede dezir que cada uno es el otro y que entrambos son uno. La razón es porque en la unión y transformación de amor, el uno da posessión de sí al otro, y cada uno se dexa y trueca por el otro, y assí cada uno vive en el otro, y el uno es el otro, y entrambos son uno por transformación de amor"[106].

Si ya resulta difícil la comprensión de estos dos textos místicos para espirituales experimentados, es lógico suponer que los poco avezados en la mística, pudieran derivar de ellos conclusiones erróneas. Porque, si según se dice, llegada el alma a su punto culminante, unida y transformada en Dios, deificada, hecha uno con El por el amor, llega a tanta perfección, fácilmente se podía colegir que el alma ya no podía pecar.

Por tanto, del mismo modo que los alumbrados de Toledo, dentro de lo que Márquez afirma es el sistema de voluntades de éstos, llegaban a la conclusión de que "el amor de Dios en el hombre es Dios", y este amor "ordena a la persona de tal manera que no puede pecar"[107]. También, dentro de lo que podría llamarse sistema de voluntades del grupo espiritual de

---

[105] Cit. en ANDRÉS, *Los Recogidos*..., p. 239.
[106] SAN JUAN DE LA CRUZ, *Cántico espiritual*, comentario al cántico núm. 12, p. 184.
[107] MÁRQUEZ, *Los Alumbrados*..., p. 165.

Gertrudis Tosca, si se quiere más burdamente, se afirmaba que "se ha de rendir nuestra voluntad a la voluntad de Dios que aunque sea en cosa de pecado tanto lo adverso como lo próspero que se passe por ello precisamente porque Dios lo ha ordenado, y si es malo pesarle de la ofensa de Dios por oponerse a su divina voluntad, y amar aquella mesma voluntad conque Dios ha permitido que suceda el pecado"[108].

Dejarse al amor de Dios, el dexamiento, es quizás la fórmula que mejor sirva para reconocer a los alumbrados de Toledo. Pero, si éstos se dejaban al amor de Dios porque ese amor era el que "ordenaba" a la persona, el dexamiento, convertido ahora en rendimiento por el "conventículo" espiritual de Gertrudis, no suponía el abandonarse al amor de Dios, sino al de una persona concreta y muy particular. Era Gertrudis, quien, rendida previamente al amor de Dios, deificada podría decirse, cumplía el papel de la divinidad, haciendo impecables qualquiera de las acciones de los componentes de su grupo. Sólo así tiene pleno sentido la afirmación de Torres, cuando confiesa que él creía que las acciones que realizaba no eran contrarias a la fe católica, ni a las doctrinas de la Santa Madre Iglesia, ni a la voluntad de Dios; antes al contrario, todas las acciones eran meritorias y perfectas estando gobernados espiritualmente por Gertrudis, "a quien tenía por Maestra, y tenía rendida su voluntad pareciéndole alto camino el del dicho rendimiento"[109].

Algunos artículos del Edicto de Toledo de 1525 hacían referencia a la animadversión de los alumbrados castellanos por determinadas prácticas devocionales arraigadas. Rechazo a las oraciones particulares (art. 22), a los ayunos y penitencias (art. 27), a la guarda de los mandamientos (art. 43), etc.[110]. Estas prácticas religiosas tenían poco sentido dentro del universo espiritual de los alumbrados castellanos. Del mismo modo, entre los alumbrados valencianos de 1668, sobre todo en la relación existente entre Gertrudis y Josefa Climent se percibe cierta resistencia a determinadas prácticas devocionales. Gertrudis trató de desterrar de su ahijada espiritual su asistencia a

---

[108] A.H.N., Inquisición, leg. 529-2 núm. 3, fol. 57v.
[109] Ibid., fol. 66. Lo mismo en la declaración del Arcediano Ballester, ff. 13-13v.
[110] Cit, en MÁRQUEZ, *Los Alumbrados*..., Apéndice I, pp. 234-237.

pláticas y sermones, su disposición voluntaria al ayuno, su asistencia a la Iglesia por las tardes, etc. Sin embargo, una diferencia sustancial separa a los alumbrados de Toledo de este pequeño grupo tardío de alumbrados valencianos, pues, mientras aquéllos negaban el valor espiritual de las prácticas devocionales, éstos no se lo negaban, sino que lo supeditaban a la voluntad expresa de la maestra Gertrudis. Sólo cuando ella ordenaba que se hicieran prácticas devocionales, es cuando éstas alcanzaban su sentido espiritual[111].

La moderna historiografía sobre los alumbrados de Toledo tiende cada vez más a desmitificar la leyenda sobre las licenciosas conductas sexuales de éstos, tratando de no confundir los elementos anecdóticos con los teóricos. Hoy en día, la mayoría de los historiadores que han investigado el tema de los alumbrados castellanos niegan la existencia de prácticas sexuales libres dentro de este grupo. Lo hacen, a pesar de que en el artículo cuarenta y cuatro del Edicto de Toledo de 1525, se recoge una proposición según la cual los alumbrados decían que "los tocamientos y malos pensamientos no se abían de desechar, sino abraçarlos e tomarlos por carga e ir con esta cruz adelante..."[112].

Frente a la escasa importancia que la temática sexual tuvo entre los alumbrados castellanos, este aspecto tuvo un protagonismo fundamental en los alumbrados valencianos de 1668, hasta el punto, de que ellos se desvinculan totalmente de sus homónimos castellanos y se acercan, tanto en sus planteamientos prácticos como teóricos, a los alumbrados de Extremadura.

Los aspectos sexuales tuvieron especial protagonismo dentro del sistema espiritual de los alumbrados extremeños. Los maestros espirituales "tenían deshonestidades" con sus hijas de confesión, no recatándose en afirmar el buen fin que guiaba su conducta: "y que les decía no ser aquello pecado cuando aquellos tocamientos se hacían para ayudallas a llevar los trabajos y aflicciones que pesaban en los ejercicios que les enseñaban"[113]; "confesó haber tenido aquellos tocamientos deshonestos

---

[111] A.H.N. Inquisición, leg. 529-2 núm. 3, ff. 32v-33.
[112] MÁRQUEZ, *Los Alumbrados...*, pp. 178 y ss. Vid. también BATAILLON, *Erasmo y España*, p. 237.

con las beatas sus hijas de confesión, entendiendo y creyendo no ser pecado por hazerlo y recibirlo dellas con intención de consolarlas y aliviarlas de las rabias y ansias y otros sentimientos que tenían en la oración y ejercicios de la dicha secta"; "estupró y llevó su virginidad a muchas beatas sus hijas de confesión, diciéndoles no ser pecado el besallas y abrazallas y los otros actos impúdicos que con ellas tenía"[114].

Estos ejemplos son ilustrativos de la importancia que los aspectos sexuales tenían dentro del sistema espiritual de los alumbrados de Extremadura. En los tres casos referidos, los actos sexuales fueron realizados con una finalidad de consuelo espiritual y, entendidos así, no sólo suponía no incurrir en pecado, sino que además, eran útiles para conseguir la perfección.

Tampoco para los alumbrados valencianos de 1668 eran pecado los actos sexuales que realizaban. Pero, entre los alumbrados de Valencia y los de Extremadura hay algunos matices dierenciales que conviene tener presentes.

En ambos casos, son los maestros espirituales quienes posibilitan la impecabilidad de los actos sexuales. No es que éstos no fueran pecado, sino que su realización con determinadas personas y encaminados a un fin espiritual superior, los hacía no ser pecado.

Entre los alumbrados de Extremadura, la impecabilidad venía dada por los maestros que eran "santos", y por la finalidad buena de anhelar mayor perfección y servir de consuelo y alivio para "las rabias y ansias y otros sentimientos" habidos en la oración.

Por su parte, en el grupo espiritual de Gertrudis, donde las ansias y las rabias no estaban presentes, la impecabilidad fue sólo un don singular concedido a la maestra Gertrudis. Ella, teniendo rendida totalmente su voluntad a Dios, estando deificada, no podía pecar. Era, pues, ella quien tenía relaciones sexuales con sus hijos espirituales, ya que, habiendo "Dios depositado y vaciado en ella su omnipotencia", podía "hacer que cualquier cosa fuesse lícita aunque de sí fuesse pecado...".

---
[113] Cit. en Huerga, *Historia de los Alumbrados*, I, p. 495.
[114] Ibid., p. 497.

Además, los actos sexuales consumados con Gertrudis no sólo eran lícitos, sino que eran un medio para alcanzar la perfección. Esta idea está tan arraigada dentro del grupo, que a sus componentes no les displacía presenciar las relaciones sexuales de su maestra con los varones del grupo, llegando a creer en algún caso, que mediante ellas se sacaban almas del purgatorio[115].

La continencia sexual a que estaban obligados los clérigos por su ministerio, y el observar que siempre fueron clérigos quienes trasgredieron su voto de castidad en aras de un fin espiritual superior, induce a pensar si, realmente, en estos casos de alumbradismo, es posible hablar de una finalidad espiritual como explicación correcta de la rotura del voto, o simplemente, fue una tapadera utilizada para calmar ciertas "ansias" y "rabias" más humanas. Poco cambia la cuestión si en el grupo de alumbrados valencianos fue una mujer la que desempeñó el papel de maestra espiritual. Tanto en este grupo, como en el de Extremadura fueron clérigos quienes tuvieron relaciones sexuales con sus hijas espirituales o con su maestra. Unicamente, el comprobar de manera reiterada la existencia de estos ejemplos dentro de la historia de la espiritualidad, la presencia en muchos de estos grupos de una doctrina más o menos bien estructurada, y la buena fe que en su origen guió a estos espirituales, permite continuar pensando que fue un fin espiritual el que guió sus conductas. Y ello, a pesar de la manera, a veces burda, con que estos grupos explicitaron las razones que les impulsaron a la realización de sus acciones.

La existencia de doctrinas espirituales bien estructuradas en los diferentes grupos de alumbrados, donde se recomendaba a sus miembros que no se inquietaran por los propios pecados, y que no desecharan ciertos malos pensamientos, sino que los consideraran como una pesada carga, y que con ellos prosiguieran su camino de perfección confiados en la misericordia divina, si hacemos omisión de toda la parafernalia de acusaciones sobre libertinaje sexual con que se ha pretendido destruirlos, pueden ser entendibles, aunque "la aceptación de la libertad sexual puede comprenderse tan bien o mejor como el re-

---

[115] A.H.N., Inquisición, leg. 529-2 núm. 3, ff. 2-9v.

sultado de motivaciones puramente religiosas que como el de motivaciones sexuales; como que se trata de encontrar medios, no de pecar, sino de obtener la salvación, sólo que considerando el pecado como un dato de la naturaleza imposible de eliminar"[116].

Otro rasgos heterodoxos presente en el grupo de Gertrudis, y comunes a los alumbrados extremeños son: el escaso valor que se da a guardar el sigilo de la confesión, la poca importancia que la meditación sobre la Humanidad de Cristo tiene en el camino espiritual, la creencia de que la hostia sacramentada se conservaba por un espacio más o menos largo de tiempo en las personas, etc.

En resumen, muchas similitudes de doctrina y de prácticas espirituales hay entre los alumbrados extremeños y los valencianos. Los cien años que separan la existencia de los dos grupos no fue obstáculo para que ambos llegaran a similares soluciones en sus experiencias espirituales. El camino hacia la heterodoxia es escasamente original y, salvo peculiaridades propias de cada grupo, el resto de experiencias se repitieron contínuamente en todos ellos.

Sin necesidad de remontarse a los tiempos primeros de la Iglesia, desde los cátaros hasta los diferentes grupos de alumbrados, el quietismo, y otros heterodoxos, fueron siempre intentos repetidos de buscar caminos particulares por los que acceder a una mayor perfección espiritual. El final, en todos ellos, fue siempre el mismo: la condena por la Iglesia poco predispuesta a consentir que se pusiera en cuestión su estructura jerárquica y, por consiguiente, siempre vigilante para cortar de raíz cualquier intento de desviación doctrinal. Así ocurrió siempre, y así acaeció también con los alumbrados valencianos.

---

[116] KOLAKOWSKI, *Cristianos sin Iglesia*, p. 352.

VI
MIGUEL MOLINOS Y LA ESPIRITUALIDAD VALENCIANA

La espiritualidad mística tuvo amplia difusión a lo largo del siglo XVII en Valencia, en España y en el resto de los países de Europa. En España, gozó incluso del favor de la Corte, como lo atestiguan las especiales relaciones mantenidas por Felipe IV con Sor María de Agreda[1]. Respecto a Europa, el muestrario de ejemplos aportados por Kolakowski, las relaciones de San Francisco de Sales con sus ahijadas espirituales y la pugna Bossuet-Fenelon confirman esta tendencia[2]. En el caso concreto de Italia, Dudon refiere múltiples ejemplos de grupos que, por los años cincuenta del siglo XVII, antes, por tanto, de Miguel Molinos, se dedicaban a ejercitarse en la práctica de la oración mental y se preparaban para la unión mística[3]. De igual modo acontecía en Valencia, donde a los personajes ya estudiados, habría que añadir a Antonio Panes, a Domingo Sarrió y a miembros destacados del Oratorio y de la Escuela de Cristo.

Las razones de la pujanza del misticismo en el siglo XVII fueron de índole variada. A nadie se le escapan las implicaciones que en ello pudieran tener causas socio-económicas latentes en toda la centuria. Los malos tiempos fueron siempre propicios para la aparición de fenómenos espirituales extraordinarios y para el incremento del número de gentes que buscaban sublimar su males temporales por la vía religiosa. Muestra de ello en Valencia, son los intentos continuos de llevar a cabo nuevas fundaciones religiosas, y la hostilidad que éstas encuentran por

---
[1] J. Pérez Villanueva, "Sor María de Agreda y Felipe IV: un epistolario en su tiempo", *Historia de la Iglesia en España*, IV, BAC, Madrid 1979.
[2] Vid.: Kolakowski, *Cristianos sin Iglesia*, pp. 357-384; San Francisco de Sales, *Cartas Espirituales*, Barcelona 1930.
[3] Cit. en Kolakowski, *Cristianos sin Iglesia*, pp. 338-339.

parte del clero de las parroquias y de las órdenes religiosas, que consideran saturado el ambiente religioso[4].

Pero a las razones socio-económicas deben sumarse otras como, por ejemplo, el relativo fracaso de ciertas instancias, caso de la Orden de Predicadores, por evitar la excesiva facilidad con que los laicos y las beatas podían acceder a un tipo de espiritualidad que hubieran querido ver reservada para los religiosos.

Truncada la santidad de Simón y arrinconado Sobrino, las preocupaciones de los dominicos valencianos no se centrarían en la espiritualidad mística y en su difusión y arraigo popular, sino en cuestiones más candentes como el conflicto inmaculista, la polémica "de auxiliis", el jansenismo y las controversias morales en torno al probabilismo, laxismo y probabiliorismo[5].

Aunque las actitudes más permisivas de la coyuntura histórica propiciaron una mayor difusión de la mística, y ésta, salvo casos esporádicos, se mantuvo siempre en la ortodoxia, no por ello, el misticismo consiguió librarse de ciertas connotaciones negativas.

La vinculación de Miguel Molinos a Valencia durante un prolongado período de su vida (1646-1662), unido a la importancia ulterior de este personaje como factor del quietismo y a la condena que tal doctrina y su autor sufrieron en 1687, ha hecho que, acertadamente, se haya rastreado el ambiente espiritual valenciano del siglo XVII para encontrar los antecedentes donde el heresiarca bebió su doctrina.

Pero, siendo ciertas las dependencias valencianas de Molinos, es indudable, que éste hubiera podido surgir igualmente en cualquier otra parte donde el misticismo estaba en boga.

"El subsuelo molinosiano está en el ambiente español, italiano y francés -acaso por este orden- del siglo XVII, donde junto a Malaval, no habría que olvidar a San Francisco de Sales y sobre todo a la Chantal, citada por Molinos con no disimulado entusiasmo. En este campo se producen estrechas dependencias; en otros, incluido el de los alumbrados, no pasa-

---
[4] Sobre esto, Vid.: B.U., Ms. 157, 799, 852 y 59. También, A.R.V. Sección Clero leg. 432 (1171).
[5] VÁZQUEZ, *Las controversias doctrinales...*, pp. 467 y ss.

rían de concomitancias o afinidades"[6].

La importancia histórica de Molinos no deriva tanto de su persona o de su "Guía Espiritual", como de su condena en 1687. Su figura no es especialmente atrayente, a pesar del éxito que pudo tener en Roma. Lo verdaderamente importante del asunto Molinos es la pugna doctrinal que se establece entre los partidarios y émulos del misticismo, y el triunfo final de éstos con la condena de Molinos y del quietismo en 1687[7].

Que el misticismo encierra una serie de peligros, ha sido dicho ya. Pero también es cierto que la mayoría de los místicos buscaron adecuar sus experiencias a la ortodoxia del momento. Lo mismo aconteció con Molinos y su "Guía"; pero, por razones coyunturales, eclesiásticas, políticas o de otra índole, la realidad es que Molinos y el quietismo fueron condenados. Aunque, para algunos, es el caso de Kolakowski, continúa sin ser resuelto el problema fundamental de las "razones sociales que hicieron necesario que fuera preciso condenarlo"[8].

Al tema de Molinos y sus relaciones con una espiritualidad valenciana con claros síntomas quietistas se le ha dado excesiva importancia porque se ha tomado como punto básico de referencia la condena de 1687. Si por un momento se olvida esta fecha y lo que significó, la espiritualidad valenciana que aparece no deja traslucir ninguna singularidad especial que no pueda encontrarse en cualquier otra parte.

Las manifestaciones místicas que pueden rastrearse en Europa no fueron una consecuencia del quietismo propuesto por Molinos en su "Guía". Este fue sólo un ejemplo más del misticismo que tan boga estuvo a lo largo del siglo XVII; si se quiere, el ejemplo más relevante, pero el quietismo no fue obra suya. Sin embargo, siendo esto así, la condena de Molinos en 1687 fue mucho más decisiva, puesto que dio lugar a una especie de caza de brujas contra los místicos, terminando por ahogar la propia Mística.

---

[6] J.I. Tellechea Idígoras, Edición crítica, introducción y notas a la *Guía Espiritual* de Miguel Molinos, Madrid 1976, p.77.
[7] Ibid., p. 26. Vid. también, J. A. Valente, *Ensayo sobre Miguel Molinos*, Barcelona 1974.
[8] Kolakowski, *Cristianos Sin Iglesia*, p. 336.

1.- El misticismo valenciano y algunas interpretaciones históricas recientes

Las investigaciones de Robres Lluch[9] han querido probar que Molinos aprendió las doctrinas básicas del quietismo en ciertos ambientes espirituales de Valencia.

Partiendo del hecho de que Molinos fue a Roma en 1663 para auspiciar la beatificación de Francisco Jerónimo Simón, y de que detentó el mismo beneficio que éste, Robres desarrolla una teoría, según la cual, ya existían movimientos o grupos quietistas en Valencia en las fechas (1646-1662) en que Molinos residió aquí.

De no interpretar mal la opinión de Robres, éste defiende que en torno a la figura de Simón se aglutinaron personajes diversos, cuyo punto en común fue el arraigo que entre ellos tuvo la espiritualidad pre-quietista, cuando no, claramente quietista. Citados por Robres, figuran Francisca Llopis, Antonio Sobrino, Juan Sanz, Juan Falconi, Antonio Panes, algunos cartujos de Porta-Coeli y ciertas monjas de un monasterio de Valencia. Por si estos nombres no bastaran, Robres reseña el caso del agustino Agustín Antonio Pascual predicando contra quietistas en Xàtiva y Valencia antes de la condena oficial del quietismo en 1687.

No puede negarse la veracidad de las opiniones de Robres, pero deben hacerse algunas precisiones o matizaciones respecto a ellas.

El quietismo como doctrina mística no negaba el rezo vocal, ni la meditación en los misterios de la Humanidad de Cristo, ni los sacrificios y penitencias, pero ponía el énfasis en la oración mental, en la universalidad de la espiritualidad mística y en la transformación del alma en Dios por obra del amor. De la incorrecta comprensión de esta doctrina podía derivarse la idea de la pasividad y de la impecabilidad y, subsiguientemente, abrirse paso toda una serie de connotaciones de carácter erótico-sexual.

Por lo que se refiere al tema tan controvertido de la ora-

---

[9] Las investigaciones de Robres a las que se alude son sus dos reiterados artículos *Pasión religiosa*..., y *En torno a*...

ción de quietud, éste no fue exclusivo de aquéllos que se ha convenido en llamar quietistas. Este tema está presente en la mayoría de místicos más conocidos como Osuna, Laredo, Palma, etc. En ellos y en otros autores como Falconi, Sobrino y Panes, esta doctrina se adecua plenamente a la ortodoxia, y se hace comprensible dentro de un esquema global del camino espiritual. Sin embargo, desgajada de este esquema y analizada parcialmente con el objetivo de desprestigiarla o de buscar sus connotaciones heréticas, resulta posible hacerlo, pero se está falseando la realidad y desvirtuando el sentido y la interpretación que le daban los autores místicos que la desarrollaron.

Un modo de proceder así siguió Melchor Cano y los que como él acentuaron los peligros del misticismo y de su universalidad en el siglo XVI. Idéntico comportamiento siguieron los jesuitas Segneri y Bell'Uomo en el caso de Molinos; y en lo mismo parece incurrir Robres, fiado en exceso del hecho cierto de la condena del quietismo en 1687.

En una de sus conclusiones, Robres afirma que Ribera fue el primer obispo español en dar la voz de alarma y en disponerse a cerrar el paso a la nueva herejía iluminista[10]. Tal afirmación no parece cierta ni demostrable. Ha quedado probado que el Patriarca defendió y apoyó a los espirituales que su biógrafo contemporáneo califica de prequietistas o quietistas.

Respecto al tema analizado ampliamente por Robres de Simón y de su supuesto liderazgo espiritual en Valencia, hay que decir que no existió tal liderazgo. La disputa en torno a Simón puede ser considerada, como afirma Fuster, "l'esdeveniment religiós més esclatant de tota la centúria"[11], pero de ahí a convertir a Simón en un líder espiritual media un abismo.

Simón es un autor espiritual irrelevante. El fue un supuesto santo al que los dominicos le despintaron la santidad. El que relacionados con su figura aparezcan personajes relevantes del ambiente espiritual de Valencia como Francisca Llopis, Sobrino, Molinos, Panes y otros, fue, en unos casos, fruto de la casualidad —de tal modo habría que considerar el nombramiento de Molinos para ir a Roma a auspiciar su beatificación—, en

---
[10] ROBRES, *Pasión religiosa...*, p. 406.
[11] FUSTER, *Poetes...*, p. 167.

otros de la amistad —caso de Sobrino y Francisca Llopis—, y en los demás, simplemente de la devoción a una figura que tuvo una fuerte impronta en la religiosidad valenciana del siglo XVII. Devoción por Simón tuvieron el cronista Porcar, Aparici Gilart y otros muchos personajes menos conocidos. Pero nada hay que permita traslucir de esta devoción un liderazgo espiritual salpicado de quietismo.

No hay porqué volver a incidir en el asunto de las relaciones de Simón con Francisca Llopis y con Sobrino. Que la beata y Sobrino estuvieron comprometidos con la espiritualidad mística, no cabe duda. Pero ni uno ni otro participaron de los componentes heréticos inherentes en el misticismo. Sus desgracias personales derivaron exclusivamente de haber apoyado la santidad de Simón. La prohibición inquisitorial de la "Vida Espiritual" de Sobrino, aunque haya que incluirla en la pugna simonista que se libró en Valencia, fue por haber vertido controversias con herejes en lengua vulgar y no por su doctrina mística.

En la Biblioteca Apostólica Vaticana, Robres encontró un libro en cuya cubierta figuraba manuscrita la inscripción: "Para el Dor. Molynos". El autor de este libro fue Antonio Panes, que lo publicó en Valencia en 1675, el mismo año en que apareció la "Guía" de Miguel Molinos.

El título del libro, "Escala Mística y Estímulo de amor divino", es ya sospechoso para Robres, "en el contexto de la epoca". Mayor extrañeza le provoca el no encontrar a jesuitas y dominicos entre quienes censuran y alaban el libro. Por último, tras ponerlo "en el banco de pruebas y piedra de toque de la ascética segura", Robres afirma que "las diferencias teológicas de Panes con los maestros seguros de la vida espiritual son patentes, sobre todo, si abundando en lo ya dicho se le compara, por ejemplo, con San Ignacio de Loyola".

Una postrera advertencia hace todavía Robres: "Queremos advertir, finalmente, que la obra de Panes no se halla puesta en los diversos "Index librorum prohibitorum"; hemos consultado hasta 1767, en tiempo de Benedicto XIV. ¿Acaso fue intervenida toda la edición por la Inquisición española?. Si así fuera, el ejemplar que hemos localizado en la Biblioteca Apostólica Vaticana, tendría gran valor para la historia de la espiritualidad española"[12].

Seguramente, la "Escala Mística" le fue dedicado a Molinos por su autor. Panes y Molinos debieron conocerse en Valencia. El franciscano escribió una biografía de Simón con el fin de auspiciar su beatificación, que Molinos debía tratar de conseguir en Roma. Además, ambos personajes frecuentaban círculos espirituales afines.

Menos afortunada es la afirmación de Robres respecto al título del libro de Panes. P. Groult, refiriéndose a una época anterior al siglo XVII, dice que la metáfora de la "escala mística" era muy común entre los autores místicos. La autoría de dicha metáfora se le atribuye a San Juan Clímaco, pudiendo encontrarla también en autores tan dispares como Herp, Mombaer, Antonio Boteler, etc.[13].

Por otra parte, Andrés cita algunos libros coetáneos al de Panes, que revelan títulos tan "sospechosos" o más que el de éste[14].

Pretender comparar un libro de mística como el de Panes con un libro de ascética, es como comparar dos mundos distintos. Las diferencias serán siempre abismales, porque se trata de dos caminos espirituales distintos.

Los autores místicos no rechazan el camino de la ascesis, la mayoría inician sus exposiciones de la vida espiritual partiendo de las clásicas tres vías: purgativa, iluminativa y unitiva. Pero, como Panes precisa, el fin último de todo ejercicio espiritual es la íntima comunicación con Dios.

Panes es un místico poco original. Según M. Andrés, "representa la mística recogida sin mucha novedad"[15]. Nada dice que no pueda encontrarse en cualquiera de los místicos más conocidos. Sin embargo, su libro hay que analizarlo en su globalidad y no extrapolando partes para buscar analogías con algunos de los principios quietistas condenados en 1687. El propio Robres que detecta en el libro diferencias teológicas "con los maestros seguros de la vida espiritual", sobre todo

---

[12] ROBRES, *En torno a...*, pp. 431-432.
[13] GROULT, *La mística en los Países Bajos...*, pp. 220-221 y 224.
[14] ANDRÉS, *Los Recogidos...*, pp. 575-576 y 582-583.
[15] Ibid., p. 345.

con Ignacio de Loyola, acaba reconociendo "que la teoría de la impecabilidad cuando llega el alma al más alto grado de unión con Dios en este mundo no se halla en Antonio Panes"[16].

La edición de la "Escala Mística" no fue intervenida por la Inquisición, sino que circuló libremente. El ejemplar hallado por Robres en Roma tiene un incuestionable valor histórico por la dedicatoria que en él figura, pero no es único. En la Biblioteca de la Universidad de Valencia se conserva otro ejemplar, que demuestra que el libro no sufrió problema alguno.

Hay, por último, que hacer alusión a la afirmación de Robres de que Agustín Antonio Pascual "fue el primero que se adelantó a combatir en público y con machacona insistencia la doctrina quietista, en vida de su autor". Y, por tanto, "Molinos fue combatido, rechazado en los púlpitos de la diócesis de Valencia, mucho antes de ser condenado por Roma"[17].

Ni una ni otra afirmación son ciertas. El excesivo hincapié de algunos espirituales en la oración de quietud fue perseguido casi siempre por la Iglesia. Así lo corroboran los diferentes ejemplos de los alumbrados, y así se ha visto que sucedía en el caso del proceso inquisitorial contra Cenedo. Por otra parte, malamente pudo combatir Antonio Pascual a Molinos antes de que éste fuera condenado en Roma, considerando lo que escribió el propio Antonio Pascual de él.

"Me tiene muy lastimado el miserable suceso de Molinos, porque le conocí en Valencia Clérigo, y Sacerdote, recogido, devoto, como un ramillete de flores, y que éste aya llegado a ser un montón de espinas, y tal, qual dizen sus obras malas, y engañosas, hipócritas, hereje, dogmático, declarado enemigo de IesuCristo?. Me aturde, y tiene fuera de mí. Pero me consuelo, que si de veras se reduze, y convierte a Dios, y llora sus culpas, le perdonará como a perdonado a otros, de iguales, y mayores pecados"[18].

Mal se concilia este texto con las afirmaciones de Robres. La idea de un Molinos sacerdote ejemplar en Valencia se refuerza.

---

[16] ROBRES, *En torno a...*, p. 431.
[17] Ibid., p. 433.
[18] A. BELLA, *Vida del Venerable Agustín Antonio Pascual*, Valencia, Vicente Cabrera, 1699, p. 158.

La biografía de Agustín Antonio Pascual escrita por Agustín Bella se publicó en Valencia en 1699, con la finalidad de propiciar un hipotético proceso de beatificación. Bella aplicó anécdotas de la vida de Antonio Pascual a un hecho histórico de innegable actualidad y trascendencia como fue la condena de Molinos y del quietismo. Antonio Pascual pudo predicar contra la oración de quietud, y seguramente lo hizo en Xàtiva y en un monasterio de monjas en Valencia, pero nunca predicó contra Molinos. El texto de Bella, donde Robres apoya sus inexactas afirmaciones, lo que si denota es el fuerte paroxismo antiquietista que se respiraba en Valencia.

"Novedades en doctrinas, siempre fueron principios de relaxación en las costumbres. En no siguiendo el camino real, y trillado, es muy ordinario el perderse, o dar en algún precipicio. Claro exemplo desta verdad tenemos en nuestro tiempo con lo sucedido en el sacrílego, y pérfido Miguel Molinos, que con capa de altísima contemplación (miren si supo dorar su malicia, y disimular el veneno con dulçura) introduxo la secta de los Quietistas, con tanto errores, como descubrió el tribunal de verdades la Inquisición Romana..."[19].

Paroxismo antiquietista evidente en 1699, doce años después de haber sido condenado Molinos, y que perduraba todavía en Valencia en fecha tan tardía como 1744.

Ese año, el agustino Tomás Pérez publicó la biografía de Beatriz Ana Ruiz. El título del libro es ya muy ilustrativo: "Vida de la Venerable Madre Sor Beatriz Ana Ruiz... Y Doctrinas, o mística simbólico-práctica, que le reveló el Señor, como farol preciso en estos tiempos para entrar, y correr los caminos de la christiana obligación, y devoción, sin tropezar con la ilusoria quietud de Molinistas, y falsos Alumbrados..."[20].

Hay un interés evidente por diferenciar la mística de Beatriz Ana Ruiz del quietismo de Molinos y de los Alumbrados. El hecho no resulta casual, pues, de inmediato, en las aprobaciones del libro se vuelve sobre lo mismo[21].

"Y siendo esto assí, siendo verdad, que a cada plana se

---

[19] Ibid., pp. 270-275.
[20] Tomás Pérez, *Vida de la Venerable Madre Sor Beatriz Ana Ruiz*, Valencia, Pascual García, 1744.
[21] Ibid., s/f.

leen doctrinas, y sentencias de los dos Místicos Doctores de la Iglesia San Juan de la Cruz, y Santa Teresa, muy libre está la doctrina del P. Maestro de rozarse, ni acercarse a los dogmas mortíferos de los Alumbrados; muy lejos está de incurrir en tan densas tinieblas, quien no sólo de nuestra Sagrada Reforma, sino del Sol de la Iglesia Agustino, y de su Discípulo el Doctor Angélico, y de los más clássicos Doctores Místicos, ha recibido luces, para desterrar las densas tinieblas de los Quietistas, o Alumbrados; porque estos alucinados hombres decían, que en la oración se avía de dexar todo pensar, y contemplar en Dios, o en cualquier otra cosa, y estar el alma sin operación alguna, aguardando que la iluminara Dios. Y quanto más se privara el alma de las operaciones de sus potencias, (aunque sea del entendimiento para conocer a Dios, y de la voluntad para amar a su Magestad) decían era mejor, y que estava más bien dispuesta para recibir la iluminación divina. Y de este disparatado modo de suspender el entendimiento, y voluntad, se seguían otros mil desatinos, en que los hacía caer el demonio, ya con ilusiones, ya con malas inclinaciones, y obras. Y en esto (decía el Heresiarca Molinos) consistía la vía interna, que no era otra, que perdición eterna, y camino para innumerables vicios, y feas culpas, que llevan a penas eternas. Esto es en suma lo que enseñavan aquellos pestíferos dogmas"[22].

Pero no sólo en las aprobaciones del libro hay interés por diferenciar la espiritualidad mística de la beata Beatriz de las doctrinas de quietistas y de alumbrados. La condena del quietismo generó un clima de intolerancia contra los místicos, evidente en los esfuerzos, innecesarios en otras epocas, que el biógrafo de Beatriz, escribiendo en 1744, se veía obligado a hacer a cada momento, para diferenciar la vida y la espiritualidad de la beata de la espiritualidad quietista[23].

2.- La mística valenciana y la Escuela de Cristo

Robres tenía razón cuando afirmó que Molinos aprendió en Valencia las ideas claves del quietismo. Menos acertados pare-

---
[22] Ibid., s/f.
[23] Ibid., pp. 449-450 y otras.

cen algunos juicios sobre el entorno valenciano en que se educó espiritualmente Molinos. Ni Antonio Pascual fue el primero en predicar contra el quietismo, ni Panes fue un místico tan peligroso como para que su libro fuera prohibido por la Inquisición. Respecto a la relación de Molinos con Simón, dejando de lado el hecho de que ambos disfrutaran el mismo beneficio eclesiástico, fue meramente casual. Molinos fue elegido para impulsar la beatificación de Simón porque gozaba de gran crédito espiritual y personal en Valencia. El testimonio del propio Antonio Pascual lo confirma. Ninguna documentación hasta ahora ha podido probar lo contrario. Por otra parte, pensar que en Simón tuvo Molinos su antecedente prequietista, es querer ignorar toda la tradición mística valenciana anterior a Simón, minusvalorando el hecho fundamental y desgraciadamente siempre denostado del éxito popular de la santidad de Simón en Valencia.

La formación espiritual de Molinos, sin forzar innecesariamente las dependencias, puede explicarse en la gran pujanza de la mística durante la segunda mitad del siglo XVII, y que en Valencia se manifiesta en la proliferación de confesores espirituales, en Panes y otros autores místicos, en el Oratorio de San Felipe Neri, en Domingo Sarrió y, sobre todo, en algunos de los miembros de la Escuela de Cristo.

Sánchez Castañer ha detallado la vinculación de Molinos a la Escuela de Cristo de Valencia concluyendo que éste no aprendió las doctrinas quietistas en esta Congregación, porque la espiritualidad de la Escuela era diferente a la del quietismo. Por otra parte, el ingreso de Molinos en la Escuela de Valencia "prueba su buen espíritu y deseo de santificación, con loables prácticas religiosas para alcanzarlo".

Sobre el supuesto quietismo de Molinos durante su estancia en Valencia, Sánchez Castañer se pronuncia de forma bastante categórica.

"Es más, por mucho que quisiera ocultarlo, me inclino a suponer que no había nacido el Molinos quietista, por el tipo de ejercicios que en la Escuela de Cristo valenciana vivió y realizó, y por la clase de personas con que en ella tuvo que convivir. Fue más sentido ascético, penitencial y devoto, a la española (permítaseme tal calificación) el que rigió la vida espiritual de Molinos durante los dos años escasos —1662 a 1663— que duró su vinculación más directa y estrecha (por la presencia real y física) con la Santa Escuela de Valencia"[24].

De nuevo se toma demasiado en consideración el hecho de la condena de 1687. Parece como si se tratara siempre de marcar las diferencias entre el Molinos condenado y sus relaciones con determinados grupos o personas espirituales a las que se libra de toda sospecha. A pesar de ello, tiene razón Sánchez Castañer al decir que la espiritualidad institucional de las Escuelas de Cristo era distinta a la espiritualidad quietista. Sin duda, la Escuela de Valencia nunca tuvo que ver con movimientos heterodoxos o doctrinalmente sospechosos. Pero lo mismo puede hacerse extensivo al resto de la espiritualidad valenciana de esta época, excepción hecha de los alumbrados ya estudiados.

Menos seguro es que en 1662 no hubiera nacido todavía el Molinos quietista, y falta comprobar si algunos miembros destacados de la Escuela de Valencia no estaban comprometidos, al menos a título individual, con una forma de espiritualidad que iba más allá del carácter ascético que se pretende atribuir a la espiritualidad de la Escuela.

La Escuela de Cristo deriva "del espíritu y método de San Felipe Neri"[25]. Hay, por tanto, relación estrecha entre el Oratorio y la Escuela. Incluso, el fundador de ésta fue el oratoriano Juan Bautista Ferruzo.

La primera Escuela que se fundó fue la de Madrid en 1646, en el Hospital de los italianos, donde Ferruzo era administrador. A esta fundación siguieron otras, entre ellas la de Valencia en 1662[26].

Según Panes, Ferruzo estuvo en Valencia y para la fundación de la Escuela se inspiró en la espiritualidad de los oratorianos de aquí.

"Vino a Valencia un Padre de la Congregación de san Felipe Neri, de Italia, llamado N. Ferruchi. Combidáronle los padres de la Congregación de Valencia a comer, y por la tarde, entrando al lugar donde se exercitavan, conforme el Vene-

---
[24] SÁNCHEZ CASTAÑER, *Miguel Molinos...*, p. 44.
[25] Ibid., p. 15.
[26] Ibid., pp. 13-19.

rable Fray Juan Ximénez, avía dádoles instrucción a los primitivos Padres, que ya diximos, quedó tan pagado de la disposición, y modo de tal exercicio, que yendo a Madrid, compuso otro semejante a él, en lo sustancial, intitulándole Escuela de Christo..."[27].

La información de Panes prueba la existencia de una relación directa entre el Oratorio de Valencia, de influjo franciscano descalzo, con la ulterior fundación de la primera Escuela de Cristo en Madrid. Con todo, es importante reseñar que la Escuela de Valencia no se fundó hasta 1662, por obra del franciscano Juan Muniesa[28].

Sin embargo, no interesan tanto los avatares por los que discurrió la fundación de la Escuela, como los lazos espirituales existentes entre algunos de sus miembros y determinados personajes valencianos comprometidos con la espiritualidad mística. A pesar de que las conclusiones que se pueden derivar de tales lazos no son categóricas, muestran con claridad que, al menos a título personal, ciertos miembros de la Escuela de Valencia llegaban en sus prácticas espirituales más allá de los simples ejercicios ascéticos. En este sentido, son de reseñar los nombres de Felipe Pesantes, Domingo Sarrió, Antonio Jordán Selva, Jacinto Amaya, Joseph Barberá, Juan Bautista Ivañez, Fray Jaime López y Fray Vicente Orient.

Felipe Pesantes fue miembro fundador del Oratorio en Valencia. Esta fundación tuvo lugar en 1648, después de un intento frustrado en tiempos del Arzobispo Aliaga, que "nunca mostró gusto dello"[29]. Junto a Pesantes, impulsaron esta fundación Miguel Cervellón (padre del Conde de Oropesa), Francisco Sorell (Canónigo de Valencia y Arcediano de Xàtiva) y Juan Garcia (Canónigo Magistral y después Obispo de Orihuela).

"Eran estos piadosos Varones, hijos espirituales del Venerable Fray Juan Ximénez, en particular Don Felipe Pesantes". Querían vivir juntos, y Fray Juan les dió unos ejercicios "acomodados a aquel estado de personas Eclesiásticas, seculares,

---
[27] PANES, *Chrónica*..., II, p. 39.
[28] SÁNCHEZ CASTAÑER, *Miguel Molinos*..., p. 20.
[29] B.U., Ms. 157, ALEGRE, s/f.

que aspiravan a la perfección, tan conformes al instituto del Glorioso Patriarca san Felipe Neri, que cotejados con las constituciones, que observa su Oratorio en Roma, son una suma, y como quinta esencia de lo substancial, que ay en ellos"[30].

Pesantes y sus compañeros perseveraron en su intención durante veinte años. Finalmente, el 16 de diciembre de 1648 se les autorizó a fundar una casa del Oratorio en Valencia. Ahora, junto a Felipe Pesantes, figuraban como fundadores el Arcediano y Pavorde Luis Crespí y Juan Pertusa[31].

Felipe Pesantes estuvo unido a los franciscanos descalzos. Fue hijo espiritual de Fray Juan Jiménez, confesor de la beata Elena Martínez y amigo de Panes, a quien le contó las excelencias espirituales de la beata. Además, trató espiritualmente a Francisca Llopis[32]. De estas relaciones, cabe inferir que conocía bien la espiritualidad mística y que estaba acostumbrado a la práctica de la oración mental.

Domingo Sarrió gozó de gran prestigio espiritual en Valencia, hasta el punto de que a su muerte se le rindieron grandes honores con la participación de las más altas instancias valencianas[33]. Pertenecía al Oratorio, "acudiendo a todos sus exercicios, juntas, y empleos, y observando sus Constituciones, y el orden de antigüedad entre los Padres, aunque no habitava dentro de la Casa"[34]. Asimismo, Sarrió fue uno de los fundadores de la Escuela de Cristo de Valencia en 1662[35].

Como refiere Ximeno, no hubo ejercicio de piedad en Valencia que Sarrió no fomentara o iniciara[36]. En 1656, él y otros doce sacerdotes, para "mayor gloria de Dios, y utilidad de las almas", resolvieron iniciar en Valencia una devoción consistente en recorrer todos los viernes del año el camino que

---

[30] Panes, *Chrónica...*, II, pp. 35-36.
[31] B.U., Ms. 157, Alegre, s/f.
[32] Panes, *Chrónica...*, II, pp. 494 y 688.
[33] Sobre Domingo Sarrió, Vid.: Antonio Jordán Selva, *Sumario de la maravillosa vida, y heroicas virtudes del V.P. Dotor Domingo Sarrió*, Valencia, Francisco Mestre, 1678. También, R. Robres, "Un esclavo de María: el venerable Domingo Sarrió, de la Congregación del Oratorio (1609-1677). Cartas inéditas", *Anthologica Annua*, 18, (1971) 659-683.
[34] Ximeno, *Escritores...*, II, p. 77.
[35] Sánchez Castañer, *Miguel Molinos...*, p. 27.
[36] Ximeno, *Escritores...*, II, p. 77.

seguían los condenados a morir en la horca"[37].

Esta devoción era similar a la que hacía Simón y que tanto motivo de escándalo ocasionó a su muerte en Valencia. Pero, las semejanzas entre Simón y Sarrió no quedaron circunscritas a esto, ya que los compañeros de Sarrió solían referirse a él llamándole el "Padre Simón"[38].

Respecto a la espiritualidad de Domingo Sarrió, el mismo refiere como era.

"A la oración mental... me hallo muy inclinado... Comienço a prepararme, con oración de recogimiento, procurando recoger los sentidos, y potencias, que no se distraigan, y derramen... Prosigo con oración de meditación... Destas meditaciones, y reparos, se sigue la oración de contemplación, que es el agrado, el contentamiento, la hartura, que tiene el alma, de las divinas perfecciones... A esto se sigue la oración de quietud, de unión, y amor de Dios. Es tan dilatado y espaciosos el seno del coraçón humano, que nadie le sacia, sino sólo Dios... Quando nuestra memoria esta unida con Dios, nuestro entendimiento unido con Dios, nuestra voluntad unida con Dios, está todo en su centro, potencias, y alma han conseguido su fin, su perfección, goza, y possee la alma todo su bien"[39].

Jordán Selva publicó la biografía de Sarrió en 1678, tres años después de la edición romana de la "Guía Espiritual" de Molinos. No hay constancia de que el libro de Molinos se publicara en Valencia, pero, bien pudo Molinos enviar algunos ejemplares a sus amigos valencianos, o también es posible que el libro se conociera aquí a través de las ediciones de Madrid (1676), o de Zaragoza (1677)[40]. Lo cierto es que Jordán Selva utilizó profusamente, sin nombrarlo, el libro de Molinos para escribir la biografía de Sarrió. Como muestra sirva el siguiente párrafo con el correspondiente de la "Guía"[41].

"De todas maneras conviene elegir un Padre espiritual, experimentado en la vida interior; porque si en lo exterior, y

---

[37] Jordán Selva, Sumario..., p. 209.
[38] Ibid., p. 639.
[39] Ibid., pp. 146 y 132-133.
[40] Tellechea, Edición crítica..., p. 58.
[41] Además de este texto, Jordán Selva copia a Molinos en las páginas 263 "Es también... quedan brevemente desvanecidas" (Lo correspondiente en la Guía Espiritual, pp. 201-

aparente es menester Maestro, qué será para lo interior, y secreto?. Si para la Teología moral, Escolástica, y Expositiva, que cláramente se enseña; qué será para la mística secreta, reservada, y obscura?. Si para el trato, y obras políticas y exteriores; qué será para el interior trato con Dios?"[42].

"De todas maneras conviene elegir un maestro, experimentado en la vida interior, porque Dios no quiere hacer con todos lo que hizo con Santa Catalina de Sena, tomándolos de la mano para enseñarles inmediatamente el camino místico. Si para los pasos de naturaleza hay necesidad de maestro y guía, ¿qué será para los pasos de gracia? Si para lo exterior y aparente es menester maestro, ¿qué será para lo interior y secreto? Si para la teología moral, escolástica y expositiva, que cláramente se enseñan, ¿qué será para la mística, secreta, reservada y obscura? Si para el trato y obras políticas, y exteriores, ¿qué será para el interior trato con Dios?"[43].

El ejemplo de Jordán Selva demuestra como el misticismo había arraigado en la espiritualidad valenciana del último tercio del siglo XVII. Misticismo semejante al que Molinos difundió en Roma y que, sin duda, había aprendido en Valencia con los franciscanos descalzos, con espirituales como Sarrió, Jordán Selva, etc. y, sobre todo, con algunos miembros de la Escuela de Cristo. Porque si la espiritualidad institucional de la Escuela era de signo ascético, no puede decirse que fuera así la de algunos de sus miembros mas destacados.

Fundador de la Escuela Valencia fue también el Arcediano Jacinto Amaya[44]. Este tuvo en muy alta consideración a Francisca Llopis, llegando a comentarle al descalzo Fray Diego Mazón: "Padre créame, que por esta Madre, que el Señor me ha dado, después de mi Señor IesuChristo, y la gloriosa Virgen, espero que me he de salvar y en quanto a su espíritu,

---

202); p. 277 "Todos los santos... y lo demás es tentación" (*Guía Espiritual*, p. 206); p. 280 "En la vida del iluminado... libros se han estampado" (*Guía Espiritual*, pp. 203-204); pp. 280-282 "En el libro de la vida de Doña Marina Escobar... como el mismo te dijo" (*Guía Espiritual*, pp. 206-207); p. 282 "Dize Santa Teresa en su vida... diabólicas astucias" (*Guía Espiritual*, p. 208). Vid.: JORDÁN SELVA, *Sumario*..., pp. 263-282 y MIGUEL MOLINOS, *Guía Espiritual*, (Ed. de Tellechea), pp. 201-208.

[42] JORDÁN SELVA, *Sumario*..., pp. 262-263.
[43] MOLINOS, *Guía Espiritual*, pp. 201-202.
[44] SÁNCHEZ CASTAÑER, *Miguel Molinos*..., pp. 22-23.

dexado aparte lo que nuestra santa Madre Iglesia, y sus reglas sienten, y hablando sólo de los efectos, que en mí ha causado, después que trato a esta esposa del Señor, siento en mí una guarda, que me parece, que no puedo pecar, no porque no tenga libre la voluntad, sino que el Señor ha puesto una fortaleza, que es como imposible dexar de aborrecer el pecado; y esto es tanta verdad, que con ello moriré; y esto conozco me viene por mi Madre"[45].

Las inquietudes espirituales de Amaya no se colmaban con sus relaciones con la Escuela y con los franciscanos descalzos. Como parece entreverse de la documentación aportada por Robres, Amaya, junto a Sarrió, se relacionaba también con los cartujos de Porta-Coeli[46].

La relación de miembros de la Escuela de Valencia comprometidos con una espiritualidad decididamente mística queda mejor perfilada con los títulos de algunas obras que a ellos se les atribuyen. Así, según Ximeno, Juan Bautista Ivañez escribió "Documentos espirituales, y reglas de verdadera virtud para caminar a la perfección"[47]. Fray Jaime López escribió "varios Cánticos de amor a Christo Señor nuestro, y a su Madre SS. de los quales, dice el Maestro Jordán, que ay un libro entero". "Imprimió este Autor un "Coloquio" en redondillas entre Christo, y la alma santa, repartidos en siete moradas del alma, en otros tantos atributos divinos, para los siete días de la semana, y un "Relox espiritual de la Passión del Señor", que sirve para acordar la memoria de nuestra Redención en las veinte y quatro horas del día"[48]. Finalmente, de otro miembro señalado de la Escuela, Fray Vicente Orient, son ya conocidos los problemas que tuvo con la Inquisición por su espiritualidad y por su relación con Juana Asensi. Añadir, que escribió una obra titulada: "Reyno de Dios en el interior del alma"[49].

La lectura y análisis de esta obras permitiría extraer conclu-

---

[45] PANES, *Chrónica...*, II, p. 689.
[46] ROBRES, *Un esclavo de María...*, pp. 679-680.
[47] SÁNCHEZ CASTAÑER, *Miguel Molinos...*, p. 24. También, XIMENO, *Escritores...*, II, p. 95.
[48] SÁNCHEZ CASTAÑER, *Miguel Molinos...*, p. 24 nota 27. XIMENO, *Escritores...*, II, pp. 61-62.
[49] Ibid., p. 77.

siones más contundentes que las hasta ahora expuestas. A pesar de ello, ha quedado probado que miembros destacados de la Escuela de Cristo de Valencia, entre ellos Molinos, tenían un modo de ejercitarse en la espiritualidad más místico que ascético. Método idéntico al que habían expuesto hasta la reiteración los autores espirituales más conocidos. Método aceptado socialmente y que no planteaba problemas graves de heterodoxia. Sin embargo, en un determinado momento, en un clima de apasionada controversia entre defensores y detractores de la mística, en un momento donde estaban también en juego cuestiones de supremacía política, religiosa o de otra índole, este metodo, personificado ahora en Molinos, fue condenado por la Iglesia. Las más negras acusaciones, todavía se sigue discutiendo si reales o ficticias, hicieron falta para acabar con esta genuina forma de espiritualidad.

3.- El Quietismo condenado

El 18 de julio de 1685, el Santo Oficio de Roma decretaba la prisión de Molinos. Finalizaba así la primera parte de una agria polémica que había tenido como protagonistas más destacados a los jesuitas Bell'Uomo y Segneri y al propio Molinos. Si en los años 1680-81 los dos jesuitas habían visto como sus escritos antimolinosistas eran incluidos en el Indice, ahora podían resarcirse de su desventura y era Molinos quien afrontaba la suya[50].

La noticia de la prisión de Molinos se extendió rápidamente por Europa. Hay que suponer que llegaría también a Valencia, aunque la primera noticia oficial encontrada es una carta fechada en Abril de 1687 y remitida al Arzobispo Rocaberti por el Comisario del Santo Oficio en Roma, Fray Tomás Marra. Marra comunicó al Arzobispo que, habiéndose remitido una carta de la Congregación romana a la de Aragón, "pidiendo informe en orden a la persona de Miguel Molinos", no obstante, "considerando yo que gran parte de su vida ha pasado en esa ciudad en donde V. Illa. puede con su destreza recoger muchas noticias della, de su educación y proceder, me

---
[50] Tellechea, *Edición crítica...*, p. 21.

he resuelto con toda confianza a embiar a V. Illa. la inclusa nota, copia de la que se embía a los Señores Inquisidores, suplicándole me dé la más distinta relación que se pudiere sobre lo referido"[51].

Con la misma confianza que hizo la petición, Marra comunicó al Arzobispo "la particular sospecha, que causa ver que este hombre ha venido a Roma, para promover la Beatificación de Mn. Simón, Venerado ya ay por la indiscreción del Vulgo, por Santo, a despecho (se puede dezir) de la Sede Apostólica. La qual en un Proceso de este Santo Oficio tuvo indicios graves, que fue manchado de la heregía de los Iluminados, y hombre obseno, que pretendió juntar las suciedades sensuales con la Santidad. Y el haverse descubierto que todas estas manchas se encuentran en este Molinos promotor de la beatificación de aquél, hace entrar en duda, que la infección de esta vena tiene el origen más antiguo, que de él, y por eso vamos rastreando aquellas noticias, que se pueden tener"[52].

La identificación de Molinos con el supuesto iluminismo de Simón se pone aquí de manifiesto. Es una identificación no muy clara, hecha cautelosamente, pues, como desde Roma se precisa: "Se ha abstenido la Sagrada Congregación de especificar por agora la sobredicha sospecha a los Inquisidores por ver primero, si de las respuestas, o informaciones, se podrá adquirir algún mayor fundamento pero a V. Illa, no he querido ocultarlo"[53].

En la copia del escrito al que se hace referencia en la carta de Marra figuran algunos datos biográficos de Molinos que, a pesar de ser ya conocidos, conviene recordar[54].

"El Dr. Miguel Molinos (como él afirma) nació en el lugar de Munieza diócesis de Zaragoza en el Reyno de Aragón por los años 1628, ó 1629, de Padres Cathólicos, bautizado en la Parrochial de dicho lugar, intitulada S. Lorenzo; el Padre llamávase Pedro y era de profesión Mercader. La Madre Mariana Suria, noble, de la Casa de los Condes de Suria. Dize haver

---

[51] B.U., Ms. 852, fol. 281.
[52] Ibid., fol. 281.
[53] Ibid., fol. 281.
[54] La mejor biografía de Miguel Molinos sigue siendo la de P. DUDON, *Le quietiste espagnol Michel Molinos (1628-1696)*, París 1921.

estudiado Philosofía, y Theología en la Universidad de Valencia[55]. Haverse graduado de Dotor en la Universidad de Gandía (no dize el año)[56]. Haver recevido todas las órdenes en Valencia, (ni tampoco se le a hecho dezir el tiempo) y haver tenido en la Parrochial de S. Andrés de esa Ciudad un Beneficio simple, cuyo Patronato es de su casa, y por eso residía en dicha Ciudad.

"Haverse aplicado al exercicio de la Predicación, y después de las missiones. Y contra de voluntad haverle mandado el Arçobispo de Valencia, se aplicase al de Confesor, aunque era de edad de 25 años. Haver continuado allí asta la edad de 35 años, en que fue elegido por los tres braços del Reyno de Valencia, Eclesiástico, Noble, y Militar, no sin admiración, y contra su voluntad, a competencia de muchos que hazían diligencias por venir a Roma, para promover la Beatificación del pretendido Siervo de Dios Mn. Francisco Gerónimo Simón, y de entonces acá ha morado en Roma en donde ha sido Prefecto, o cabeza de la Escuela de Christo. Y también Prior de la Congregación de los Aragoneses de Monserrate. Y de la otra llamada de la Resurrección en S. Jorge de los Españoles. Dize haver tenido por director de su espíritu en España al Padre Diego Marrón franciscano descalzo, y después de la muerte del dicho al P. Rezio de dicha Religión"[57].

De los anteriores datos biográficos merece destacarse la referencia a los PP. Diego Marrón y Rezio como directores espirituales de Molinos, lo cual, de ser cierto, demostraría la filiación de éste respecto a toda la tradición mística valenciana, especialmente, la que se irradia desde el convento de San Juan de la Ribera. Igualmente, esto explicaría también esa supuesta dedicatoria autógrafa que Panes le hizo a Molinos de su libro. Además, sumado esto a lo ya referido sobre la Escuela de

---

[55] Sobre los estudios realizados por Miguel Molinos en Valencia, se han revisado los libros de Grados de la Universidad de Valencia, y únicamente se ha encontrado que Molinos se matriculó en el primer curso de Artes en 1652-1653 con el maestro Zapata. En los años siguientes ya no figura su nombre en la matrícula. (Archivo Municipal de Valencia, *Libro de Grados Universidad de Valencia de 1651-1659*, s/f.

[56] B.U., *Libro de Grados de la Universidad de Gandía desde 1650 hasta 1664*. Tampoco figura aquí el supuesto grado de Doctor que Miguel Molinos poseía.

[57] B.U., Ms. 852, fol. 282.

Cristo, probaría que la espiritualidad de Molinos, incluido el tema tan controvertido de la quietud, estaba ya muy desarrollada en su etapa valenciana desde 1646 a 1663.

La condena de Molinos en 1687 abre, en palabras de Tellechea, "un período de represión antiquietista que desborda inclusive el ámbito de los escritores directamente inculpados, para proyectarnos con efectos retroactivos sobre autores anteriores"[58].

La realidad fue que sobre muchos libros y autores espirituales recayó la sospecha de quietismo, y fueron condenados. Una especie de nuevo miedo, de características afines al que se produjo a partir de la década de los cincuenta del siglo XVI, se apoderó de todos. En aras de la ortodoxia se terminó por ahogar la mística. Y si es verdad que después de 1687 se publicaron todavía libros de mística, "la desconfianza adquirió bases doctrinales, invadieron la piedad el intelectualismo y el psicologismo, se desconfió de todo lo que no fuera razón, conciencia y pensamiento y se tendió a considerar como una ilusión toda oración pasiva o no conceptual"[59]. Un ejemplo evidente de ello puede verse en las cautelas y precisiones continuas que Tomás Pérez se vio obligado a hacer al publicar la "Vida" de Beatriz Ana Ruiz en una fecha ya tan lejana a 1687 como 1744. Cautelas y precisiones que, no obstante, no le libraron de enzarzarse en una agria disputa con el fustigador del quietismo en Valencia, el oratoriano Vicente Calatayud[60].

La condena del quietismo en 1687 puso punto final a la espiritualidad mística valenciana, que tanto auge alcanzó a lo largo del siglo XVII. Misticismo valenciano que, a pesar de los intentos llevados a cabo por enjuiciarlo de forma negativa, adecuó siempre sus experiencias a la ortodoxia, y gozó de notable arraigo social al propiciar el acceso de los laicos a las

---

[58] TELLECHEA, *Edición crítica...*, p. 37.
[59] Ibid., pp. 38-39.
[60] V. CALATAYUD, *La verdad acrisolada. Disertación Apologética Theológico-Místico Dogmática sobre el sentido más genuino, y usual de estas voces: Consumada mortificación, o purgación, contrahidas a la Descripción de la muerte mística*, Valencia, Viuda de Jerónimo Conejos, 1753. Del mismo autor es: *Divus Thomas cum PP. ex Prophetis locutus, Priseorum, ac Recentium errorum spurcissimas tenebras, Mysticam Theologiam oscurare molientes angelice disipans. Sive Dissertationes Theologicas Scholastico-Dogmaticas...*, Valencia 1752.

experiencias místicas. Salvo casos aislados y muy concretos, el misticismo valenciano pudo desarrollarse sin excesivos obstáculos, una vez hubo superado el trance amargo de la santidad frustrada de Francisco Jerónimo Simón.

La condena del quietismo, con toda la diversidad de causas que confluyeron en ella, obligó a los espirituales místicos valencianos a buscar nuevos campos donde asentar sus experiencias. Es posible que algunos se adecuaran a las nuevas tendencias del racionalismo y del jansenismo, pero, en su mayoría debieron proseguir con su forma de espiritualidad acomodándola a las cambiantes circunstancias de los nuevos tiempos.

ÍNDICE

PRESENTACIÓN 9
I EL PATRIARCA RIBERA Y LA ESPIRITUALIDAD
 VALENCIANA DEL S. XVII 13
 1.— RIBERA Y LOS PROBLEMAS DE SU TIEMPO 13
 2.— RIBERA Y LA ESPIRITUALIDAD VALENCIANA 23
II FRANCISCO JERÓNIMO SIMÓN. UNA SANTIDAD FRUSTRADA 49
 1.— UNA VIDA DE LUCES Y SOMBRAS 49
 2.— LA SANTIDAD POSIBLE 56
 3.— LA VIOLENCIA DE 1619 70
 4.— LA ACTUACIÓN DE PEDRO CABEZAS 84
 5.— LA SANTIDAD FRUSTRADA 89
III ANTONIO SOBRINO Y LA MÍSTICA VALENCIANA DEL S. XVII 97
 1.— EL COMPROMISO CON UNA CAUSA DE BEATIFICACIÓN 97
 2.— "VIDA ESPIRITUAL Y PERFECCIÓN CHRISTIANA" 110
 3.— LA MÍSTICA DE ANTONIO SOBRINO 115
 4.— EL PROBLEMA DE LAS FUENTES EN LA "VIDA" 130
 5.— LA UNIVERSALIDAD DE LA MÍSTICA Y EL MAGISTERIO
   ESPIRITUAL DE ANTONIO SOBRINO 138
IV MUJERES Y ESPIRITUALIDAD: LAS BEATAS 143
 1.— MUJERES BEATAS Y EMPAREDAMIENTOS DE MUJERES 146
 2.— ORIGEN SOCIAL 153
 3.— CONFESORES Y MAESTROS DE ESPÍRITU 156
 4.— VIDA ASCÉTICA 158
 5.— RELIGIOSIDAD PRECOZ 162
 6.— PROYECCIÓN SOCIAL 164
V LOS ALUMBRADOS VALENCIANOS DEL S. XVII 177
 1.— EL GRUPO DE JUANA ASENSI 182
 2.— FRAY PABLO CENEDO: UN ALUMBRADO SINGULAR 188
 3.— EL "COVENTÍCULO" DE GERTRUDIS TOSCA 207
VI MIGUEL MOLINOS Y LA ESPIRITUALIDAD VALENCIANA 225
 1.— EL MISTICISMO VALENCIANO Y ALGUNAS INTERPRETACIONES
   HISTÓRICAS RECIENTES 228
 2.— LA MÍSTICA VALENCIANA Y LA ESCUELA DE CRISTO 234
 3.— EL QUIETISMO CONDENADO 242

ESTUDIOS UNIVERSITARIOS
Títulos Publicados

1. TULIO HALPERIN DONGHI: *Un conflicto nacional. Moriscos y cristianos viejos en Valencia.*
2. VICENTE M. SANTOS ISERN: *Cara y cruz de la sedería valenciana (siglos XVIII-XIX).*
3. ENRIQUE GIMÉNEZ LÓPEZ: *Alicante en el siglo XVIII. Economía de una ciudad portuaria en el antiguo régimen.*
4. PEDRO RUIZ TORRES: *Señores y propietarios (Cambio social en el sur del País Valenciano: 1650-1850).*
5. FÉLIX FANÉS: *Cifesa: La antorcha de los éxitos.*
6. ROMÁN PERPIÑÁ GRAU: *De economía crítica (1930-1936).*
7. ARTURO ZABALA: *El teatro en la Valencia de finales del siglo XVIII.*
8. SALVADOR FORNER MUÑOZ: *Industrialización y movimiento obrero. Alicante, 1923-1936.*
9. AURORA BOSCH SÁNCHEZ: *Ugetistas y libertarios. Guerra civil y revolución en el País Valenciano (1936-1939).*
10. AGUSTÍN RUBIO VELA: *Pobreza, enfermedad y asistencia hospitalaria en la Valencia del siglo XIV.*
11. ERNEST LLUCH Y LLUIS ARGEMÍ I D'ABADAL: *Agronomía y fisiocracia en España (1750-1820).*
12-13. HENRI MERIMÉE: *El arte dramático en Valencia. Desde los orígenes hasta principios del siglo XVII, tomos I y II.*
14. RAMIRO REIG: *Blasquistas y clericales. La lucha por la ciudad en la Valencia de 1900.*
15. RICARDO FRANCH BENAVENT: *Crecimiento comercial y enriquecimiento burgués en la Valencia del siglo XVIII.*
16. ISMAEL SAZ: *Mussolini contra la II República. Hostilidad, conspiraciones, intervención (1931-1936).*
17. TERESA CANET APARISI: *La Audiencia Valenciana en la época foral moderna.*
18. ALAN RYDER: *El Reino de Nápoles en la época de Alfonso el Magnánimo.*
19-20. PHILIPPE BERGER: *Libro y lectura en la Valencia del Renacimiento, tomos I y II.*
21-22. MATHIEU HERIARD DUBREUIL: *Valencia y el Gótico internacional, tomos I y II.*
23. PIERRE GUICHARD: *Estudios sobre historia medieval.*
24. VV.AA.: *La II República. Una esperanza frustrada (Actas del Congreso Valencia capital de la República [Abril 1986]).*

25. Fernando Andrés Robres: *Crédito y propiedad de la tierra en el País Valenciano.*
26. P. Thompson: *La voz del pasado. Historia oral.*
27. Joaquín Bérchez: *Arquitectura y academicismo en el siglo XVIII valenciano.*
28. F. Romeu: *Más allá de la utopía. Perfil histórico de la Agrupación Guerrillera de Levante.*
29. E. Mateu: *Arroz y Paludismo. Riqueza y conflictos en la sociedad valenciana del siglo XVIII.*
30. E. Vega: *Anarquistas y sindicalistas durante la Segunda República. La CNT y los sindicatos de oposición en el País Valenciano.*
31. E. Sebastiá y J.A. Piqueras: *Pervivencias feudales y revolución democrática.*
32. I. Burdiel: *La política de los notables. Moderados y avanzados durante el Régimen del Estatuto Real (1834-36).*
33. E. Sanchis y J. Miñana (compiladores): *La otra economía. Trabajo negro y sector informal.*
34. Francesco Maiello: *Jacques Le Goff. Entrevista sobre la historia.*
35. François Dosse: *La historia en migajas. De «Annales» a la «nueva historia».*
36. Jacques Heers: *Esclavos y sirvientes en las sociedades mediterráneas durante la Edad Media.*
37. Jacqueline Guiral-Hadziiossif: *Valencia, puerto mediterráneo en el siglo XV (1410-1525).*
38. J.S. Amelang y M. Nash (compiladores): *Historia y género: Las mujeres en la Europa Moderna y Contemporánea.*
39. Ignasi Terradas Saborit: *Revolución y religiosidad. Textos para una reflexión en torno a la Revolución francesa.*
40. Armando Petrucci (compilador): *Libros, editores y público en la Europa moderna.*
41. Anthony Phelan (compilador): *El dilema de Weimar. Los intelectuales en la República de Weimar.*
42. Fernando Díez: *Viles y Mecánicos. Trabajo y sociedad en la Valencia preindustrial.*
43. Robert I. Burns (compilador): *Los mundos de Alfonso el Sabio y Jaime el Conquistador.*
44. Arlette Farge: *La atracción del archivo.*
45. J.A. Piqueras y E. Sebastiá: *Agiotistas, negreros y partisanos. Dialéctica social en vísperas de la Revolución Gloriosa.*
46. Javier Vidal Olivares: *Transportes y mercado en el País Valenciano. 1850-1914.*
47. Reinhard Kühnl: *La República de Weimar.*
48. Roger-Henri Guerrand: *Las letrinas. Historia de la higiene urbana.*
49. Francisco Pons Fuster: *Místicos, beatas y alumbrados. Ribera y la espiritualidad valenciana del s. XVII.*
50. Susanne Schüller Piroli: *Los papas Borgia, Calixto III y Alejandro VI.*

Serie Mayor

1. JUAN PIQUERAS: *La vid y el vino en el País Valenciano.*
2-3. A. RICO, J.C. GENOVÉS, J. MAFÉ, A. MAÑEZ, F. MAS, E. SANCHIS I G. ROCA: *L'Economía del País Valencià: Estratègies sectorials, volums I i II.*
4. CARMEN SANCHIS DEUSA: *El transporte en el País Valenciano. Carreteras y ferrocarriles.*
5. PILAR CARMONA: *La formació de la plana al.luvial de València. Geomorfologia, Hidrologia i Geoarqueologia de l'espai litoral del Túria.*

Este libro se acabó de imprimir
el día 16 de diciembre de 1991
en los talleres
de Gráficas Hurtado, S.L.
de Burjassot